보안 취약점 관리 자동화

보안 취약점 관리 자동화

취약점 관리에 필요한 기술과 코드

앤드류 매그너스 지음 김홍석 옮김

에이콘

에이콘출판의 기틀을 마련하신 故 정완재 선생님 (1935-2004)

제시카에게

지은이 소개

앤드류 매그너슨 Andrew Magnusson

20년 전쯤 방화벽 관리 담당자로 직업을 바꾼 후 보안 엔지니어링, 취약점 분석, 컨설팅도 경험했다. 현재 스트롱DMstrongDM에서 고객 담당 기술 팀을 맡고 있다. 아내, 딸, 고양이 두 마리와 함께 로드아일랜드에 살고 있다.

감사의 글

이 프로젝트는 혼자서는 완성할 수 없었다. 이 책을 상상하고 쓰고 테스트해 마침내 출판하기까지 많은 사람의 도움을 받았다.

먼저 내 부모님인 잰 슬러터[Jan Slaughter]와 필 매그서슨[Phil Magnusson]에게 감사드린다. 내가 글을 사랑하고 컴퓨터를 이해하고 활용할 수 있는 모든 시간 동안 두 분의 사랑과 지지가 없었다면 이 책은 존재할 수 없었을 것이다.

아내 제시카 매캐이 데이슨트[Jessica McKay-Dasent]는 내가 이 책을 저술하고 수정하는 기간 내내 지속적이고 무조건적인 지지를 보내줬다. 이 책을 구상하고 완성하는 동안 우리는 결혼을 하고, 집을 샀으며 딸 아터미스[Artemis]를 낳았다. 내가 책을 쓰느라 몇 시간씩이나 사라졌던 때에도 제시카는 언제나 지원을 아끼지 않았다.

잭 레보우스키[Zach Lebowski], 알렉스 프리드[Alex Freed], 애니 최[Annie Choi], 바버라 인[Barbara Yien], 저넬 루도와이즈[Janelle Ludowise], 캐트리나 테일러[Katrina Taylor], 빌 폴락[Bill Pollock], 애사배스카 윗시[Athabasca Witschi]를 비롯해 노스타치 출판사의 편집진과 지원팀 직원들은 내가 보낸 자료들을 개선하고 이 책을 완성하기까지 많은 도움을 줬다.

댄 듀몬드[Dan Dumond]는 책 본문과 스크립트를 더 깔끔하게 다듬어주고 다양한 상황에서도 잘 돌아가게 손봐주는 등 기술 감수를 훌륭하게 해줬다. 이 책과 코드에 오류가 아직 남아있다면 그건 순전히 내 책임일 것이다.

스승이자 친구인 애니 설[Annie Searle]은 리스크 관리라는 사고방식을 나에게 불어넣어주는 중요한 역할을 했고, 이 책의 초안 여러 장을 검토해줬다.

맨디언트 컨설팅Mandiant Consulting에 함께 근무했던 엘리엇 도어햄Elliott Dorham, 마이크 싱글러Mike Shingler, 데니스 핸즐릭Dennis Hanzlik, 유겐 쿠셔Jurgen Kutscher 등 여러 동료는 이 프로젝트를 아낌없이 지원해줬다.

마지막으로 스트롱DM에 있는 내 동료들, 특히 저스틴 매카시Justin McCarthy, 일리저벳 잴먼Elizabeth Zalman, 슈일러 브라운Schuyler Brown에게 감사의 인사를 전한다.

기술 감수자 소개

대니얼 듀몬드 Daniel E. Dumond

사랑 넘치는 남편이자 쌍둥이의 아빠며, 21년이 넘는 경력의 노련한 보안 전문가이자 기업가다. 경력 내내 정보 보안 분야에서 다양한 기술직과 고위 임원직을 거쳤고, 세계적으로 중요한 기업을 대상으로 혁신적인 보안 제품과 서비스를 만들어내고 전달하는 일에 조력하고자 전 세계를 여행했다. 프로그래밍과 자동화에 열정이 많아 난감한 보안 문제를 파고들어 해결하는 데 활용하곤 한다.

옮긴이 소개

김홍석(hongseok@live.com)

마이크로소프트에서 윈도우와 애플리케이션 보안 취약점 대응 업무를 담당했고 지금은 로펌에서 고객들의 해킹 사고 대응 및 개인정보 보호와 관련해 아이디어를 내고 있다. C#과 파이썬으로 코딩하기를 즐기며 사진 찍기를 좋아한다.

옮긴이의 말

IT 분야에서 유능한 인재가 되려면 얼마나 많은 것을 알고 있었는지도 중요하지만 새로운 지식이나 기술을 얼마나 잘 흡수하고 이해하는지도 아주 중요하다. 업무를 통해 제품과 서비스, 기술을 익히는 속도보다 처음 접하는 용어와 신기술이 쏟아지는 속도가 훨씬 더 빠르다는 것에 스트레스를 느끼는 사람도 많다. 보안 취약점 대응 업무를 하는 분석가들은 거의 모든 IT 기술을 알아야 할 정도로 습득해야 할 분야가 다양하다. 이 책에서 소개하는 방법을 따라 하면 분석가는 보안 취약점 관리 업무를 코드로 최대한 자동화해 처리할 수 있고 더 많은 시간을 전문 지식 습득과 업무에 활용할 수 있을 것이다. 반복되는 업무를 최대한 코드로 해결하고 데이터베이스에 깔끔하게 쌓는 일에 관심이 많은 나와 같은 사람에게 큰 도움이 되리라 믿는다.

이 책은 먼저 가벼운 마음으로 1부의 이론적인 내용을 훑어본 다음, 2부에서 본격적으로 등장하는 툴과 코드를 사용해 자신만의 취약점 관리 프레임워크를 구축하는 실습으로 구성돼 있다. 컴퓨터 앞에 앉아 책에 나오는 코드를 한 줄씩 이해하며 마음껏 변경하고 실행 결과를 살펴보다 보면 여러 가지 취약점 관련 툴의 활용법을 체득할 수 있을 것이다. 각 툴의 장단점과 한계를 알게 되면 자신에게 잘 맞는 툴을 넣고 빼어 각자의 업무에 더 적합한 프레임워크를 구성해 회사에서 실전에 활용할 수 있기를 바란다. 이 책은 독특하게 각종 툴의 활용 방법과 예제 코드 안내에 그치지 않고 보안 취약점 전문가로서 다른 IT 실무자들의 원활한 협력을 얻어내는 방법까지도 소개하고 있는데, 6장에서 그 내용을 확인할 수 있다.

늘 좋은 책 번역을 권해 주시며 지적 자극을 주시는 에이콘 출판사 권성준 대표님과 황영주 부사장님께 깊은 감사를 전한다. 보안 전문가로 성장하고 다양한 경험을 쌓도록 모든 면에서 적극 지원해주시는 김·장 법률사무소의 프라이버시·정보보호 팀 구성원들께도 진심으로 감사하다. 그리고 아빠가 무엇을 하든 응원해 주는 아들 수민이와 아내 현지에게 사랑과 고마움의 마음을 담아 이 책을 전한다.

차례

15장 마무리 263

들어가며

크고 화려한 문제에 많은 이목이 집중되는 것이 인간의 본성이다. 국가의 지원을 받는 공격 팀인 **지능형 지속 위협**APT, Advanced Persistent Threat 그룹 같은 것이 딱 그런 문제다. APT와 연관된 공격자들은 대형 소매업자, 금융기관, 정부 네트워크까지도 침투해왔다. 그렇지만 온통 APT와 신문 헤드라인을 도배할 만한 다른 사건들에만 관심을 집중하다 보면 기본적인 문제를 놓치게 된다. 시스템을 방어해주는 최신 방화벽이 있고 트래픽을 모니터링하는 강력한 기기가 있다고 하더라도 가장 기본적인 보안 책임감을 갖추고 있지 못하면 시스템을 약점 투성이로 내버려 둔 셈이다. 시스템을 업데이트된 상태로 유지하는 일 같은 기본을 무시하면 심각한 결과를 초래할 수 있다.

이 책의 목표는 취약점 관리에 대한 지식이 하나도 없는 상태라도 실제로 동작하는 취약점 관리 시스템을 만들고 정확하고 유용한 취약점 정보를 찾아낼 수 있게 하는 것이다. 이를 통해 조직의 취약점 전망에 대한 이해도를 높이고 조직의 전반적인 보안 태세를 향상시킬 수 있을 것이다. 이 책을 끝까지 다 읽으면 각자가 속한 조직의 취약점 관리 능력을 강화할 수 있게 될 것이며 바로 그것이 성공적인 정보 보안 계획의 기본이라 할 수 있다.

예를 들어 내가 전자상거래 중견 기업의 정보 보안 매니저라고 가정해보자. DMZ에 있는 시스템의 인터넷 접점 서비스로 향하는 트래픽을 제외하고는 외부에서 DMZ로 들어오는 트래픽을 차단하도록 방화벽을 설정한 상태다. 외부로 향하는 트래픽 중 승인되지 않은 것은 차단하게끔 나가는 방향 필터링도 켜뒀다. 엔드포인트 기기에는 안티바이러스가 있고 서버 강화조치도 취했다. 이제 시스템이 안전할 것이라 믿는다.

하지만 DMZ에 있는 리눅스 서버에서 구 버전의 톰캣Tomcat을 돌려 오래된 웹 서비스를 실행하고 있다. 우리 회사의 값진 특허 데이터 중 일부를 업무 파트너사에 판매하려고 무모하게 추진을 시도했던 유물 같은 존재다. 계획은 실패했지만 판매가 좀 되긴 해서 해당 서버를 1년 더 운영해야 할 계약상 의무가 있다. 프로젝트는 연말에 조용히 막을 내렸지만 서버는 아직도 돌아가고 있다. 모두가 그 서버를 잊었지만 밖에 있는 누군가가 그걸 알아챘다. 몰도바Moldova에 있는 탈취된 서버에서 공격이 들어오고 있고 패치라고는 적용한 적이 없는 톰캣 서버는 5년이나 된 자바 문제에 취약하다. 공격자는 내 네트워크 내부에 발판을 마련했고 모든 보호 수단을 동원해도 공격을 막아낼 수 없다. 어디서부터 실패한 걸까?

이 안내서는 정보 보안의 탄탄한 기초가 어떤 가치를 지니는지 보여주려 한다. 탄탄한 기초는 성공적인 정보 보안 프로그램의 가장 중요한 요소라고 할 수 있다. 안타깝게도 트래픽 분석이나 악성코드 샌드박싱 자동화 같은 더 멋져보이는 주제에 관심이 팔려 이런 요소는 대개 무시되곤 한다. 물론 그런 주제가 정보 보안의 최신 기술로 이뤄낸 눈부신 성과란 점은 틀림없으니 내 말을 오해하지 않길 바란다. 하지만 기초를 완벽하게 파악하지 못한다면 더 진보된 툴과 기술은 헛수고일 뿐이다.

이 책의 대상 독자

소규모 예산으로 자신이 속한 기업을 보호하고, 상업적으로 판매되는 취약점 관리 툴의 기능을 업무에 활용하고자 하는 보안 전문가를 위한 책이다. 절차로서의 취약점 관리에 익숙한 독자라면 쉽게 이해할 수 있을 것이다. 자신만의 취약점 관리 시스템을 만들려면 리눅스와 데이터베이스 개념에 익숙해야 하고 파이썬 같은 프로그래밍 언어에 경험이 있어야 한다. 이 책에 등장하는 스크립트는 파이썬으로 작성돼 있지만 자신이 선호하는 현대적인 스크립트 언어나 프로그래밍 언어를 사용해 기능적으로 동일하게 다시 작성해도 된다.

기본으로 돌아가자

여러 가지 많은 보안 주제가 기본에 해당한다고 볼 여지가 있다. 인증 관리, 네트워크 설계, 자산 관리 같은 주제다. 분석가가 관심을 갖고 달려들기에는 이런 부류가 재밌고 흥분된 주제는 아니겠지만 어마어마하게 중요하다는 것에는 의심의 여지가 없다.

취약점 관리는 정보 보안의 기본적인 개념 중 하나다. 완벽하게 작성되고 설정된 소프트웨어 패키지란 존재하지 않는다. 버그는 소프트웨어에서 뗄래야 뗄 수 없는 부분이며, 많은 버그는 보안에 영향을 준다. 소프트웨어 취약점을 다루는 일은 정보 보안에서 영원히 지속되는 문제다. 취약점 관리 실천은 더 고기능이고 특화된 툴을 배포하기 위한 기본적인 신뢰 기반의 역할을 하는 보안의 기준 수준으로도 필요하다.

취약점은 기업의 IT 인프라스트럭처의 모든 수준에 영향을 끼치기 때문에 취약점 관리는 IT 보안 프로그램의 모든 면에 영향을 준다. 엔드포인트 보안은 워크스테이션과 서버를 가장 최근의 소프트웨어 버전으로 업데이트해 공격 노출면attack surface을 최소화하는 것을 기반으로 한다. 제로데이 취약점은 언제나 걱정거

리다. 하지만 오래전부터 알려진 취약점이라는 손쉬운 공격 대상을 제거하면 공격자가 엔드포인트를 탈취하고 기업 내에 발 디딜 곳을 구축하는 것을 어렵게 만든다. 네트워크 보안은 내부 네트워크 세그먼트들을 오가거나 인터넷으로 나가고 들어오는 트래픽 중 꼭 필요한 트래픽만 지나갈 수 있게 하는 것이 최선이다. 그러나 시스템이나 네트워크 장비에 알려진 취약점이 있으면 알려져 있고 믿을 수 있는 프로토콜을 사용하는 적절한 트래픽처럼 보였던 것에서도 네트워크 기반 공격이 가능한 상황이 될 수도 있다. **식별 접근 관리**IAM, Identity and Access Management는 이용자에게 접근 자격이 부여된 특정 시스템과 데이터에만 이용자가 접근할 수 있게 제한한다. 그러나 식별 시스템이 취약하다면 공격자는 시스템을 간단히 우회할 수 있다.

여러분의 환경에 보안 기준 수준이 있으면 알려진 취약점을 공격하는 식으로는 미리 설치해놓은 모든 보호 조치를 쉽게 우회하지는 못할 것이다. 비유를 들어보자. 제1차 세계대전 이후 프랑스는 독일과의 국경을 따라 진지와 참호를 선처럼 길게 만들어 독일의 공격을 방어했다. 그 선은 프랑스의 국방 장관 이름을 따서 마지노 선Maginot Line이라고 이름이 붙여졌다. 그러나 제2차 세계대전이 발발하자 독일군은 장애물을 빙 돌아가는 방법으로 무시하고 참호가 있는 국경 대신 벨기에 쪽 국경을 넘어 프랑스를 침공했다. 비싼 돈 들여 파놓은 그 모든 방어용 인프라스트럭처는 상관없었다. 여러분의 환경에서도 같은 일이 일어난다. 기본적인 보안 수준이 갖춰져 있지 않으면 추가로 무슨 보호 조치를 마련해 놓든 마지노선이나 다를 것이 없다. 공격자로서는 다른 곳에 더 쉬운 길이 있으니 보호 조치를 그냥 피해가면 그만이다. 반대로 취약점 관리 기준선을 수립하고 능동적인 취약점 관리 프로그램을 통해 관리한다면 추가 보안 조치가 우리 보안 프로그램에 실제로 가치를 더해줄 거란 점을 신뢰할 수 있게 된다.

취약점 관리는 패치 관리가 아니다

패치 관리는 소프트웨어 구성 관리SCM, Software Configuration Management 시스템을 제대로 갖춰 함께 운영하는 경우가 많으며 기업 내 환경 전반에 걸친 서버와 엔드포인트 기기의 버전과 패치 정도를 추적 관리한다. 패치 관리는 시스템을 최신으로 유지하고자 원격으로 패치를 적용하기도 한다. 하지만 전통적인 패치 관리와 이 책에서 말하는 취약점 관리는 비슷한 점이 많으면서도 그 기저에 깔려있는 가정은 아주 다르다.

패치 관리는 패치가 만들어져 있고, 패치 관리 시스템은 네트워크에서 패치가 필요한 모든 기기를 관리할 수 있으며, 모든 패치를 적용할 충분한 시간과 인력이 있다고 가정한다. 하지만 실제 환경에서는 SCM으로 관리되지 않는 기기들이 존재하고 이 모든 조건이 유지되는 경우는 지극히 드물다. 예를 들면 라우터나 방화벽 같은 네트워크 장비, 테스트 기기, 버려진 서버, SCM 에이전트와 호환되지 않는 운영체제에서 돌아가는 기기 같은 것들이 그렇다. 전형적인 SCM 배포 환경에서 이런 기기들은 모두 보이지 않기 때문에 업데이트되지 않고 방치되기 십상이다. 엔드포인트에 자동화된 패치 적용이 가능하다고 하더라도 서버와 네트워크 장비는 수동으로 처리해야 하는 경우가 꽤 있다. 서버에 패치 적용을 자동화하는 것은 기업으로서는 도저히 감당할 수 없는 다운타임을 초래할 수 있기 때문이다. 반면 서버와 네트워크 장비를 수동으로 패치하는 것은 시간이 소요되므로 과로에 시달리는 IT 직원으로서는 감내하기 힘든 일이다.

취약점 관리는 이보다 더 실용적인 접근법이다. 취약점 관리는 "이 모든 패치를 어떻게 적용할 수 있을까?"라고 묻지 않고 "자원이 한정돼 있으니 가장 중요한 취약점을 해결하는 방식으로 우리 회사 보안 태세를 향상시킬 수 있을까?"를 묻는다. 취약점 관리는 리스크 관리라는 렌즈를 통해 문제를 바라본다. 네트워크로 연결된 (관리되고 있든 관리되지 않고 방치됐든) 기기들에 존재하는 모든 범위의 취약점에서 시작해 이 취약점들 중 어떤 것이 기업의 보안에 가장 높은 리스크를 주는지 알아낸다. 데이터를 모았다면 패치 적용과 복원 조치의 우선순위를 정할 수 있는 정보를 충분히 가진 상태가 된 것이다. 이런 절차를 마치고 난 뒤에도 업데이트와 복원 조치를 적용할 여력이 있다면 더욱 더 좋다. 그렇지만 리스크가 가장 높은 문제를 먼저 살펴보고 우리의 한정된 시간과 자원을 현명하게 활용하면 비교적 적은 노력을 들이고도 시스템의 보안 태세를 현격하게 향상시킬 수 있다.

이 책에서 다루는 내용

이 책은 크게 개념적인 내용과 실용적 내용이란 두 부분으로 나뉘어 있다. 1부에서 취약점 관리 절차의 개념과 구성 요소를 배운다. 2부에서는 무료 혹은 저가의 취약점 관리 시스템을 만드는 실용적인 접근 방법을 살펴본다. 안내를 그대로 따라 해도 되지만 각자의 필요에 맞게 고쳐 쓸 수 있게끔 각각의 스크립트 이면에 있는 개념을 이해하는 것이 무엇보다 중요하다. 책의 후반부에서는 직접 만든 취약점 관리 시스템을 실제로 운영하게 되면서 해결해야 할 문제들을 살펴본다. 그런 주제 중 하나로 예산이 생겼을 때 상용 툴을 구입해 취약점 관리 프로그램을 개선하는 내용도 알아본다.

이 책의 구성

1장부터 15장까지 이론적인 내용부터 실무 안내까지 자연스럽게 흐름을 따라 읽는 방법도 있지만 경험이 많은 전문가라면 바로 관심 있는 특정 주제를 읽어도 좋다. 비슷하게 스크립트 역시 하나에서 다음 것으로 자연스럽게 살을 붙이며 만들어간다. 그렇지만 각자 일하고 있는 환경에 어떤 툴과 절차가 이미 갖춰져 있는지에 따라 그때 그때 단편적인 방식으로 적용해도 무방하다.

각 장을 요약하면 다음과 같다.

1장, 기본 개념에서는 취약점 관리의 기본적인 개념과 리스크 관리로 연관되는 방식을 소개한다.

2장, 정보 수집에서는 취약점 관리 절차를 진행하기 위해 수집해야 할 데이터의 다양한 형태를 살펴본다.

3장, 취약점 스캐너에서는 취약점을 발견하고자 네트워크에 있는 시스템을 스캔하는 절차를 알아본다.

4장, 취약점 관리 자동화에서는 데이터를 모으고 모은 데이터를 분석하는 자동화 시스템을 만드는 방법을 설명한다.

5장, 취약점 처리 방법에서는 수집한 취약점 정보에 대해 무엇을 할지 설명한다. 패치를 적용하거나 완화 조치를 취하거나 리스크를 수용하는 방법이 있다.

6장, 조직 내 지원과 사내 정치에서는 조직 내에서 취약점 관리를 관철시키는 방법에 대한 정보를 제공한다.

7장, 환경 구성에서는 기반이 되는 OS를 갖추고, 필요한 패키지를 설치하고, 모든 것을 최신으로 유지해주는 스크립트를 작성하는 방법을 설명한다.

8장, 데이터 수집 툴의 사용법에서는 엔맵, cve-서치, 오픈VAS, 메타스플로잇을 사용하는 방법을 알아본다.

9장, 자산 데이터베이스와 취약점 데이터베이스 생성에서는 스캔 결과를 데이터베이스로 가져오는 방법을 보여준다.

10장, 데이터베이스 유지 관리에서는 키를 추가하고 오래된 데이터를 삭제 처리하는 내용을 다룬다.

11장, 자산 보고서와 취약점 보고서 만들기에서는 자산과 취약점에 대해 기본적인 CSV 보고서를 생성하는 방법을 깊이 파고들어 본다.

12장, 스캔과 보고서 작성 자동화에서는 엔맵과 오픈VAS 스캔을 자동화하고 주기적으로 보고서를 생성하는 스크립트 작성법을 설명한다.

13장, 보고서 작성 고급화에서는 HTML을 사용해 수준 높은 보고서를 만들어본다.

14장, 고급 주제에서는 API를 만들고 공격 자동화를 알아본 후 클라우드도 살펴본다.

15장, 마무리에서는 향후 보안 트렌드에 대한 정보를 알아보고 그런 트렌드가 우리 취약점 관리 절차를 어떻게 바꿔놓을 것인지 살펴보면서 책을 끝낸다.

이 책의 목표

이 책의 목표는 취약점 관리에 대한 지식이 하나도 없던 상태였던 독자 여러분이 실제로 동작하는 취약점 관리 시스템을 갖게 돼 정확하고 유용한 취약점 정보를 만들어낼 수 있게 하는 것이다. 이 책은 조직의 취약점 전망에 대한 이해도를 높이고 조직의 전반적인 보안 태세를 향상시키는 데 도움이 된다. 끝까지 다 읽으면 각자가 속한 조직의 취약점 관리 능력을 강화할 수 있게 될 것이며 성공적인 정보 보안 계획의 밑거름을 다지게 될 것이다.

소스코드 다운로드

스스로 취약점 관리 시스템을 만드는 단계를 차근차근 밟아나가면서 깃허브 저장소[GitHub repository] 주소 https://github.com/magnua/practicalvm/를 항상 참고하면 좋다. 이 저장소에는 이 책에 나오는 모든 코드가 들어 있으며 독자 여러분의 환경에서 사용할 수 있는 설정 예제 파일도 몇 가지 포함돼 있다.

에이콘출판사 도서정보 페이지 http://www.acornpub.co.kr/book/vulnerability-management에서 동일한 소스코드를 다운로드할 수 있으며, 한국어판의 정오표도 찾아볼 수 있다.

유의 사항

대부분의 컴퓨터 보안 툴이나 교육 훈련에서도 그렇듯이 이 책에 나오는 툴과 기술은 방어용으로도 쓸 수 있고 공격용으로도 쓸 수 있다. 스캐닝은 적대적이고 악의적인 행동이 될 수 있으며, 내가 소유하고 있거나 내가 스캔해도 된다고 승인받은 시스템과 네트워크만 대상으로 스캐닝을 수행해야 한다. 내 것이 아닌 시스템은 스캔하지 말고 파고들지도 말라. 적절하게 사용하는 경우조차도 그런 툴은 잠재적으로 부정적인 결과를 일으킬 수 있으며, 심한 경우 시스템 장애나 데이터 손실까지 초래할 수 있다. 스캐닝이나 침입과 연관된 행위에 조금이라도 관여하려면 잠재적인 리스크를 유념하기 바란다.

1부

취약점 관리의 기초

1

기본 개념

취약점 관리로 바로 들어가기 전에 취약점에 대한 기본 정보 몇 가지를 먼저 이해할 필요가 있다. 취약점과 그에 따라 달라지는 리스크 수준을 이미 잘 알고 있는 독자도 많을 걸로 짐작된다. 그런 독자라면 뒤에 나올 심도 깊은 주제에 대비하는 차원에서 1장을 읽기 바란다. 1장은 정보 보호의 개념을 빠뜨림 없이 소개하는 기본 지침서 성격은 아니고 이 책의 나머지 부분을 이해할 수 있게 도움이 되는 정도의 내용으로 꾸몄다.

CIA 3 요소와 취약점

정보 보호의 세 가지 주요 요소는 정보의 기밀성confidentiality(누가 데이터에 접근할 수 있는가), 정보의 무결성integrity(누가 데이터를 변경할 수 있는가), 정보의 가용성availability(인가받은 이용자가 데이터를 사용할 수 있는가)으로 구성된다. 이들 세 가지 요소의 머리글자를 따 CIA 3 요소라고 부른다. 이 개념이 완벽한 모델은 아니지만, 이 용어들을 쓰면 보안 취약점을 논의하고 분류하는 데 도움이 된다.

소프트웨어, 펌웨어, 하드웨어에는 버그가 있게 마련이고 모든 버그가 심각한 문제인 것은 아니지만 꽤 많은 버그가 보안에 영향을 미친다. 프로그램에 적절하지 않은 입력값을 넣어 프로그램이 비정상 종료하게 할 수 있다면 버그일 뿐만 아니라 취약점vulnerability이기도 하다. 하지만 적절하지 않은 입력값을 넣어서 발생하는 일이라곤 화면에 표시되는 글자 색깔이 달라지는 정도라면 글자가 여전히 눈에 보인다는 것을 전제로 이 버그는 취약점은 아니다. 누군가 해당 버그를 이용해 보안과 관련한 문제를 일으키는 방법을 알아낸다면 그제야 보안 취약점이 된다. 간단히 말하면 취약점이란 정보 시스템 내에서 보안상 영향을 주는 방법으로 공격자가 악용할 수 있는 약점이다. 일반적으로 취약점은 버그 때문에 만들어지지만 코드 내 논리 구조의 결함이나 빈약한 소프트웨어 설계나 구현 방식에 기인하기도 한다.

어떤 버그가 취약점으로 판정되려면 데이터의 기밀성, 무결성, 가용성이나 전체 정보 시스템에 영향을 끼쳐야 하기 때문에 주요 취약점은 CIA 3 요소에 맞춰 분류된다. 서비스 거부DoS, Denial of Service 취약점은 데이터의 가용성에 영향을 준다. 인가받은 이용자가 시스템에 접속할 수 없다면 데이터에도 접근할 수 없다. 정보 유출 취약점은 데이터 기밀성에 영향을 준다. 취약점 때문에 인가받지 않은 이용자가 원래 접근할 수 없던 데이터에 접근할 수 있게 된다. 이와 비슷하게 정보 변경 취약점은 인가받지 않은 이용자가 데이터를 변경할 수 있게 허용하기 때문에 이런 취약점은 데이터의 무결성에 영향을 미친다.

네 번째 취약점 분류는 코드 실행이나 명령 실행과 관련이 있다. 이들 취약점은 공격자가 시스템에서 특정 명령이나 임의의 코드를 실행할 수 있게 허용한다. 해당 코드가 실행되는 환경의 이용자 권한 수준에 따라 공격자는 제한된 권한으로 시스템에 접근할 가능성도 있고 모든 권한을 갖고 접근할 가능성도 있다.

공격자는 CIA 3 요소 중 세 가지 부분 모두에 영향을 줄 수 있다. 어떤 공격자가 명령을 실행할 수 있다면 그 공격자는 민감한 데이터를 읽거나 수정할 수도 있고 시스템을 끄거나 재시작하는 것까지도 가능할 수 있다. 이 분류에 속하는 취약점이 가장 심각하다.

어떤 취약점은 하나 이상의 분류에 속할 수도 있으며 취약점을 이해하기 시작한 공격자가 더욱 철저하게 공격하게 되면 취약점의 분류나 심각성 정도가 바뀌기도 한다. 취약점 분야는 계속해서 달라지기 때문에 개발 관련 최신 동향에 뒤처지지 않으려면 효과적인 취약점 관리 프로그램이 필요하다.

취약점 관리란?

취약점 관리는 어떤 환경에서 이미 알려진 취약점을 꾸준히 인지하고 취약점을 해결하거나 완화해 해당 환경의 전반적인 보안 태세를 향상시키는 실천 방법을 말한다. 정의는 간단한 것처럼 보이지만 취약점 관리에는 여러 가지 상호 의존적 활동들이 수반된다. 각각의 활동은 2장부터 더 자세히 살펴본다. 우선 여기서는 그림 1-1에 표시한 취약점 관리 수명주기의 주요 요소를 보자.

첫 번째 단계는 현재 취약점 환경을 이해하는 것이다. 그러려면 시스템에 대한 데이터를 수집해 시스템에 존재하고 있는 취약점을 알아내야 한다. 다음 단계는 그렇게 수집한 데이터와 다른 출처에서 구한 보안 관련 데이터를 함께 분석하는 것이다.

데이터 분석 결과는 보안 상태를 향상시키고자 필요한 조치에 대해 권고안을 작성하는 데 도움이 될 것이다. 이 권고안에는 보안 패치를 설치하는 것뿐 아니라 방화벽 룰이나 시스템 강화 기술 같은 완화 조치 적용도 포함될 수 있다. 그다음 단계는 권고안을 이행하는 것이다. 이 단계가 완료되면 주기를 다시 시작한다. 시스템 데이터를 다시 한 바퀴 돌며 수집하고 분석과 완화 조치 적용

후에도 남아있는 취약점과 이전 주기에서 나타나지 않았던 새로운 취약점을 수집한다.

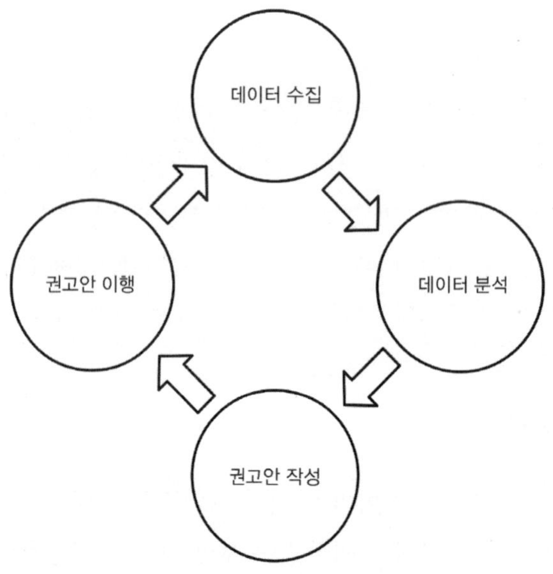

그림 1-1: 취약점 관리 수명주기

관리 절차는 짧지도 간단하지도 않다. 취약점을 찾아내는 것은 쉬울지 몰라도 취약점을 조치하고 보안 기준치를 향상시켜야 하는 일이 계속 진행된다. 이 절차는 조직 내에서 수많은 다양한 역할을 하는 직원들을 참여시켜야 하고 많은 업무 절차를 수반하는 일이기도 하다.

각 단계를 더 자세히 들여다보자.

데이터 수집

수집 단계는 크게 내부 데이터 수집과 외부 데이터 수집이라는 두 가지 분류로 나눌 수 있다. 하나씩 차례로 알아보자.

내부 데이터 수집은 자신이 속한 조직 환경에 대한 정보를 모으는 것을 말한다.

이 데이터에는 네트워크에 있는 단말 기기와 네트워크 장비를 포함한 호스트에 대한 정보와 각 호스트에 대한 취약점 정보가 포함된다. 호스트 정보는 엔맵Nmap 같은 네트워크 매핑 툴이나 자산 데이터베이스 툴이나 형상 관리 데이터베이스CMDB, Configuration Management DataBase를 사용하는 탐사식 스캔으로 수집할 수 있다. 보유하고 있는 서버와 워크스테이션에 대한 데이터를 저장한 스프레드시트만 갖고 있는 것으로는 충분하지 않다. 취약점 관리를 제대로 성공시키려면 정확하면서도 완전한 데이터로 시작할 필요가 있다. 수동으로 생성하고 일일이 수동으로 수정하는 스프레드시트는 기업 내에 동작 중인 실제 호스트와 네트워크 정보를 반영하지 못한다.

취약점 데이터는 취약점 스캐너라는 단일한 원천 정보에서 만들어진다. 취약점 스캐너 도구는 장비와 인터랙션을 주고받으며 취약점을 발견해내는데, 네트워크 기반의 스캔을 이용하는 경우도 있고 호스트 기반의 에이전트를 이용하는 경우도 있다. 네트워크 스캐너는 일정 범위 내의 모든 IP 주소나 특정 IP 주소의 목록에 접속해 어떤 포트가 열려 있고 어떤 서비스가 해당 포트에서 실행 중인지 알아내고, 각 장비에서 실행 중인 운영체제OS 버전, 관련된 구성, 소프트웨어 패키지를 확인한다. 스캔을 이용하지 않는 호스트 기반의 에이전트는 시스템에 직접 정보를 물어 실행 중인 서비스와 버전 정보를 알아낸다. 두 가지 접근 방식은 각각 장단점이 있는데, 이는 3장에서 자세히 다룬다.

수집한 내부 데이터는 금세 낡은 정보가 돼 버린다. 취약점 정보가 특히 그런 편이기 때문에 정기적으로 자주 수집해야 한다. 빈번하게 호스트를 추가하거나 제거하지 않더라도 취약점 정보는 매일 바뀐다. 사람들은 새로운 소프트웨어 패키지를 설치하고 업데이트를 실행하며, 새로운 취약점은 꾸준히 발견되고 공개적으로 밝혀진다. 신규 취약점 정보를 포함하게끔 규칙적으로 스캐너를 업데이트하고 정기적으로 스캔하면 현재 환경에 대해 정확하고 완전한 데이터를 보유할 수 있게 된다. 반면 정기적인 스캐닝에는 부정적인 효과도 있다. 정확한 취약점 데이터를 보유하는 중요성과 리스크 사이에서 균형을 맞춰야 한다. 각각의 득실은 2장에서 다룬다.

네트워크 설정 같은 정보나 다른 고급 데이터 출처는 분석에 도움이 될 수도 있으나 이 책에서 다룰 범위를 벗어난다. 최신 정보로 철저하게 유지되지 못한다면 전체 분석 자체가 별로 유용하지 못하게 된다는 점은 여기에도 마찬가지로 적용된다. 신선한 데이터가 좋은 데이터다.

외부 데이터 수집은 여러분이 속한 기업 외부의 데이터 출처에서 수집하는 행위를 모두 아울러 일컫는다. 미국 국립표준기술연구소NIST, National Institute of Standards and Technology가 제공하는 '취약점 노출 공용 정보CVE, Common Vulnerabilities and Exposures'에 꾸준히 발표되는 방대한 데이터, 익스플로잇 데이터베이스Exploit Database와 메타스플로잇Metasploit에 등장하는 공개된 공격 정보, CVE 상세 정보CVE Details(https://cvedetails.com/) 같은 오픈소스에서 취합되는 추가 취약점, 완화 방법, 공격 상세 정보, 위협 정보threat intelligence 피드 같은 수많은 고유의 데이터 출처 등에서 얻을 수 있는 공개적인 취약점 명세 자료들이 이에 포함된다.

이러한 정보는 기업 외부에서 구하는 자료이기는 하지만 온라인 출처에 직접 쿼리를 하거나 내부에 데이터 저장소를 운영하는 방식을 통해 항상 최신 정보로 유지할 수 있다. 기업 환경 내부에서 문제를 일으킬 수도 있는 내부 데이터 수집과는 달리 제3의 출처에서 데이터를 수집하는 것은 접속해 그냥 정보를 가져오기만 하면 될 정도로 쉽다. 그래서 데이터 전송 비용을 아낄 생각이라도 하는 것이 아니라면 매일 한 번씩 최신 정보로 업데이트하거나 심지어 위협 정보 피드 같은 경우에는 상시 연결을 유지하지 않을 이유가 없다.

데이터 분석

내부와 외부 데이터를 일단 수집했으면 이 데이터를 분석해 기업 환경 내에 유용한 취약점 정보를 얻어내야 한다. 스캐너에서 만들어지는 보고서에 익숙한 사람이라면 누구나 동의할 텐데, 기업 환경에 장비가 서너 대 이상이기만 하면 취약점 정보 그 자체만 해도 어마어마한 양일 것이다. 스캐너를 돌리면 거의 모든 장비에서 수많은 취약점을 탐지해 낼 것이며, 중요한 취약점과 중요하지 않은 취약점을 골라내는 작업은 꽤 어려울 수 있다. 설상가상으로 갖고 있는 정보가 수천 페이지의 스캔 결과 보고서 단 하나뿐이라면 안 그래도 이미 업무가 과중한 시스템 관리자에게 어떤 교정 작업을 할당해줘야 할지 정하는 작업 역시 난감해진다.

이 문제에 접근하는 방법으로는 두 가지가 있다. 첫 번째는 취약점 목록을 좀 더 관리 가능한 정도의 길이로 줄여 보는 것인데, 이를 **선별**culling이라고 한다. 다른 방법은 취약점을 중요한 순서대로 순위를 매겨보는 것으로 이를 **서열화**ranking라고 한다.

선별은 이해하기 쉬운 방식이다. 모든 취약점에 대해 예/아니요 둘 중 하나를 결정하는 방식이다. 예를 들어 취약점이 특정 날짜 이후의 최신 것인가, 알려진 공격 방법이 있는가, 원격으로 공격이 가능한가? 같은 것이 취약점을 선택하는 결정 기준이 될 수 있다. 이러한 예/아니요 식의 필터를 여러 가지로 조합해 목록을 계속 더 선별하는 것도 가능하다. 어떤 취약점이 선별 기준에 맞아 살아남았을 때에만 시간을 쏟아 해당 취약점을 더 분석하면 된다.

서열화를 하려면 모종의 측정 척도를 사용하는 기준이 필요하다. 예를 들면 기밀성, 무결성, 가용성에 미치는 영향을 기반으로 다수의 취약점에 순위를 매기는 방법이 있을 수 있다. 아니면 CIA 3 요소의 각 축에 따라 취약점의 심각 정도를 고려해 취약점마다 1점에서 10점의 점수를 부여하는 '**취약점 점수 산정 체계**CVSS, Common Vulnerability Scoring System'를 사용해도 된다. 각자가 속한 조직의 리스크 상황을 확실히 이해하고 있다면 내부에서 개발한 리스크 측정치에 초점을 둔 자체적인 점수 산정 시스템을 갖추고 있을 수도 있다.

앞에서 살펴본 두 가지 방법론은 서로 다른 관점이지만 이 둘의 방식을 개조해서 써도 된다. 공격 가능 여부 같은 이분법적 분류를 써서 선별을 하는 대신 서열화를 해 두 개의 그룹으로 나뉜 목록을 만들어도 된다. 반대로 서열화에 쓰는 측정치를 사용하면서 기준값을 설정해두고 선별을 해도 된다. 예를 들면 CVE 점수 5점을 선별 기준값으로 설정하고 그보다 점수가 낮은 취약점은 모두 무시하는 방법이 있다. 취약점을 분류하는 데 쓰는 측정치가 있다면 이 분류를 서열화 방법으로 쓸지 선별 측정치로 쓸지 아니면 두 방법으로 모두 이용할지 정해야 한다.

서열화는 그 자체로 분석 방법인 반면 선별 작업은 하고 나면 분석할 데이터 세트가 더 작아지게 되기 때문에 둘 다 이용하는 것을 고려해보기 바란다. 취약점 집합을 먼저 선별해내고 이후에는 반드시 다뤄야 하는 취약점으로만 한정해 분석하게 되면 분석이 더 빨라지고 더 유의미해진다. 가장 심각한 취약점들을 확인하고 나면 남아있는 취약점들을 서열화해 각각의 상대적 중요성을 더 쉽게 판단할 수 있다.

이 책에서는 간단한 선별-서열화 프로파일을 사용할 것인데, 각자 기업의 필요에 따라 수정하거나 대체해도 된다. 이 프로파일은 CVSS 점수와 공격 가능성을 척도로 사용한다(그림 1-2 참고).

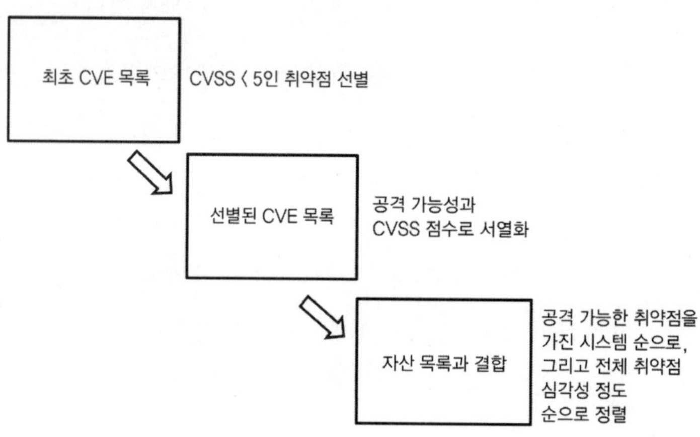

그림 1-2: 중요 취약점을 필터링하기 위한 간단한 선별-서열화 프로파일

CVSS 점수가 낮은 취약점은 더 깊게 분석할 정도로 심각하지 않으니 먼저 선별해낸다. 다음으로, 남아있는 취약점들을 공격 가능성과 CVSS 점수가 높은 것부터 낮은 것까지 순으로 서열화한다. 이 목록을 자산 목록과 결합한다. 그다음에는, 앞의 결과로 만들어진 목록을 먼저 시스템당 공격 가능한 취약점의 수 순서로 서열화하고 이어서 해당 시스템에서 발견되는 취약점들의 전체 심각성 정도 순으로 서열화한다. 이렇게 해서 만들어지는 목록은 가장 리스크가 높은 시스템을 맨 위에 표시하게 된다.

현실에 존재하는 예제에 선별-서열화 적용

선별-서열화 분석 절차가 현실 세계 시나리오에서 어떻게 동작하는지 살펴보자. 직원용 주요 네트워크 구간을 대상으로 방금 취약점 스캔을 실행했다고 치자. 클래스 C 네트워크이니 총 256개 주소 중 254개를 쓸 수 있다. 해당 세그먼트에는 윈도우 호스트가 꽤 많이 있고 프린터와 기타 장비들도 여러 대 있다는 점을 미리 알고 있다. 스캔 결과를 보니 84개의 장비에 걸쳐 총 약 2,000개의 취약점 목록이 나와 있다.

목록을 훑어나가면서 CVSS 점수가 5점 이하인 취약점은 제거하고 나니 목록은 63개 장비의 500여 개 취약점으로 줄어들었다. 대부분의 취약점이 다수의 호스트에 공통으로 존재하기 때문에 중복을 제거하고 보니 이제 38개의 취약점만 남았다. 이제 취약점 38개를 각각 한 번씩 들여다보기만 하면 된다는 뜻이다. 이런 방식으로 조사해야 할 항목 목록을 벌써 거의 92%나 쳐냈다. 남아있는 취약점들 중 어떤 것을 조사할 필요가 있는지 정하려면 여러 가지의 서열화를 적용해본다.

첫 번째로, 38개로 구별되는 취약점 중 공격 방법이 공개적으로 알려진 것이 하나라도 있는지 찾아본다. 그런 것이 있다면 그런 취약점을 먼저 다룰 필요가 있다. 두 번째로, 각 취약점의 CVSS 심각성 정도가 얼마나 되는지 조사한다.

심각성 정도가 높다는 것은 침해를 당했을 때 더 어마어마한 결과가 발생한다는 뜻이기 때문에 더 심각한 취약점에 집중해야 한다.

세 번째 서열화 방법을 실행하기 전에 지금까지 한 것을 살펴보자. 38개의 고유한 취약점 중 3개는 공격 방법이 알려져 있고 나머지 35개는 CVSS 심각성 정도 순으로 정렬해 뒀다.

이제 마지막 서열화를 적용할 차례다. 취약점 목록을 실제 취약한 호스트와 결합한다. 각 호스트가 취약점을 몇 개나 갖고 있으며 그 취약점들의 심각성 정도는 어떤지 취합한다. 이 작업을 마치고 나면 취약점 해소 노력을 어디에 쏟아야 할지 확실한 그림을 볼 수 있게 된다.

지금 예를 들고 있는 환경에는 취약점이 있는 63대 호스트 중 48대가 심각성 정도 7을 넘지 않는 취약점을 1개 또는 2개 갖고 있고, 11대 호스트는 취약점을 15개까지 갖고 있으면서 상당히 심각한 범위(CVSS가 9 이상)에 속해 있는 취약점도 한두 개씩 갖고 있다. 마지막 4대는 총 500개 취약점 중 나머지 모두를 갖고 있는데, 이는 3개의 공격 가능한 취약점을 포함해 호스트별로 무려 평균 125개 취약점이 있다는 뜻이다. 이 시스템들에는 중대한 교정 작업이 필요한 것이 분명하며, 이제 이 상황을 즉시 해결해야 할 근거를 충분히 갖췄다.

권고안 작성

이제 각자의 기업에 위협이 되는 순위로 정렬한 호스트와 취약점 목록이 만들어졌으니 다음 단계는 취약점을 교정하는 작업을 권고할 차례다. 리스크가 가장 높은 것부터 시작해서 차례차례 해결해 나간다. 작은 조직에서 일하고 있다면 이 단계를 직접 책임져야 할 입장일 수 있고, 좀 더 큰 조직에서 일하는 경우에는 이 단계가 시스템 담당자, 애플리케이션 담당자, 그 외 많은 직원이 작업해야 하는 꽤 긴 절차로 이뤄져 있을 것이다.

주로 사용하는 교정 방법으로 **패치 적용**patching과 **완화 조치**mitigation라는 두 가지 형태가 있다. 패치 적용은 관건이 되는 취약점을 해결하는 패치를 적용하는 직관적인 방식이다. 완화 조치는 더 복잡하고 그때 그때 상황에 따라 달라진다.

아직 패치가 나와 있지 않거나 패치를 적용하는 것이 불가능한 경우 리스크를 해소하는 다른 방법을 찾아봐야 한다. 어떤 경우 설정을 변경하면 특정 취약점이 공격 당하는 것을 예방할 수도 있다. 또 다른 경우에는 취약한 서비스가 있더라도 특정 IP 주소 대역 외에는 서비스가 필요하지 않아서 방화벽 룰이나 라우터의 **접근 통제 목록**ACL, Access Control List으로 노출을 줄이는 방식으로 보호할 수 있다. 또는 기존에 이용하고 있던 **침입 탐지 시스템**IDS, Intrusion Detection System이나 **침입 방지 시스템**IPS, Intrusion Prevention System에 룰을 추가해 특정 취약점을 공격하려는 시도를 탐지하거나 차단할 수도 있다. 이런 것이 모두 취약점 완화 조치의 예며 어떤 것이 올바른 대응이 될지는 기업 환경에 따라 달라진다.

권고안 이행

권고안이 만들어졌으니 드디어 시스템이나 애플리케이션 담당자에게 가서 권고 방식대로 교정 작업을 이행하라고 얘기할 때가 됐다. 담당자들이 권고안 작성 절차에 관여해왔으면 이번 단계는 간단하게 진행될 것이다. 권고안이 예상됐던 것이 아니라면 보안 리스크를 설명하고 권고안을 이렇게 개발하게 된 이유를 말해줄 필요가 있다. 이 절차는 6장에서 다룬다. 이 단계에서는 모든 담당자가 이행 일정에 동의해야 한다.

시스템을 책임지는 담당자들이 패치를 적용하거나 완화 조치를 해서 권고안을 이행하고 나면 마지막 단계로 변경이 잘됐는지 확인하고 변경한 것이 효과가 있는지 검증한다. 특히 완화 조치의 결과는 다양하게 달라질 수 있기 때문에 완화 조치가 잘 적용됐고 효과가 있는지 확인하는 작업은 대부분 수작업 절차가 되기 마련이다. 반면 패치 적용의 경우에는 취약점이 아직 존재하는지 확인하는 스캐닝을 다시 한 번 돌려 변경 결과를 검증할 수 있다. 이렇게 하면 다시 첫 번째 단계인 데이터 수집 단계로 되돌아온다. 주기가 다시 시작되고 새로 스캔해보면 교정 작업을 검증할 수 있고 새로운 취약점을 찾아내게 될지도 모른다.

취약점 관리와 리스크 관리

취약점 관리는 기업의 리스크 관리 목표와 밀접하게 연관돼 있다. 이 기술 가이드에서 정보 리스크 관리를 전체적으로 집중해서 살펴보지는 않는다. 하지만 취약점 관리가 어떤 점에서 리스크 관리와 상응하는지 이해하는 것은 중요하다. 실용적인 취약점 관리 프로그램 없이는 기업의 IT 리스크 관리 목표 달성이 완전히 불가능하진 않더라도 상당히 어려워진다.

전반적인 IT 리스크 관리 프레임워크는 취약점 관리와 비슷하다. 일반적으로 IT 리스크 관리 단계는 중요 자산 식별, 리스크 판별과 서열화, 통제 수단 식별, 통제 이행, 통제 효과 모니터링으로 구성된다. 리스크 관리는 미리 정해진 종점이 있는 일회성 이벤트가 아니라 꾸준히 계속되는 절차이기도 하다. 그렇다면 취약점 관리는 이 단계 중 어디에 들어맞을까?

취약점 관리의 갖가지 다른 단계가 리스크 관리 절차의 여러 다른 단계에 매핑된다(표 1-1 참고). 예를 들면 리스크 관리 프레임워크의 자산 식별은 자산 정보와 취약점 데이터 수집에 직접적으로 관련된다.

하지만 이러한 매핑은 절차의 일부일 뿐이다. 취약점 관리 절차를 통해 발견되는 취약점 관련 리스크가 있으면 프로토콜 인식 방화벽을 도입하는 식으로 취약점을 직접 해결하지 못하는 통제 수단을 고려해보게 될 수도 있다. 그런 조치가 일부 공격에 대해 효과적이기도 하지만 다른 여러 가지 형태의 리스크를 완화하는 방법이 되기도 한다. 게다가 취약점 관리 과정에서 정기적으로 데이터를 수집하는 것은 자산 식별과 리스크 식별에 유용할 뿐만 아니라 통제 수단의 유효성을 모니터링하는 것에도 도움이 된다. 예를 들어 통제 수단으로 방화벽을 도입하고 다음번에 스캐닝 도구를 실행하면 방화벽 설정이 잘못돼 원래 막기로 돼 있는 트래픽을 필터링하지 못하고 있는 점이 드러난다.

표 1-1: 취약점 관리와 IT 리스크 관리의 매핑

취약점 관리	IT 리스크 관리
데이터 수집	중요 자산 식별
데이터 분석	리스크 판별과 서열화
권고안 작성	통제 수단 식별
권고안 이행	통제 이행
(데이터 수집)	통제 모니터링

이 안내서는 정보 리스크 관리 요령을 다루는 책이 아니니 이에 대한 논의는 이쯤에서 마치고 취약점 관리를 계속해서 더 깊이 설명하기로 한다. 정보 리스크 관리 방법론이나 절차에 관심이 많은 독자는 NIST 800-53, ISO/IEC 27003, ISO/IEC 27004, ISO/IEC 27005를 읽어보기를 추천한다. 각 문서는 구글 검색으로 찾을 수 있다.

요약

1장은 취약점 관리의 전반적인 내용과 IT 리스크 관리 프레임워크에서 취약점 관리의 위치를 개괄적으로 살펴봤다. 일반적인 취약점 관리 절차를 알아봤는데, 자세한 내용은 2장부터 계속해서 살펴본다. 조치할 수 있는 취약점 정보가 있을 때 취해야 할 단계도 미리 살펴봤다.

2장에서는 취약점 관리 절차를 더 심도있게 알아보고 자신만의 취약점 관리 시스템을 구현하는 방법을 알아본다.

2

정보 수집

취약점 관리 프로그램을 제대로 유지해 나가려면 여러 데이터 출처에서 정보를 모아야 한다. 2장에서는 이러한 자료 출처를 하나씩 살펴본다. 그런 다음 3장에서 이 정보가 모두 함께 모여 각자의 기업에 유용한 취약점 조망 자료가 만들어지는 과정을 소개한다.

자산 정보

자산 정보의 중요성에도 불구하고 큰 회사든 작은 회사든 많은 기업이 자사의 네트워크에 뭐가 있는지 완전히 알지 못한다. 심지어 조금도 모르는 경우도 있다. 네트워크 관리자들에게 스프레드시트 하나를 공유해주면서 생각날 때마다 업데이트하라고 할지도 모르겠다. 아니면 CMDB나 단말 시스템 관리 제품을 사용해 윈도우 PC 목록을 데이터베이스로 갖고 있을 수도 있다. 그렇지만 취약점 관리를 수행하려면 IP망에 연결된 기기 전체와 각 호스트에 대해 긁어모을 수 있는 모든 부가적인 데이터를 완전한 목록으로 유지하고 있어야 한다. 네트워크에 연결되지 않은 장비의 경우 전반적인 위험 평가에 중요하긴 하겠지만 자동화된 취약점 관리 프로그램의 범위에서는 벗어난다.

호스트와 그에 연관된 많은 부가 정보를 목록으로 만들어내는 과정은 단순하다. 엔맵Nmap 같은 네트워크 스캔 도구나 네서스Nessus나 퀄리스Qualys 같은 취약점 스캐너(취약점 데이터를 수집하려면 어차피 필요하게 될 도구들이다)를 이용해 네트워크를 싹 훑어서 살아있는 호스트를 찾는다. 하지만 이런 스캔은 동작이 눈에 띄는 편이고 애플리케이션이나 OS에 갑작스러운 장애를 일으키는 경우도 있다. 따라서 정보 수집 목적으로 스캔할 때에는 유의해서 계획을 세워야 한다.

항상 새로운 기기들이 네트워크에 추가되기 마련이고 대부분의 기업에서 변경 관리 정책을 세워두긴 하지만 정책을 따르지 않은 채 변경 사항이 발생하는 경우가 허다하다. 최신 변경이 반영되고 믿을 수 있는 자산 정보를 보유하고 있으려면 전체 네트워크를 대상으로 정기적으로 탐색식 스캔을 수행해야 한다.

이런 스캔을 일정 작업으로 만들어 실행하면 이상적일 것이다. 그러나 정기적인 스캐닝의 위험성(다음 절에서 배운다)이 있다 보니 작업을 모니터링하다가 무슨 문제라도 갑작스레 발생하면 스캔을 곧바로 멈출 준비가 돼 있는 작업자도 없이 이런 스캔을 한다는 사실에 조직 구성원들이 불편해 할 수 있다. 이런 경우에 해당한다면 탐색식 스캔은 더 뜸하게 수동으로 실행하고 결과 데이터를 데이터 저장소로 가져오는 방법을 써야 한다.

> **변경 관리**
>
> 위험 관리를 하는 기업이라면 어떤 기업이든 시스템과 네트워크가 안정적인 상태로 유지되게 하고 이러한 안정 상태에서 발생하는 모든 변경 사항을 문서화할 목적으로 운영하는 변경 관리 시스템이 있을 것이다. 이런 시스템으로는 변경 요청, 승인, 조정을 처리하는

> 단순한 이메일 관리부터 서비스 티켓 발부와 형상 관리를 망라하는 상용 변경 관리 시스템까지 다양하게 나와 있다.
>
> 변경 통제 하나만으로 IT 변경에 대한 조직 내의 유일한 통제가 돼서는 안 되고 그렇게 될 수도 없다. 언제나 통제에는 우회하는 방법이 있다. 관리자는 패치를 적용하고 패치 적용을 실패하기도 하며, 문제를 해결하려고 네트워크 경로를 추가하거나 바꾸기도 하고, 새로운 네트워크 장비를 구입해 연결하기도 하고, 업무부서의 요청을 파악하고 수행하고자 신규 서비스를 열기도 한다. 이런 다양한 작업을 하면서 요구되는 변경 통제 문서 기록을 작성하지 않을 수 있다. 그러니 변경 관리 시스템에 나타나는 IT 인프라의 상태를 곧이곧대로 믿으면 곤란하다.

취약점 정보

네트워크에 존재하는 모든 기기를 완전한 장부로 만들었으면 취약점 스캐너를 설정해 각 기기를 심층 스캔하고 알려져 있는 모든 호스트 취약점을 발견할 차례다. 예를 들면 스캐너는 어떤 윈도우 서버가 IIS 웹 서버 중 디렉터리 접근 공격directory traversal attack에 취약한 어떤 버전을 실행 중이라는 것을 알아낼 수 있다. 그 취약점이 있는 버전을 실행한 결과로 정보 유출이 발생할 가능성이 있다.

스캔을 설정하고 일정으로 관리할 때에는 스캐너에 있는 각종 옵션을 조심스럽게 살펴보고 운영 환경과 위험 감내 수준에 맞게 설정을 맞춰야 한다. 일정이 수행되는 시간과 스캔 범위를 정할 때도 마찬가지다. 예를 들어 클라이언트 단말용 네트워크 세그먼트 같은 일부 구역은 매일 스캔해도 된다. 다운타임으로 인한 위험이 제한적이고 이용자 한 명의 워크스테이션이 잠시 오프라인이 되더라도 그 결과가 심각하지는 않기 때문이다. 하지만 미리 일정으로 정해진 유지 보수 시간이 아닐 때에 운영 환경 내의 핵심 업무용 데이터베이스 같은 중요한 시스템을 스캔하는 것은 너무나 위험이 크다. 최신 데이터를 획득하는 것과 다운타임의 위험 간에 적절한 균형점을 알아낼 필요가 있다.

네트워크 취약점 스캐너는 고유의 특성 탓에 네트워크 연결을 통해 발견할 수 있는 취약점만 찾아내게 된다. 윈도우 클라이언트에서 실행 중인 데스크톱 애플리케이션에 로컬에서 공격할 수 있는 취약점이 존재한다면 네트워크 스캔으로는 이 취약점을 찾아내지 못한다. 예를 들어 조작해 만들어진 워드 문서나 워드패드 문서를 열어야만 공격자가 공격할 수 있는 마이크로소프트의 수식 편집기 취약점인 CVE-2018-0862 같은 경우는 네트워크 스캐너로 찾아낼 수 없다. 마이크로소프트 오피스 애플리케이션은 대개 네트워크 스캔으로 발견되지 않는다.

이런 허점을 막으려면 클라이언트 단말용 스캐너(예를 들면 퀄리스의 스캔 없는 에이전트 방식)나 **소프트웨어 형상 관리**SCM, Software Configuration Management 도구나 CMDB를 이용해 설치된 소프트웨어 버전을 목록으로 취합하고 취약점 데이터베이스를 체크해 알려진 취약점이 있는지 확인하는 방법이 있다. 이러한 제약이 있긴 하지만 네트워크에서 스캔으로 찾아낼 수 있는 취약점만이라도 정확한 취약점 목록을 유지할 수 있으면 출발로서는 훌륭하다.

취약점 스캐너는 3장에서 더 자세히 다룬다.

공격 데이터

취약점 하나하나를 기준으로 수많은 정보가 널려 있지만 데이터 자료를 조합하면 더 많은 것을 할 수 있다. 가장 쉽게 얻을 수 있는 것은 공격 데이터다. 공격 방법에 대해 공개돼 있는 정보는 쉽게 접근할 수 있으며 검색으로도 찾을 수 있는 경우가 많다. 예를 들어 익스플로잇 데이터베이스 웹 사이트(https://www.exploit-db.com/)는 공개된 공격 방법을 찾을 수 있게 색인으로 만들어져 있다. 또한 14장에서 다룰 메타스플로잇Metasploit에는 공격 대상 시스템에 쉽게 공격을 내릴 수 있는 사용 가능한 공격 방법과 명령문 툴을 잔뜩 모아 놨다. 대부분의 공격 방법이 특정한 하나의 취약점, 즉 어떤 특정 CVE ID로 연결돼 있다. CVE ID를 이용해 공격 정보를 독자가 이미 갖고 있는 취약점 정보와 연관시킬 수 있다.

기업 입장에서는 공격 방법이 아직 알려지지 않은 취약점보다는 공격이 가능한 취약점을 해결하는 것이 우선순위가 훨씬 높을 가능성이 크다. 모든 공격의 우선순위가 동등한 것도 아니다. 예를 들어 임의의 코드를 실행시킬 수 있는 공격은 DoS를 유발하는 공격이나 임의의 데이터를 읽을 수 있게 하는 공격보다 훨씬 더 중대하다. 공격 결과를 알고 있으면 공격의 우선순위를 좀 더 세세하게 정하는 데 아주 유용한 정보가 된다.

CVE ID

CVE 데이터베이스는 알려져 있는 모든 정보 보안 취약점을 시스템화하고 목록으로 정리하려는 목적으로 MITRE[1]가 운영하는 시스템이다. 새로 발견된 모든 취약점에는 CVE ID가 할당된다. ID는 CVE-yyyy-xxxx 형태인데, 여기서 yyyy는 현재 연도이고 xxxx는 네 자리(혹은 그 이상이 될 수도 있음) 숫자다. 온라인 데이터베이스는 https://cve.mitre.org/로 접속할 수 있다.

CVE 자료에는 취약점의 자세한 설명과 함께 제품 공급사가 공식적으로 발표한 취약점 정보, 타사가 발표한 알림, 공격 방법 안내까지 다양한 데이터 출처에 대한 링크가 포함된다. 얼마나 상세하게 취약점이 문서화돼 있는지 예제를 보고 싶으면 CVE 웹 사이트에서 'CVE-2014-0160'을 검색해보자. 하트블리드(Heartbleed) 취약점에 대한 ID인데, 특히 악명 높은 정보 유출 취약점으로 세상에 존재하는 거의 모든 웹 서버에 영향을 미쳤다. 이 취약점의 CVE 페이지에는 메일링리스트 포스트, 테스트 도구, 수십 곳의 공급사에서 발표한 패치 정보 등을 포함해 100개가 넘는 레퍼런스가 달려 있다.

1. 미국의 비영리단체로 '마이터'라고 읽는다. – 옮긴이

추가 데이터 자료 출처

좀 더 특화되고 심도 있는 데이터 출처 몇 곳을 정리했다. 대개 이 책의 범위를 벗어나기는 하지만 가치 있는 자료를 제공하니 참고하기 바란다.

위협 인텔리전스 피드 이런 피드에는 현재 위협 상태를 조망할 수 있는 정보가 제공되는데, 구체적으로 위협 실행 인물이나 그룹, 공격 키트에서 현재 사용되고 있는 공격, 아직 대중에 공개되지 않고 은밀히 공유되는 취약점 정보 같은 정보가 오간다. 이 정보를 사용해서 어떤 취약점이 현재 우리 조직에 큰 위험인지 파악할 수 있다. 이러한 위협 정보 피드에는 갓 나온 새로운 데이터도 올라오므로 피드에 데이터가 올라오자마자 이 데이터를 이용해 새로 발견된 위협에 노출되는 위험을 적시에 평가해야 한다. iSight 위협 인텔리전스와 iDefense 위협 인텔리전스를 비롯해 FS-ISAC에서 제공하는 피드처럼 산업별로 특화된 위협 피드 같은 수많은 유료와 무료 위협 정보 피드가 있다.

따로 소유권이 있는 공격 익스플로잇 데이터베이스와 메타스플로잇에 있는 공개적으로 사용할 수 있는 정보에 별도의 소유권이 있는 공격 데이터(공격 키트의 형태를 띠기도 함)까지 더하면 비용이 비싸게 들기는 하지만 취약점 데이터에 매칭할 수 있는 공격의 범위를 넓힐 수 있다. 이러한 곳들로는 공격 방법 연구 수수료를 내야 하는 상용 위협 정보 자료부터 새로 발견한 취약점과 공격 방법 정보를 가장 비싼 돈을 내는 사람에게 파는 식으로 누가 보더라도 그레이마켓이나 블랙마켓이라고 할 만한 연구 팀에 이르기까지 다양하다. 자료의 출처가 어디가 됐든 소유권이 있어 돈을 내고 구입한 공격 정보가 있으면 이게 없을 경우 모르고 넘어갔을 공격 방법을 기반으로 취약점 데이터의 우선순위를 정할 수 있어 도움이 된다.

네트워크 구성 라우터, 방화벽, 관리형 스위치 같은 라우팅 장비의 네트워크 구성을 이용해 네트워크의 모델을 만들자. 어떤 서브넷이 어디로 연결되고 어떤 포트를 어디에서 접속할 수 있는지 같은 정보를 취약점 정보, 공격 데이터와 결합하면 자신이 관리하는 네트워크의 공격 노출면을 깊이 이해할 수 있게 된다. 예를 들어 내부용 웹 애플리케이션 서버에 톰캣Tomcat 취약점이 있지만 라우터 설정을 보니 이 서버에 접속할 수 있는 주소는 몇 개의 소스 IP 주소 목록으로만 제한돼 있다고 나온다면 모든 인터넷 구간에서 접속할 수 있는 상황에 비해 덜 염려해도 될 것이다. 특히 솔라윈즈SolarWinds 같은 중앙 관리형 구성 저장소를 보유하고 있다면 이미 네트워크 구성 정보를 갖고 있을 걸로 짐작된다. 이 데이터를 기존의 취약점 데이터와 결합하려면 엄청난 작업이 필요하다는 것은 단점으로 볼 수 있다. 일부 상용 취약점 관리 제품은 네트워크 구성까지 끌어오는 기능을 내장하고 있기도 하다.

요약

2장에서 다뤘던 각 데이터 출처는 여러분이 앞으로 관리할 취약점 관리 시스템의 중요 데이터가 될 만한 자료를 제공한다. 이들 자료 출처에서 긁어모을 수 있는 데이터를 분류해 표 2-1로 정리해봤다.

표 2-1: 취약점 관리에 쓸 수 있는 데이터 자료 출처

데이터 출처	중요 데이터
호스트/포트 스캐너(엔맵)	IP 주소 MAC 주소 호스트 이름 열려 있는 포트(TCP와 UDP) 서비스와 OS 지문

데이터 출처	중요 데이터
네트워크 취약점 스캐너	(위와 같음) 좀 더 상세한 서비스 지문과 버전 정보 네트워크 취약점 로컬 취약점(권한 인가받은 스캔의 경우에만 가능)
호스트 기반 취약점 스캐너	로컬 취약점
CMDB/SCM	OS 상세 정보 설치된 소프트웨어 상세 정보 구성 상세 정보 기기 소유자 기기와 애플리케이션의 중요도
익스플로잇 데이터베이스	공격 정보 공격에 매핑되는 취약점
위협 인텔리전스	공격자와 대상 산업군 정보 새로 발견되거나 관심을 받게 되거나 널리 퍼진 공격
공격 키트	소유권이 있는 공격 정보
네트워크 구성	네트워크 토폴로지와 공격이 발생할 수 있는 경로

3장에서는 취약점 스캐닝을 자세히 살펴본다.

취약점 스캐너

취약점 관리에는 여러 가지 다른 요소가 있지만 그중에서도 취약점 스캐너에서 수집되는 미가공 데이터가 가장 중요하다. 스캐너가 올바르게 설정되지 않거나 잘못된 위치에서 실행되면 이 뒤의 취약점 관리 절차에서 필요한 데이터를 얻을 수 없다.

이 책에서는 네트워크 기반의 스캐너를 사용하는 것을 기본으로 하는데, 이러한 스캐너는 네트워크를 통해 패킷을 보내고 특정한 응답을 수신하는 방식으로 시스템을 알아낸다. 3장에서는 네트워크 기반의 취약점 스캐너가 동작하는 방식과 각자의 환경에서 이를 최대한 잘 활용하는 방법을 알아본다.

취약점 스캐너가 하는 작업

스캐너는 이용자가 스캔하라고 설정해놓은 모든 기기에서 실행 중인 서비스와 OS를 알 수 있는 모든 정보를 찾아낸다. 발견한 정보를 기반으로 스캐너는 알려져 있는 모든 취약점에 대해 특정 기기가 취약한지 확인한다. 스캐너가 특정 네트워크 대역 내에 있는 모든 기기에서 취약점 목록의 수집을 마치고 나면 보고서를 생성한다. 보고서는 호스트 목록, 호스트에 대해 알려져 있는 모든 정보, 각 호스트에 존재하는 취약점 정보 등으로 구성돼 있다. 이 보고서를 취약점 분석의 주요 요소로 활용하게 된다.

취약점 스캐너의 동작 방식

보안 관리자는 스캐너가 특정 네트워크 대역이나 개별 시스템이나 특정 대상을 스캔하도록 설정한다. 스캐너는 주어진 범위 내의 모든 IP 주소에 핑ping 패킷을 보내는데, 어떤 호스트가 살아있고 응답을 하는지 알아내는 방식이다. 살아있는 기기가 쓰고 있는 IP 주소가 무엇인지 스캐너가 일단 알게 되면 추가로 핑을 보내기도 하고 열려있는 포트에 접속 요청을 해보기도 하며 특정 상태 메시지나 오류 응답을 이끌어내도록 조작해 만들어진 패킷을 보내기도 한다. 관리자는 탐지할 때 더 공격적인 방식으로 할지 덜 공격적인 방식으로 할지 스캐너를 설정할 수 있다. 좀 더 공격적인 방식으로 설정하면 스캐너는 각 기기별로 수천 개의 패킷을 보내 어떤 포트가 열려 있으며 기기는 어떤 종류인지 알아낸다.

어떤 기기이고 거기에서 어떤 서비스가 실행되고 있는지 스캐너가 인식하면 탐지 패킷을 보내 추가 정보를 알아낸다. 예를 들면 어떤 기기가 포트 80(웹 서버가 사용하는 전형적인 포트)으로 대기한다는 것을 탐지하면 웹 서버에 접속해 어떤 서버 소프트웨어가 돌아가고 있는지(그리고 어떤 버전을 사용 중인지) 확인하려고 시도한다. 스캐너에 내장된 취약점 데이터베이스를 이용해 버전 정보를 맞춰본다. 예를 들어 어떤 기기가 특정한 소프트웨어의 버전 3.1을 실행하고 있고 버전 3.2에서 해당 소프트웨어의 취약점이 해결됐다면 스캐너는 해당 기기가 이 문제에 취약하다는 것을 알아내 보고한다. 뿐만 아니라 일부 스캐너는 특정 취약점에 대해 그에 맞춘 테스트 기능도 갖고 있다. 이러한 테스트는 취약점의 공격을 예방하고자 다른 완화 수단을 이미 적용한 경우에 유용한 기능이다.

스캐닝을 정확한 과학이라고 보긴 어렵다. 네트워크를 통해 확인하는 지문으로 기기에서 실행 중인 OS를 찾아내는 일도 종종 있지만 예외적인 경우에는 통하지 않는다. 예를 들면 맞춤형으로 변형한 네트워크 스택을 쓰는 경우 시스템이 원래와 다른 OS를 실행하는 것처럼 보이게 할 수도 있고, 쓸 만한 지문이 알려져 있지 않은 희귀한 OS는 잘못 식별될 수도 있다.

취약점을 발견할 때에도 불확실성은 비슷한 정도로 존재한다. 예를 들어 HTTP 서버가 자신은 아파치 2.2.0을 실행 중이라고 알려주고 스캐너는 아파치 2.2.1 전까지는 해결되지 않았던 특정 이슈에 그 서버가 취약하다고 추론한다. 그러나 그 시스템의 공급사는 취약점을 해결한 코드를 아파치 2.2.0의 특별 주문형 버전에 이식 적용해 사실은 시스템이 취약하지 않은 상태가 되는 경우다. 스캐너가 이를 알 수 있는 방법은 없고 시스템이 취약하다고 오탐[false positive]을 보고한다. 이런 종류의 오류를 최소화할 수는 있겠지만 오탐은 네트워크 취약점 스캐닝의 한 부분으로 간주해야 할 정도로 흔하다.

취약점 스캐너 설치 방법

시스템에 스캐너를 어떻게 설치할지 정해야 할 사항이 여러 가지 있다. 스캔해야 할 네트워크에 스캐너가 어떻게 접근할 수 있게 할지, 어떤 OS와 하드웨어에서 실행할지, 각자 처한 환경에서 가장 효과적으로 동작하려면 어떻게 설정해야 할지 생각해보자.

스캐너가 접근할 수 있게 구성

네트워크 내에서 스캐너를 두는 위치는 아주 중요하다. 로컬 네트워크가 아닌 다른 네트워크 세그먼트를 스캔하고자 할 경우에는 라우터를 건너서 패킷을 보내야 할 것이고 심지어 방화벽까지 통과해야 할 수도 있다. 이와 같은 장비에는 특정한 종류의 트래픽이 건너가지 못하게 막는 ACL이나 방화벽 룰이 있을 수 있는데, 그런 두 가지 통제 조치는 스캐너의 탐지 패킷을 드롭할 가능성이 높다. 그런 점을 고려해보면 스캐너를 설치할 때 일반적으로 두 가지 방법을 이용할 수 있다.

첫 번째, 스캐너가 있는 곳부터 스캔하려는 모든 네트워크 대역까지 가로막고 있는 모든 네트워크 장비를 통과할 수 있게 접속을 완전히 열어준다. 이렇게 하려면 IPS 정책에서 스캐너 트래픽은 예외로 빼야 할 수도 있다. 모든 접속을 완전히 열어버리면 스캐너와 목적지 간에 패킷이 차단되지 않겠지만 그런 방식은 잘못된 결과를 초래하게 된다.

두 번째, 스캔할 각각의 네트워크에 로컬로 또는 네트워크 토폴로지 내의 가까운 곳에 여러 개의 스캐너를 설치한다. 예를 들면 방화벽의 DMZ^Demilitarized Zone^ 구간을 스캔하고 싶으면 스캐너를 DMZ 안에 넣어 스캔하고자 하는 시스템에 직접 접속할 수 있게 한다. 두 가지 방법 모두 장점과 단점이 있다.

> **제한된 스캔 방식과 제한 없는 스캔 방식**
>
> '일반적인' 네트워크 환경을 통해 모든 스캐닝을 수행해야 한다는 논점을 살펴보자. 바꿔 말하면 어떤 네트워크 세그먼트에 있는 이용자가 권한을 부여받지 않은 상태에서 접근할 수 없게 방화벽 룰이나 ACL로 차단돼 있는 것이라면 어떤 것이든 스캐너도 접근할 수 있어서는 안 된다는 얘기다. 공격자가 아무 제한을 받지 않고 접속할 수 있는 것도 아닌데 스캐너라고 해서 다르게 할 이유가 있을까? 하지만 스캔을 실행할 때 공격자의 관점을 모방하려고 해서는 안 된다. 기업 환경 전반에 걸쳐 취약점을 전체적으로 보고 싶은 것이

다. 공격자가 다른 서브넷에 있으면 어떻게 할 것인가? '제한된' 네트워크에 있는 시스템을 공격자가 이미 탈취했으면 어쩔 것인가? 스캔의 목적을 달성하려면 스캐닝하는 시스템 전체를 봐야 할 필요가 있다.

스캐너에 모든 접속을 열어주는 방법

스캐너 트래픽과 그에 대한 응답을 막지 않고 통과할 수 있게 네트워크를 설정하면 스캐너를 네트워크의 어느 곳에든 둬도 된다. 또한 이렇게 하면 하나의 스캐너로 여러 곳의 네트워크 세그먼트를 스캔할 수 있는데, 이렇게 하면 스캐닝 환경을 구성하는 데 드는 비용을 줄일 수 있다. 하지만 스캐너의 모든 접속을 열어주는 방식은 위험할 수도 있다. 이렇게 라우터와 방화벽 기반 환경에 열린 구멍을 공격자도 활용하는 것이 가능하기 때문이다. 공격자가 스캐너 시스템을 탈취할 수 있다면 해당 스캐너 시스템이 네트워크 내의 다른 시스템들에 접속할 수 있는 점을 악용해 다른 시스템을 더 쉽게 탈취할 수 있다.

여러 대의 스캐너를 설정하는 방법

언뜻 보기에도 여러 대의 스캐너를 설정하는 것이 가장 나은 방식으로 보일 수 있다. 방화벽에서 포트를 열어줄 필요도 없고 ACL을 추가할 필요도 없다. 하지만 이 방법에도 결점이 있다.

첫째, 각 스캐너마다 자체적인 물리적 하드웨어나 가상 하드웨어가 필요하다 보니 설치 비용이 더 든다. 또한 상용 스캐너 제품을 사용하는 경우에는 그걸 돌리는 하드웨어 비용보다 라이선스 비용이 더 들기도 한다.

둘째, 조직적으로 관리하는 면에서 문제가 있을 수 있다. 스캔을 설정하려고 각 스캐너에 직접 접속하고 결과를 따로따로 뽑아내야 하는 경우뿐만 아니라,

중앙에서 스캐너를 관리하고자 계층적인 환경을 구축해야 하는 경우에도 관리 문제가 생긴다. 예를 들어 테너블[Tenable]은 여러 대의 네서스[Nessus] 스캐너를 관리할 수 있는 시큐리티 센터[Security Center]를 판매하며, 퀄리스[Qualys]는 클라우드 기반인 퀄리스가드[QualysGuard]를 사용한다. 이런 조직적인 관리 방법을 쓰려면 스캐너 설치에 시간과 비용이 추가된다.

그 뿐 아니라 분석가(또는 중앙 제어 시스템)가 다양한 네트워크 위치에서 스캐너에 접속할 수 있게 하려면 여러 대의 스캐너를 쓰는 환경에서도 여전히 방화벽 포트를 열고 라우터 설정을 열어줘야 할 가능성이 높다.

OS와 하드웨어 선택

퀄리스 같은 일부 스캐너는 자체적인 어플라이언스 기기로 나오기 때문에 하부에서 돌아가는 시스템을 제어할 수 없다. 그러나 네서스나 오픈VAS[OpenVAS]를 포함해 나머지 제품들은 이용자가 선호하는 플랫폼을 무엇이든 골라 선택하면 그 위에서 실행되는 애플리케이션이다. 앞으로 이용하기로 정한 스캐너가 지원하는 OS이기만 하면 OS를 뭘 선택하는지는 중요하지 않다. 가장 친숙한 플랫폼으로 아무것이나 사용해도 되고 기업에서 정책으로 정한 것이 있으면 그에 따라 사용해도 된다.

하드웨어 면에서는 더 강력한 사양이 언제나 더 좋은 선택이다. 스캐너는 여러 대상에 아주 많은 테스트를 동시에 실행하기 때문에 어마어마한 양의 램[RAM]을 사용한다. 그러니 램을 먼저 보강하는 것이 최선이다. 일반적으로 CPU 2개에 램 8GB 정도면 소규모 설치 용도로는 충분하다. 램이 더 적어도 동작은 하겠지만 스캐너가 실행되고 있는 동안에는 시스템의 반응이 없을 수도 있다. 고속 네트워크(속도가 빠르면서 지연 시간이 짧은 것)도 중요하다. 그렇지 않으면 네트워크 테스트가 오래 걸리고 심지어 완료되기 전에 타임아웃으로 끊겨서 잘못된 양성 판정이나 잘못된 음성 판정 같은 오탐이나 미탐 결과를 낼 수도 있다.

스캐너 설정

스캐너를 설정해 온라인 상태로 되면 각자의 환경에 적합하게 스캐너를 잘 맞춰야 한다. 스캐너에는 아주 긴 설정 옵션이 있는데, 이를 정책이나 템플릿template이라고 부르기도 한다. 스캐너가 패킷을 얼마나 빠르게 내보낼 것인지, 어떤 종류의 테스트를 실행할 것인지, 그 밖에도 수많은 선택 사항을 이런 설정으로 정한다. 네트워크에 과부하를 주지도 않고 스캔되는 기기에 문제를 일으키지도 않으면서 스캐너가 유용한 결과를 추출하게 하는 데 옵션 설정이 역할을 한다. 테스트 환경이 갖춰져 있다면 이용해볼 수 있는 좋은 기회다. 스캔 정책을 잘 구성해서 테스트 네트워크를 스캔해보자. 여기에서 문제(예를 들어 네트워크 혼잡이 생기거나 느려지거나 스캐너 동작으로 인해 기기가 오작동하거나 하는 문제)를 맞닥뜨린다면 해당 문제가 사라질 때까지 정책을 수정해본다. 스캐너가 적절하게 설정됐다고 확신이 들면 실제 환경을 스캔해도 된다. 테스트 네트워크에서 먼저 연습을 할 수 있든 없든 관계없이 실제 네트워크에서 전체 시스템을 스캔하기 전에 작은 일부분을 골라 스캔을 두어 번 실행해보는 것이 언제나 최선이다. 실 운영 데이터베이스 환경 전체를 재부팅해야 하게 만드는 것보다는 몇 대 안 되는 시스템으로 문제를 겪는 편이 낫다. 지리적으로 가까운 곳에서 관리 중인 시스템이라면 더 좋다.

스캔 정책 테스트를 마치고 네트워크의 좀 더 큰 부분이나 아예 전체 시스템을 스캔할 준비가 됐으면 스캔 대상과 작업 일정을 정하는 최선의 방법을 고민해보자. 스캔 작업을 좀 더 관리하기 좋은 작은 조각으로 쪼개야 할 이유가 몇 가지 있다. 거대한 분량의 단일한 스캔을 실행하면 완료하기까지 아주 긴 시간이 걸릴 수 있고 그렇게 하지 않았더라면 더 잘게 쪼개 스캔해서 만들어진 데이터를 분석하는 데 쓸 수 있는 시간까지 잡아먹게 된다. 스캐너가 여러 대 있으면 딱 들어맞는 스캐너가 그에 맞는 네트워크를 스캔 대상으로 삼도록 스캔 작업을 올바르게 설정해야 한다. 그리고 스캔을 돌리기에 이상적인 시간은 서로 다른 네트워크 세그먼트마다 다를 수 있다. 워크스테이션이 있는 VLAN을 대상으로 업무 시간 후에 스캔을 실행하는 것은 괜찮을 수 있지만 그 시간이 어떤 데이터센터 환경에서는 데이터를 처리하는 주요 시간대일 수도 있다. 일부 민감하거나 운영에 아주 중요한 네트워크는 미리 지정된 변경 작업 시간이 되기 전까지는 아예 스캔 패킷 출입금지일 수도 있다. 뭔가 잘못돼 시스템이 응답 없는 상태가 돼 버리는 경우를 상상하면 그럴 만도 하다.

스캔 계획을 세울 때는 다른 주요 담당자들에게 스캔 계획과 정책을 알리고, 적절한 스캔 대상과 일정을 정하는 일에 참여시키는 것이 좋다. 계획 절차 중 초기 단계에서 다른 담당자들을 참여하게 하면 혹시라도 스캔을 돌려 도메인 컨트롤러에 크래시가 발생하는 일이 생기더라도 담당자들을 깜짝 놀라게 하지 않을 수 있다. 윈도우 관리 팀이 다음번 스캔에는 자신들 시스템은 제외해 달라고 부탁해 그렇게 해줘야 되는 상황은 달갑지 않을 것이다. 네트워크 전체를 조망하려면 스캔을 시작하기 전에 스캔 방법을 승인할 필요가 있으며 그렇지 못하면 최소한 마지못한 허락이라도 받아두는 정도는 필요하다. 업무 환경에서 스캔과 해결책 적용을 해내는 방법을은 6장에서 더 자세히 살펴본다.

어떤 기업은 취약점 스캔을 자동화해 정기적으로 수행하는 것 자체를 허용하지 않기도 한다. 이런 경우에는 분석가가 스캔 과정을 지켜보면서 앉아있는 상태로 스캔을 수동으로 실행한다. 그렇게 하면 스캔되는 시스템에 무슨 문제가 일어나기라도 하면 시스템 다운타임이 발생하거나 연장되는 일이 생기기 전에 이 불쌍한 친구, 즉 분석가가 스캔을 멈출 수 있다.

시스템 업타임 요구 사항이 아주 엄격하고 유지 보수 시간이 지극히 드문 기업에서는 운영 시스템 대신 실험용 시스템이나 여분의 시스템을 스캔 대상으로 사용하는 것도 해봄직하다. 한 그룹의 서버들이나 전체 네트워크를 대상으로 네트워크 설정, OS, 애플리케이션, 패치 적용까지 모두 동일한 복제본을 만든다. 테스트 시스템에서 만들어진 스캔 데이터는 모두 운영 시스템에서 만들어지는 데이터와 이론상 동일할 것이다.

하지만 시스템의 패치 적용 수준을 완전히 똑같이 동기화하는 것은 상당히 어려울 수 있다. 설정에 조그만 차이라도 있으면 스캔 결과가 달라지는데, 실험용 시스템에 있는 호스트 기반 방화벽에서 운영 시스템과 몇 가지 포트를 다르게 열고 있는 경우가 그런 예다. 결론은 원래 보호할 의무가 있는 실제 운영 시스템을 대상으로 스캔을 수행하지 않는 이상 정확한 결과를 보장할 수 있는 방법은 따로 없다.

결과물의 형태

스캐너는 결과를 여러 가지 방법으로 보여줄 수 있다. 일반 텍스트 파일, XML이나 CSV 같은 구조화된 포맷의 파일, HTML, RTF, PDF, 워드 파일처럼 가독성이 좋은 포맷의 파일 등이 가능하다. 보고서를 사람이 직접 눈으로 읽기에는 마지막에 나열한 방법이 선호되지만 이 책에서는 XML과 CSV처럼 컴퓨터가 읽을 수 있는 출력 형태에 좀 더 집중해보기로 한다. 스캐너를 실행해 결과를 수집하는 것은 첫 단계일 뿐이기 때문이다. 여기서 그칠 것이 아니라 이 데이터를 분석해서 유용한 취약점 정보를 만들어내야 한다. 전부는 아니지만 대다수 스캐너는 출력을 XML 형태로 만들어낼 수 있으며 XML이 바로 이 책에서 가장 많이 사용할 형식이다. 그렇지만 컴퓨터가 파싱할 수 있는 구조화된 형식이라면 다른 어떤 형태이든 가능하다.

요약

취약점 스캐너는 방대한 양의 정보를 만들어내며 취약점 분석가는 무엇이 유용한 정보인지 알 수 있는 것이 중요하다. 취약점 스캐너를 적절하게 설치하고 설정하면 무관한 데이터는 무시하고 분석가에게 중요한 데이터만 (혹시 그렇지 못하면 최소한 중요한 데이터 위주로) 수집할 수 있게 된다. 일부 환경에서는 원래라면 네트워크 세그먼트가 심하게 제한돼 있어 보기 어려웠던 곳을 볼 수 있게 할 목적이나 네트워크를 다른 관점으로 보려는 목적으로 여러 대의 스캐너를 설치하는 것이 합리적이다. 결과를 더 빨리 얻을 수 있는 점이나 스캐닝의 부작용으로 네트워크 전체에 장애가 발생하게 될 가능성을 낮춘다는 점에서 스캔 대상을 더 작은 그룹으로 나누는 방법도 생각해보기 바란다.

뿐만 아니라 각자 속해 있는 운영 환경을 더 넓은 시각으로 고려해야 한다. 스캔 작업은 침입 형태를 띨 수 있으며 극단적인 경우에는 시스템 다운타임을 초래할 수도 있으므로 정기적인 취약점 스캐닝은 아주 조심스럽게 도입해야 할 필요가 있다. 혹시나 스캔이 잘못되더라도 혼자 책임지지 않게끔 적당한 대상 시스템과 일정을 정하는 과정에 다른 팀 담당자를 참여시키는 편이 좋다.

4장에서는 스캐너가 생성해내는 데이터를 수집하고 분석하는 방법을 알아본다. 이 책의 실습 부분에서 작성할 수집과 분석을 자동화하는 방법도 소개한다.

4

취약점 관리 자동화

4장에서는 프로그램 방식으로 데이터 소스를 끌어 모아 취약점 우선순위를 매기고 취약점을 확인하는 방법을 알아본다. 그렇게 자동화함으로써 방대한 크기의 취약점 데이터 덤프를 눈이 빠지게 쳐다보는 대신 시간을 절약해 기업의 보안 수준 향상 같은 더 중요한 업무에 시간을 쓸 수 있게 될 것이다.

자동화 절차의 이해

취약점 관리를 자동화하는 프로그램은 세 개의 주요 데이터 자료 출처에서 수집한 정보를 서로 연관 짓는 작업으로 구성돼 있다. 세 개란 자산, 취약점, 공격 정보를 말하며 추가로 구할 수 있는 데이터 자료는 어떤 것이든 덧붙여도 된다. 이들 데이터 자료에 대해 기억이 가물거린다면 2장을 다시 펼쳐보기 바란다.

정보는 공통 항목 두 가지를 통해 연관 짓는다. 하나는 자산 데이터와 취약점 데이터 간에 공통 포함되는 IP 주소다. 다른 하나는 취약점 데이터와 공격 데이터 간에 공통 포함되는 CVE/BID ID다. 여기서 BID는 **버그트랙**Bugtraq ID를 말한다. 먼저 IP 주소를 사용해 자산을 취약점과 연결한 다음 CVE ID를 사용해서 취약점을 공격과 연결한다. 그렇게 해서 만들어지는 결과물은 호스트마다 가능한 공격의 목록, 공격마다 해당되는 호스트 목록 같은 것을 뽑아낼 수 있어 유용한 데이터베이스가 된다. 그림 4-1에 단계별로 절차를 표시했다.

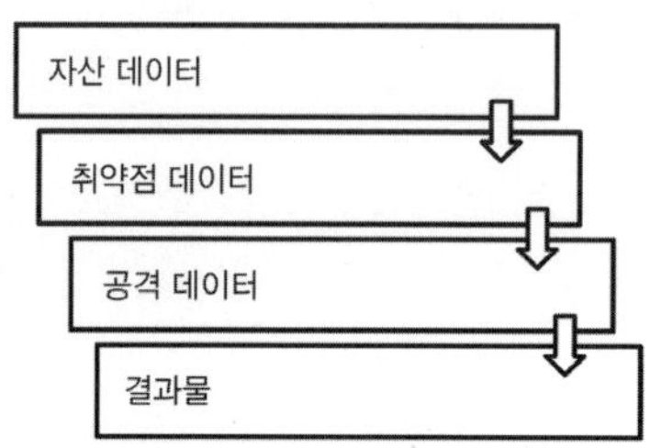

그림 4-1: 정보 연결을 통해 취약점 분석에 유용한 데이터베이스 생성

결과물 단계를 제외하고 각 단계를 하부 단계로 잘게 나눠보면 데이터를 '수집'하고 데이터를 '연관 분석'하는 과정이다. 데이터 분석을 시작하기 전에 모든 데이터를 한 자리에 모아놔야 한다. 이 책에서는 몽고DBMongoDB를 사용할 예정이다. 몽고DB는 문서 기반의 데이터베이스로, 대용량 데이터를 사용할 때 쿼리가 빠르다는 장점이 있다. 하지만 더 전통적 방식인 SQL 데이터베이스로 이 과정을 수행할 수도 있으며, 앞으로 등장할 스크립트에서 몽고DB에 특화된 코드를 SQL 연결과 쿼리로 바꾸기만 하면 된다.

과정의 각 단계에서 관련 있는 데이터를 수집해 몽고DB로 가져오고 다음 데이터 세트를 더 끌고 오기 전에 이 단계에서 적절한 분석을 수행한다. 이 과정을 혼자 힘으로 마치고 나면 어떤 정도의 분석이 스스로에게 가장 유용한지 알게 된다. 그러면 해당되는 분석에 시간을 들이고 나머지는 좀 가볍게 처리하거나 건너뛰는 식으로 과정을 간소화할 수 있을 것이다.

데이터 수집

절차의 첫 단계인 자산 데이터 분석 단계에서 자산과 그 자산의 네트워크 정보와 각 자산에서 실행 중인 OS를 알아낸다.

취약점 데이터를 추가한 다음에는 취약점들을 특정 자산과 매칭하고 취약점 해결 필요성이 가장 큰 호스트를 정확히 집어낸다. 이 두 번째 단계에서 중요한 핵심 데이터에는 취약점의 전반적인 심각성 정도를 나타내는 CVSS 점수, 공격이 로컬에서 가능한지, 원격에서 가능한지 등을 말하는 **공격 벡터**attack vector, DoS나 루트 권한의 코드 실행처럼 특징적인 공격 결과가 포함된다.

다음으로 공격 데이터를 추가해 알려진 공격 방법에 취약해서 결국 악의적인 공격자가 공격할 위험이 훨씬 더 큰 호스트를 더 강조해 표시하는 방식으로, 취약한 호스트들 사이의 우선순위를 더 세밀하게 정한다. 분석 과정의 각 단계마다 유용한 보안 관련 정보가 담긴 보고서를 만들 수 있는데, 이 내용을 표 4-1에서 정리했다.

표 4-1: 데이터 자료와 그로부터 가능한 분석

데이터	분석
자산 데이터	자산 요약: 자산, OS, 열려있는 포트, 네트워크 정보에 대한 보고서
취약점 데이터	취약점 요약: 자산 또는 자산 그룹에서 발견된 취약점 보고서 CVSS, 공격 벡터, 공격 결과로 우선순위를 매긴 취약점: 위와 같지만 특정 취약점 형태로 필터링된 보고서
공격 데이터	공격과 매칭하고 우선순위로 심화 분류한 취약점: 공격 가능한 취약점이나 특정한 공격 가능 특성을 가진 취약점에 초점을 맞춘 보고서

1장에서 설명한 선별과 서열화 두 가지 절차는 사용하는 범주에 따라 어떤 단계에서든 활용할 수 있다. 예를 들면 자산 데이터가 있으면 IP 주소 기반으로 선별할 수 있다. 반면 CVSS를 기반으로 한 우선순위 부여는 취약점 데이터가 있어야 할 수 있다.

초반에 선별을 하면 분석 작업을 줄일 수 있다. 하지만 분석을 단순하게 하려면 관련된 데이터를 모두 모은 다음에 같은 자리에서 선별과 서열화 단계를 거치는 것이 가장 쉽다. 그렇게 하면 분석의 우선순위를 바꾸고 싶은 경우 취약점 관리 절차의 여러 다른 단계에 있는 스크립트를 이것저것 들여다보지 않고 한 자리에서 범주를 변경할 수 있다.

데이터 세트를 결합하고 우선순위 규칙을 적용하고 나면 호스트마다 관련된 취약점이 나열되고 위험이 가장 높은 호스트와 취약점이 맨 위로 정렬된 호스트 목록이라는 완성된 결과물이 만들어진다.

스캔과 업데이트 자동화

지금까지 다룬 정보는 모두 수동으로 수집할 수 있다. 예를 들면 엔맵과 취약점 스캔을 즉석에서 실행하고 알려져 있는 공격 방법 정보를 수동으로 찾아보는 것은 가능하다. 그러나 이런 단계를 자동화하면 비로소 취약점 관리 시스템의 진정한 위력을 경험하게 된다. 시스템이 스캔을 일정한 주기로 자동 시작하게 설정하면 스캔 실행을 기억할 필요가 없다. 시스템에 부담을 더 줘서 성능 문제를 일으키지 않게 하고자 업무 시간 이후에 스캔 작업을 할 것이다. 스캔 결과 업데이트된 보고서가 만들어지고 이메일로 발송되거나 네트워크의 공유 위치에 올려 분석가가 편할 때 꼼꼼히 살펴볼 수 있다.

스캔이 일정한 주기로 실행되도록 스케줄을 만들고 결과를 자동으로 데이터베이스로 가져오게 하면 취약점 정보가 항상 최신으로 유지된다. 이런 절차 덕분에 일주일마다 만들어지는 주간 보고서에 최신 데이터를 사용할 수 있게 되니 보고서 작성을 마음 놓고 자동화할 수 있다. 이와 비슷하게 메타스플로잇과 cve-서치[cve-search] 데이터베이스 같은 외부 데이터 자료도 주기적으로 업데이트함으로써 보고서에 끌어오는 제3자 작성 데이터도 자신 있게 최신 데이터로 유지할 수 있다.

이 책의 2부에 나올 스크립트에서는 리눅스와 유닉스의 표준 스케줄링 유틸리티인 크론cron 데몬을 활용해 취약점 데이터의 수집과 분석을 자동화한다. 데이터 수집부터 보고서 생성까지 작업 전 과정을 조율하려면 파이썬 스크립트를 순서대로 실행하는 셸 스크립트를 사용한다. 그렇게 하면 예를 들어 스캐너가 아직 환경에 대한 데이터를 수집하고 있는 동안 보고서 스크립트가 실행되지 않게 막아놓을 수 있다. 이 책의 스크립트는 일주일 간격으로 실행하게 만들어져 있지만 독자는 각자 기업의 취약점 전망과 분포를 얼마나 자주 최신으로 업데이트해보고 싶은지에 따라 기업의 수집과 보고서 작성 주기를 정하면 된다.

자신의 시스템 취약점 공격

분석 절차 중 이 단계까지 왔으면 호스트, 각 호스트에 존재하는 알려진 취약점, 각 호스트를 대상으로 공격할 수 있는 알려져 있는 모든 관련 공격 등이 포함돼 있고 정기적으로 업데이트되는 기업 보고서가 손에 들려 있을 것이다. 여기까지 했으면 그다음으로는 우선순위를 매긴 취약점 정보를 시스템 담당자와 애플리케이션 담당자에게 제공할 수 있다. 여기서 한 발짝 더 나아가 이들 취약점을 직접 공격해보는 것도 시도해볼 수 있다.

첫 번째 옵션, 즉 각 담당자에게 정보를 제공하는 것은 취약점 관리 절차의 결과물이 이미 성공적이란 뜻이다. 두 번째 옵션은 공격이 가능한 취약점 목록을 보고 영향을 받는 호스트를 대상으로 침투 테스트를 실행해 정말 공격 가능한지 확인해보는 것이다. 성공한다면 이 옵션은 기존 결과물에 한 차원 높은 수준의 우선순위를 더 제공하는 것이 된다. 어떤 시스템이 이론상 공격 가능하다는 것에서 더 나아가 공격이 실제로 일어난다는 뜻이니 말이다.

취약점 공격을 시도하는 것에는 두 가지 방법이 있다. 첫 번째는 침투 테스터

인력을 고용하는 방법인데, 침투 테스트 기술이 있는 보안 분석가도 좋고 감사 전문가인 외부 인력을 부르는 것도 가능하다. 두 번째는 메타스플로잇 정보를 가져와 절차에 도입해 자동화를 확장하는 방법이다. 이제 메타스플로잇에서 공격 목록만 단순히 알아내는 대신 자동화를 해서 잠재적으로 공격할 수 있는 호스트를 직접 공격하게 된다. 여러분이 보는 관점에 따라 이렇게 하는 것이 훌륭한 옵션처럼 보일 수도 있고 엄청나게 무서운 결로 보일 수도 있다. 두 가지 관점 모두 타당하다.

취약점 절차 자동화의 가치를 이미 봐왔던 보안 분석가에게는 보유한 시스템에 공격을 시도해보는 일이 논리적으로 자연스러운 다음 단계로 느껴질 것이다. 공격 목록이 있고 취약한 호스트 목록이 있는데, 확인해 보는 것이 당연하지 않을까?

좀 더 조심스러운 분석가에게는 자신의 시스템을 공격한다는 사실이 재앙으로 가는 길처럼 보일 수 있다. 운영 환경에서 라이브로 공격을 실행하는 것은 스캔을 돌리는 것보다 훨씬 더 예측 불가능하다. 호스트가 뻗어버릴 수도 있고 네트워크가 먹통이 될 수도 있으며 자동화된 시스템을 탓하면서 책임자를 자를지도 모른다.

다른 보안 프로그램과 마찬가지로 어떤 것을 달성하고자 하는지와 소속 기업이 얼마나 위험을 견뎌낼 수 있는지에 따라 결정하면 된다. 우리 회사는 공격 가능한 취약점이 패치되지 않아서 공격을 당하는 것보다는 DoS 공격을 자초하는 편이 낫다고 하면 자동화한 공격을 시도하는 것을 선택할 만하다. 반면 위험을 더 꺼려하는 환경에 있다면 아주 조심해서 한 발짝씩 나가기 바란다. 반드시 CIO나 동등한 레벨의 임원에게 승인을 확실하게 받고 위험에 대해 확인해둬야 한다는 뜻이다.

이런 방식으로 메타스플로잇을 취약점 관리 프로그램에 통합하는 방법은 14장에서 간단히 다룬다. 하지만 실제 프로세스, 특히 자동화는 연습문제로 독자에게 맡겨둔다. 자동화는 강력한 도구지만 기술을 잘 익히고 극도로 조심스럽게 다뤄야 한다.

요약

4장에서는 스캐너에서 뽑아낸 미가공 상태의 취약점 정보를 가져오는 방법과 사용하기 좋은 정보로 탈바꿈시키는 방법을 알아봤다. 스캐너에서 나온 데이터와 네트워크 정보, 추가 정보 자료, 공격 가능성 정보를 결합하면 취약점 우선순위를 정할 수 있고 가장 심각한 문제를 해결하는 데 집중할 수 있다.

5장에서는 패치를 적용하고 취약점을 완화해 취약점을 해소하는 방법과 조직의 전반적인 변경을 유도해 보안 태세를 향상시키는 방법을 다룬다.

5

취약점 처리 방법

만들어진 결과를 어떻게 사용할지에 대해 명확한 목표를 마음에 정해두지 않으면 공들여 수집하고 분석한 모든 데이터도 아무 쓸모가 없다. 5장에서는 취약점 분석으로 기업의 기본 보안 수준을 향상하는 방법을 알아본다. 패치, 완화 조치, 전반적 조치라는 세 개의 넓은 카테고리로 보안 조치를 분류해 살펴본다. 패치와 완화 조치는 직접적인 대응으로 거의 언제나 가장 긴급하게 취하는 방법이다. 하지만 어떤 보안 프로젝트에서든 오래도록 남는 가치는 정보 향상의 결과로 만들어지는 전반적 변화라고 할 수 있다. 그리고 뭔가 의아하게 보일 수도 있겠지만 이미 존재하는 위험을 수용하는 옵션도 있다. 어떤 환경에서는 이런 위험 수용이 올바른 결정이 되기도 하는데, 그 이유를 여기서 다룬다.

보안 조치

앞에서 언급한 모든 조치는 심층 방어defense-in-depth 전략의 일환으로 서로 조합해 적용할 수 있다. 이런 접근법을 사용해 하나의 취약점을 막아내거나 취약점 군을 방어하는 목적으로 필요 이상의 통제 방법을 겹쳐서 배치한다. 게다가 이러한 통제 방법들이 취약점 공격을 막아내는 효과가 있는지 확인하는 테스트도 해야 한다.

패치

패치patching란 버그를 해결하고 취약점을 다루는 업데이트를 적용하는 것을 말한다. 새로운 취약점에 대해 알게 된 뒤에 하는 첫 단계는 패치가 존재하는지 확인하고 가능한 한 일찍 패치를 적용하는 작업이다. 어떤 상대편이든 나타나 취약점을 악용하기 전에 우리 쪽에 뚫린 구멍을 막고 싶을 것이다. 물론 실제로는 말처럼 쉽지 않다. 패치 적용은 해당 시스템에서 업데이트 전용 프로그램을 실행하는 것만큼이나 간단할 수도 있다. 그렇지 않으면 비공식 출처에서 가져온 새로운 코드를 컴파일해 적용하고 별 일 없기를 기도해야 할 정도로 골치 아플 수도 있다. 마이크로소프트 시스템 센터 설정 관리자SCCM, System Center Configuration Manager 같은 패치 관리 제품이 아주 큰 도움이 된다. 그러나 우리 회사에서 쓰고 있는 모든 운영체제와 기기에서 이용할 수 있는 수준으로 중앙 관리형 패치 도구가 나와 있지 않을 수도 있다. 게다가 패치 적용이 가능하지 않은 다른 원인이 있을 수도 있다. 취약점이 너무 최근에 발견된 것이라 개발자가 아직 해결하지 못한다든가, 소프트웨어가 더 이상 업데이트되지 않는다든가, 영업 방침상 업데이트보다 중단 없는 운영이 더 중요하다든가 하는 이유가 그런 예다. 어떤 경우가 됐든 그다음 단계는 취약한 애플리케이션이나 OS를 직접 변경하지 않고 취약점을 완화하는 방법을 알아본다.

완화 조치

완화 조치는 공격을 더 어렵게 만들거나 공격의 결과가 덜 심각하게 만드는 광범위한 작업을 말한다. 예를 들어 특정 리눅스 서버 데몬에 취약점이 있으면 방화벽을 사용해 해당 데몬이 사용하고 있는 포트를 차단해서 누구도 접속하지 못하게 하고 취약점 공격을 하지 못하게 할 수 있다. 물론 이 방법이 항상 타당한 대응이라고 할 수는 없다. localhost(127.0.0.1)로만 접속 대기하는 로컬 접속용 네트워크 서비스를 예외로 하면 대부분의 네트워크 서비스는 외부의 시스템과 정보를 주고받고자 실행된다. 따라서 접속을 끊으려면 서비스를 꺼버리면 그만이다. 그러는 대신 취약한 시스템에서 다른 내부 시스템들로 접속을 시작하지 못하게 제한하거나 차단하는 것도 해볼 만하다. 그런 방식을 쓰면 서버가 탈취 당한 상태에서도 공격자가 기업 내에서 다른 시스템으로 옮겨가 더 많은 시스템을 탈취하는 것을 어렵게 만들 수 있다.

완화 조치는 여러 가지로 분류할 수 있는데, 서로 겹치기도 한다.

애플리케이션 기반 여기에 속하는 완화 조치는 취약한 애플리케이션을 수정해 공격의 위험을 제거하거나 제한한다. 예를 들어 지금 즉시 패치를 적용할 수 없는 아파치Apache 모듈에 어떤 취약점이 있다면 아파치 설정을 수정해 해당 모듈을 사용하지 않게 끄는 방법이 있다. 해당 모듈에 대한 요청을 필터링해서 알려져 있는 공격 패턴을 막는 대안도 가능하다.

호스트 기반 이 완화 조치는 애플리케이션이 아닌 OS 수준에서 수행되는 방법이다. 호스트 기반의 방화벽이나 SE리눅스SELinux 같은 시스템 도구는 그런 툴이 깔려있는 시스템에 변경을 일으키는 것을 어렵게 만들어 공격의 효과를 제한하는 것으로, 호스트 기반 완화 조치의 좋은 예다.

네트워크 기반 이 완화 조치는 네트워크 수준에서 동작해서 취약한 호스트를 향해 가는 트래픽이나 거기에서 나오는 트래픽을 모니터하고 가로챈다. 물리적 방화벽이나 IDS가 그런 예인데, 이런 장비는 공격이나 탈취

성공을 나타내는 트래픽을 감시한다.

임시 조치 어떤 완화 조치는 붕대와 비슷해서 임시로 쓰도록 설계된다. 예를 들어 취약한 호스트로 향하는 모든 접속을 차단하는 것은 지속적으로 쓸 수 있는 해결책은 아닐 것이다. 그렇지만 패치나 더 영구적인 완화 조치를 찾아낼 때까지는 아주 유용한 방법이다.

영구 조치 완화 조치를 써도 취약한 제품의 일반적인 기능에 영향을 주지 않는다면 문제가 됐던 취약점을 해결한 다음에도 완화 조치를 적용한 채로 두는 것이 타당한 경우가 있다. 향후에 나올지 모를 취약점에 대비한 추가 보안 수단이 되기도 하고 시스템의 전반적인 보안 태세를 향상시켜 주기도 한다.

논리적 조치 물리적인 완화 조치와 구별해서 논리적 완화 조치는 소프트웨어나 네트워크 수준에 적용한다. 대부분의 취약점이 존재하는 곳이다.

물리적 조치 가끔 물리적 완화 조치가 필요할 때가 있다. 예를 들면 보안이 철저한 어떤 환경에서는 데이터 유출이나 악성코드 감염을 막고자 휴대용 USB 드라이브 이용을 금지한다. 소프트웨어에서 USB 포트를 사용 불가 상태로 만드는 대신 이런 기업은 아예 물리적으로 USB 장치를 꽂지 못하도록 USB 포트에 에폭시를 발라 막아버리는 방식을 쓴다.

전반적 조치

완화 조치는 특정한 하나의 취약점이나 일군의 취약점 그룹에 대항하고자 적용하는 것인데 반해, 기업의 전반적인 보안 태세를 향상시키고자 취하는 방법이 **전반적 조치**systemic measures라고 할 수 있다. 완화 조치는 사후 대응인 반면 전반적 조치는 사전에 주도하는 적극적 방식이다. 보통 특정한 위협이나 취약점에 대응하고자 특화된 완화 조치를 수행하곤 한다. 하지만 나중에 사후 분석 과정이나 정기 보안 점검 때 그런 완화 조치에 대한 필요성을 되짚어보면 같은 범주에서 향후 발생할 수 있는 위협으로부터 기업을 보호하는 기업의 보안 태세를 다시 생각해보게 된다.

예를 들어 어떤 시스템에 MySQL 취약점이 있는데, 지금 당장 패치를 적용할 수 없다. 따라서 내부 방화벽을 이용해 MySQL 포트인 TCP 3306의 접속을 차단한다. 또한 MySQL 설정을 변경해 로컬 소켓에서만 수신 가능하게 한다. 그리고 패치를 깔 수 있는 유지 보수 시간에 MySQL에 패치를 설치해 새 버전으로 올린다. 지금까지는 몇 가지 완화 조치를 취하고 패치를 적용한 예다. 이제 한 발 뒤로 되돌아가보자. 그나저나 왜 그 포트가 열려 있었을까? 포트는 진즉에 닫았어야 했을지도 모른다. 이번의 특정한 문제에 취약하지 않았던 다른 MySQL 서버들은 어떨까? 이 서버들이 원격 접속을 수신해야 할 필요가 정말 있는 것일까? 혹시라도 첫 번째 시스템 탈취가 성공했다면 어떻게 됐을까? 공격자는 그 시스템을 출발점으로 삼아 다음 공격에 이용할 수 있었을까? 이러한 전반적 질문을 생각해보는 과정에서 기업의 전반적인 보안 환경을 향상시키는 더 넓은 변화를 일으킬 수 있고, 적어도 조직의 정책이나 설정 표준에 영향을 줄 수 있는 대화는 시작해볼 수 있다.

위험 수용

네 번째 옵션은 아무것도 하지 않는 것이다. 위기 관리 용어로는 이런 것을 **위험 수용**이라고 부른다. 위험 발생이 워낙 드물거나 위험의 영향이 아주 작아서 대응할 가치가 없다고 결정하면 위험 수용이 일어난다. 이 옵션이 최선인 경우가 여럿 있다. 하지만 위험을 수용할 때에도 행동을 취하지 않는다는 점을 문서로 기록하고 이해당사자들이 그런 결정에 동의하는지 확인해둘 필요가 있다. 감사 담당자들이 점검을 오면 위험을 그냥 무시한 것이 아니라 위험을 평가해 수용했다는 사실을 보여줄 필요가 있을 것이다. 문서화하지 않고 수용한 위험이나 발견하지 못하고 지나간 위험이나 바깥에서 보기에는 똑같아 보인다는 점을 명심하자.

심층 방어

대부분의 취약점 대응 방법은 패치, 완화 조치, 전반적 조치를 두루 포괄하는 경우가 많다. 심층 방어는 여러 가지 방어 수단을 연합 사용하는 실행 방법이다. 아주 중요한 시스템에 패치를 즉시 적용할 수 없는 경우라도 공격의 심각성을 차단하거나 적어도 제한하기라도 하는 완화 조치를 재빠르게 이행할 수 있다. 시스템에 패치를 설치할 수 있게 되면 너무 엄격한 완화 조치(예를 들어 영향을 받는 서비스에 대한 모든 접속을 차단하는 조치) 일부는 제거하고 설정 개선 같은 몇 가지 완화 조치는 그대로 남겨두는 것도 가능하다. 어떤 완화 조치가 다수의 시스템에 적용되거나 네트워크 환경 전반에 적용된다면 그런 조치는 전반적 개선이 될 수도 있다.

심층 방어의 힘은 이런 것이다. 방어 계층을 여러 겹 갖추고 있으면 어떤 계층에서 실패했을 때 다른 계층이 그 실패를 완화해준다. 더 좋은 점은 계층식으로 방어하면 아직 발견되지 않은 취약점에 대항해 보호할 수도 있다는 점이다. 새로운 MySQL 제로데이 취약점이 나왔는데, 취약점 공격에 직접 연결이 필요한 경우라면 신뢰할 수 있는 호스트에서만 접속이 가능하게 권한을 설정한 기존의 완화 조치 덕분에 첫날부터 공격을 당할지, 패치를 적용할 때까지 충분한 시간을 벌 수 있을지 여부가 달라질지도 모른다.

통제 수단 검증

패치 또는 완화 조치나 전반적 변경을 적용했으면 마지막으로 선택한 통제 방법의 존재와 효과를 검증해야 한다. 바꿔 말하면 그런 통제 방법을 테스트해야 한다. 완화 조치나 전반적 변경은 추가로 스캔해보는 식으로 테스트하면 될 때도 있다. 스캐너를 돌려 취약점이 더 이상 보고되지 않으면 변경이 성공적이란 뜻이다. 어떤 경우는 수동으로 테스트하는 것이 최선일 때도 있는데, 특히 완화 조치나 다른 변경에 따라 감지하기 힘든 미묘한 효과가 있는 경우가 그렇다. 하나의 예로 관리자가 **보안 셸**SSH, Secure Shell에서 특정 로그인 옵션을 사용하지 못하게 했는지 취약점 스캐너가 알아내는 것은 어려울 테지만 사람은 이런 변경을 확인하는 테스트 시나리오를 정교하게 만들 수 있다.

패치 적용은 검증하기가 간단한 것처럼 보일지도 모른다. 패치가 적용됐다는 것을 확인할 수 있으면 취약점은 제거된 것일 테니까. 과연 그럴까? 실제로는 패치 적용으로 항상 문제를 완전히 해결하는 것은 아니다. 업체가 제공한 패치, 특히 비공식 패치는 완전하지 않을 수 있고 잘못 적용될 수도 있으며 어떤 시스템에서는 누락될 수도 있다. 때에 따라서는 시스템에 다른 문제를 일으켜서 원래대로 롤백해야 될 수도 있다. 패치 적용도 다른 모든 완화 조치와 같이 취급해 적극적인 테스트를 통해 효과를 확인하는 것이 가장 좋다.

통제 수단 적용 이전과 이후에 시스템 취약점 스캔을 하는 식으로 이미 갖고 있는 툴을 이용해 통제 여부를 검증하는 방법도 있다. 이렇게 할 때에는 결과에 나타난 차이를 살펴봐야 한다. MySQL이 설치된 시스템에 원격 코드 실행 취약점이 있고 시스템 담당자는 이 취약점을 해결하는 패치를 이미 설치했다고 주장하는 상황을 가정해보자. 시스템을 새로 스캔하면 취약점이 더 이상 존재하지 않는다고 결과가 표시되기를 기대할 것이다. 취약점이 존재한다고 나오면 패치가 잘못 적용됐거나 아예 적용되지 않았거나 효과가 없거나 하는 경우임을 알게 된다. 그렇게 하는 대신 MySQL 데이터베이스 연결을 localhost로만 제한하는 완화 조치를 썼다면 스캔 결과 시스템의 공용 네트워크 인터페이스에 포트가 열려 있지 않다고 표시될 것이다.

하지만 MySQL 연결을 로컬 네트워크로 제한하는 완화 조치를 썼으면 스캔을 돌려도 다른 점이 하나도 없다고 나올 것이다. 이런 상황에서는 실제로 취했던 완화 조치나 전반적 조치의 목적을 기반으로 한 테스트 방법을 고안해야 한다. 앞서 들었던 예에서는 로컬 네트워크 세그먼트 바깥에서 스캔을 더 실행해보는 방법도 쓸 수 있다.

통제 검증 기술을 망라해 논의하는 것은 이번 주제의 범위에서 벗어나기는 하지만 대원칙은 단순하다. 무엇이 됐든 기대했던 대로 작동할 것이라고 가정하지 말자. 항상 취약점을 해결하고자 취했던 모든 조치가 취약점을 제대로 해결하고 있는지 테스트를 통해 확인하길 바란다.

요약

5장에서는 기업 환경에서 취약점을 발견했을 때 취할 수 있는 행동들을 개괄적으로 살펴봤다. 즉각적인 것이든 전반적인 것이든 위험 수용을 설명하는 문서의 형태이든 취약점에 대응해 취하는 보호 조치는 작업해야 하는 시스템에 따라 달라진다.

6장에서는 각자의 조직 구조 내에서 이러한 조치가 효과를 내게 하는 방법과 조직의 보안 태세를 지속적으로 향상시키는 결과를 이끌어내는 방법을 다룬다.

6

조직 내 지원과 사내 정치

일단 취약점 관리 환경과 스크립트를 만들었으면 기업 네트워크 내의 각종 기기에 존재하는 공격 가능한 취약점에 대한 소중한 정보를 취득할 수 있게 된다. 이 정보를 이용해 조직의 보안 태세를 향상시키는 방향으로 실천에 옮길 준비도 됐다. 분석가가 소규모 조직에서 일하고 있는 경우에는 보안 분석가와 시스템 관리자를 겸하고 있을 가능성이 높다. 그러니 취약한 시스템에 패치를 설치하는 것도 내 일이고, 그렇게 하면 나로선 할 일이 끝난다. 그렇지만 더 큰 환경에서 일하고 있는 사람이라면 문제는 훨씬 복잡하며 실무적인 양상을 띠고 있다. 다른 IT 직원과 충분히 의견을 주고받아야 한다. 그 뿐만 아니라 다음번 업데이트 시기와 업데이트를 수행하는 부서와 사람을 알고 있어야 할 수도 있다. 가장 까다로운 것은 분석가가 찾아낸 취약점을 해결하는 패치를 시스템 담당자나 애플리케이션 관리자가 적용할 동기를 유발하는 방법을 알고 있어야 한다는 점이다.

6장은 인간과 데이터 간 인터페이스에 초점을 두고 있다. 분석가의 분석 결과를 사용해 기업 환경에서 실질적인 보안 향상의 효과가 나타나게 하려면 직원들 사이의 소통과 기업의 구조와 정치를 완전히 이해하고 있어야 한다. 취약점 관리 절차 중 사람이 중심인 이 부분에 대해서는 무슨 스크립트 같은 것도 존재하지 않는다. 하지만 해당 절차가 최대한 매끄럽게 굴러가게 해주는 일종의 가이드라인은 있다.

우선순위 대립 시 균형 잡기

보안 분석가로 지내기란 만만치 않다. 기업의 보안을 향상시키려면 뭘 해야 하는지 본인의 눈에는 잘 보이더라도 문제를 언제나 혼자서 해결할 수는 없다. 다른 실무 부서나 담당자와 함께 일해야 하는 것이 필수적인데, 그들은 보안 분석가가 생각하는 우선순위에 공감하지 않을 수 있다. 누구나 업무가 꾸준히 잘 굴러가게 하고자 자신의 역할을 한다. 보안 분석가는 보안을 향상시키고 시스템 관리자와 데이터베이스 관리자DBA, DataBase Administrator는 시스템 운영 시간을 최대한 늘려서 시스템이 지속적으로 운영되게 하며, 애플리케이션 담당자는 자기가 맡은 프로그램이 탈 없이 계속 작동하게 한다. 거시적으로 보면 각자의 목표가 서로 나란히 맞춰져 있다. 하지만 가까이에서 들여다보면 서로 차이나는 목표가 충돌할 수도 있다.

기업 내의 취약점을 정리해 최종 정리한 목록을 갖고 있는 보안 분석가가 있다고 상상해보자. 보안 분석가의 기준에 따르면 심각한 취약점들의 목록이다. 그 중에는 공격자가 인증을 거치지 않고도 원격에서 공격할 수 있는 윈도우 커널의 알려진 취약점이 있다. 이 취약점은 기업 운영에 필수적인 데이터베이스 서버에 존재한다. 어떤 윈도우 관리자가 해당 시스템을 책임지고 있고, 또한 DBA가 해당 시스템에서 SQL 서버 인스턴스를 관리하고 있으며 또 다른 관리자 한 명은 그 데이터베이스를 사용하는 애플리케이션을 맡고 있다.

이런 상황에서 보안 분석가는 세 가지 요소를 고려해야 한다. 첫 번째는 기업의 구조다. 세 명 모두 같은 상사에게 보고한다면 분석가는 맨 먼저 그 상사에게 말해야 한다. 두 번째로 그렇게 하기 전에 기업 내 정치를 잘 고려해야 한다. 임원급에게 곧바로 보고하는 방식은 현명하지 못한 처사일 수 있다. 그렇게 했다가는 다음 단계로 임원급 명령 체계로 문제를 올려 보내는 일을 해야 한다. 세 번째이자 가장 중요한 요소로, 분석가는 공식적인 정책을 고려해야 한다. 보안 문제에 대해 명백히 규정된 정책이 있으면 운이 좋은 편이다. 그 정책을 따르면 된다. 기업에 정책이 없으면 정책을 만드는 것을 고려해야 한다. 업무상 매우 중요한 데이터베이스 서버에 치명적인 취약점이 있다는 점이 지금 당장 누군가에게 도움이 되진 않지만 향후 활용될 중요한 선례를 남기게 된다.

보안 분석가는 취약점을 해결해 손쉬운 공격 포인트를 없애고 기업의 전반적인 보안 태세를 향상시키고 싶어 한다. 하지만 이 문제를 시스템 관리자의 관점에서 생각해보면 어떨까? 윈도우 커널에 패치를 적용한다는 것은 시스템을 재부팅해야 된다는 뜻일 것이다. 재부팅은 시스템 다운타임을 의미한다. 또한 마이크로소프트는 심각한 문제를 일으키는 패치를 냈던 적도 있고 패치를 적용할 때 전체 시스템 장애를 일으켰던 적도 있으니 패치를 적용함으로써 다른 무슨 문제가 발생하기라도 하면 다운타임이 더 길어질 수도 있다. 수동으로 복구해야 할 수도 있는데, 이러면 다운타임은 훨씬 더 길어진다. 관련 서비스를 내리거나 포트를 차단하는 식으로 완화 조치 정책을 제안한 경우에도 이런 조치들 때문에 예상하지 못한 시스템 장애를 유발할 수 있다.

시스템 관리자는 문제를 해결하는 데 아주 조심스러운 편인데, 이는 당면한 우선순위를 거슬러야 하기 때문이다. 마찬가지로 DBA와 애플리케이션 담당자도 패치 적용이나 완화 조치 적용의 예상치 못한 결과나 다운타임에 우려가 많다. 어떤 조치라도 하는 것에 이들 세 명 모두 똘똘 뭉쳐 반대한다면 문제가 영원히 지속되지는 않겠지만 당분간 계속 유지될 가능성이 크다. 다시 한 번 말하지만,

이들의 우선순위 중 어느 것도 틀린 것은 없다. 다만 개인 각자가 우선순위를 달성하고자 사용하는 최전방 전술에 충돌이 있을 뿐이다.

조직의 지원을 구하는 방법

장기적으로 보면 모든 사람의 문제를 푸는 답은 명료하다. 정보 보안을 강화하고 위험 관리 구조를 탄탄히 하는 것이다. 적절한 정책과 지휘 체계가 갖춰져 있으면 기업은 올바른 위기 관리 전략과 일치하는 방법으로 우선순위를 정하고 문제를 해결하면 된다. 시스템이 운영되는 시간을 늘리는 것이 최우선순위라면 패치 적용은 기다려야 할 수도 있다. 시스템 보안이 최우선순위라면 운영 시간은 다소 뒷전으로 밀릴 수 있다.

그렇지만 그 문제는 다음으로 미뤄둬야 할 논의거리이고 윗선에서 결정할 일이기도 하다. 대다수 회사에서 이러한 절차와 정책은 완전하지 못하거나 아예 존재하지도 않는다. 어찌됐든 분석가로서는 문제를 해결할 방법을 찾아야 한다. 다음 절에서 전략을 몇 가지 제시해보려고 하는데, 보안 분석가인 독자 여러분이 취약점 관리 절차에서 찾아낸 우선순위 문제를 해결해 조직의 수많은 장벽을 헤쳐 나가는 데 도움이 됐으면 한다.

타인의 입장에 공감하자

분석가는 기업을 어떻게 보호할 것인지 하는 생각에만 골똘히 몰두하다가 다른 직원들도 각자 동등하게 중요한 관점을 갖고 있다는 것을 잊게 될 수도 있다. 다른 직원이 내 관점을 납득하게 하려면 내가 그 사람의 입장이 돼서 그 사람이 원하는 것이 무엇인지 이해할 필요가 있다. 관리하는 시스템이 계속 돌아가게 유지해야 하는 윈도우 관리자에게 말할 때에는 이런 점을 인정하고 패치 적용 때문에 다운타임이 발생하기는 하지만 다운타임을 잘 통제할 수 있으니 적절한 시간대에 작업하자고 알려주자. 마찬가지로 패치되지 않은 취약점을 통해 서버가 탈취되기라도 하면 다운타임은 갑작스럽게 발생할 수 있는데다가 더 길어질 가능성이 크다는 점도 알려주자. DBA와 애플리케이션 담당자는 데이터 무결성과 기밀성에 대해 우려가 많다. 취약점으로 인해 데이터 조작이나 파괴나 유출이 생길 수 있다는 점을 강조하면 데이터 보호를 향상시키고자 다운타임을 감수할 만하다고 설득하기에 충분할 것이다.

물론 다른 사람에게 공감한다고 해서 항상 의도대로 잘 풀리지는 않는다. 추가로 해야 할 일이 몇 단계 더 있는 경우도 있다. 하지만 다른 사람의 관점을 이해하고 잘 들어주려는 의지가 조금이라도 있는 채로 시작한다면 분석가로서 괴로움만 가득한 세상은 되지 않을 것이다. 보안 향상을 위해 협력해주는 새로운 아군을 얻을 수도 있다.

담당자는 초기부터 관여시키자

의사 결정 과정에는 결정된 사항을 강제로 따르라고 할 때 어떤 기분이 드는지는 모두 잘 알고 있을 것이다. 하물며 그 결정이 우리에게 부정적인 영향을 줄 때는 특히 더욱 그렇다. 스캔과 취약점 교정 작업은 특히 시스템 관리자, 애플리케이션 개발자, 애플리케이션 담당자, 최종 사용자에게 영향을 미친다. 보안 분석가 혼자 전체 취약점 관리 절차를 진행한 뒤 지시 사항을 전달하지 말고 초기 단계부터 다른 직원들을 관여시켜보자. 분석가가 이해당사자들이 우려하고 있는 사항에 관심을 보이면 당사자들은 권고나 지시 사항에 더 협조적인 모습을 보일 것이다. 또한 당사자들이 바라는 것을 들어주지 못할 경우에도 도움을 받을 수 있다.

사내 정치를 이해하자

기술 관련 일을 하는 사람들은 사내 정치 같은 주제의 언급을 피하려고 하기도 한다. 누가 누구에게 얘기를 하고, 누가 방금 큰 계약을 따냈고, 누가 임원들에게 줄이 닿고 있고, 누구는 그렇지 못하고, 이런 것에 관심 없이 자신이 할 일을 하는 편이다. 그러나 이 문제를 외면한다고 해서 문제가 사라지는 것은 아니다. 이런 종류의 문제는 실존하며 꽤 강력하다. 누구에게 가서 말을 해야 하고 그들에게 어떻게 다가가야 하는지 알고 있으면 어려운 일이나 논란이 많을 수 있는 작업(이를테면 패치를 적용하고자 서버를 꺼야 하는 일)의 승인을 받는 데 도움이 된다. 그런 작업을 추진하면서 누구의 감정을 상하게 했는지 아는 것도 중요하다. 패치 적용이나 완화 조치 적용을 하는 당장 눈앞의 전투에서는 이겼을지 몰라도 이후에 시스템 관리자를 적으로 만들었다는 사실을 알게 되고 그 관리자가 분석가의 작업을 따지며 방해할 수도 있다.

여러 면에서 이러한 사내 정치 전략은 그저 윗선에 보이는 공감이기도 하다. 어떤 점에서는 기술 작업조차도 사회적인 면이 있다. 분석가가 수행하고자 하는 변경 조치에는 사회적 영향이 따르기도 한다. 기업 내의 공식적인 구조와 비공식적인 구조를 이해하고 나 자신이 그런 구조에서 길을 찾아가는 조력자라고 생각한다면 내가 제안한 작업에 동료들이 갖는 시각을 인식하는 데 도움이 될 것이다.

듣는 사람의 언어로 말하자

누군가에게 공감을 표시한다는 것은 그들이 이해하는 용어로 그들에게 말할 수 있는 능력이 동반된다는 뜻이다. 시스템 운영 시간, 패치 수준, 공격에 대한 기술 토의는 서버 관리자나 DBA 같은 기술직 직원에겐 이해가 잘 될 것이다. 하지만 영업 부서의 현업 직원과 토의할 때도 같은 용어를 사용한다면 영업 부서 직원은 전혀 이해할 수 없을 것이다. 그들이 염려하는 것은 어떤 것인지,

어떤 측정 지표를 사용하는지를 배우고 가급적이면 그들의 용어를 사용해 대화하라. 애플리케이션 담당자나 영업 관련 업무를 하는 사람들은 투자 수익률[ROI]에 더 관심이 많을 수 있고, 위기 관리 업무를 하고 있으면 위험/통제 용어에 익숙할 것이다. 그들에게 익숙한 용어를 사용해 내 의견을 표현하면 내가 원하는 결론을 이끌어내면서도 그들의 우려 사항을 잘 알고 있으며 다른 관점을 인정하려는 의지가 있다는 것을 보여줄 수 있다.

귀 기울여주는 임원을 찾자

조직의 보안에 관심이 있는 C-레벨 임원의 승인을 받는 것은 보안 관련 작업에 대한 지원을 받는 가장 효과적인 방법이 될 수 있다. 하지만 CIO, CTO 심지어 CFO나 감사 임원이 귀 기울여줄 정도로 운이 좋더라도 그 권한을 남용하지 말기 바란다. 그들의 우선순위에는 보안 외에도 많은 관심 사항이 있다. 뿐만 아니라 계속해서 다른 동료를 건너뛰고 임원진에게 직접 보고하는 행동을 한다면 점점 더 심한 마찰을 불러올 수 있다. 한편 기업 내 정보 보호 임원[CISO, Chief Information Security Officer]이 있으면 회사 고위 레벨에 보안에 대한 우려를 잘 전달하고 이해하게 해주는 든든한 경로가 있다고 할 수 있다.

위험 관리를 위한 변론을 하자

아직 전체 위험 관리 프로그램이 자리 잡지 못한 상태에 있는 분석가가 있을 수 있다. 그러나 그런 상황이라고 해도 취약점을 해결하기 위한 주장을 펼칠 때 위험 관리 요령 책자의 몇 페이지를 참고하는 것은 무방하다. 다음의 간단한 공식은 거의 모든 상황에서 써도 된다.

$$\text{위험} = \text{발생 가능성} \times \text{비용}$$

어떤 부정적인 사건의 전체적인 위험을 산출하려면 두 가지 요소를 살펴봐야 한다. 첫째, 그런 일이 일어날 가능성은 얼마나 되는가? 둘째, 그런 일이 발생하면 그 사건으로 인해 조직에 얼마의 비용이 들게 되는가? 앞에서 예를 들었던 데이터베이스 서버 내의 알려진 취약점이 존재하는 건을 다시 살펴보자. 분석가가 일하고 있는 이 회사에는 공격자가 탐낼 만한 데이터가 많다고 가정하자. 데이터 유출 사고로 인한 비용은 대단히 높으며, 특히 회사 고유의 데이터가 취약한 서버에 있는 상황이라면 유출 사고의 가능성도 높다. 따라서 취약점을 해결하지 않은 경우의 전체 위험은 매우 높다. 반대로 취약점을 패치하면 나쁜 결과(시스템 크래시나 애플리케이션 호환성 장애 같은 문제)가 발생할 가능성과 그런 사태가 발생한 경우의 비용(장애 해결에 소요되는 시간, 문제를 해결하는 직원의 시간, 잠재적인 영업 기회 손실 비용)을 살펴 문제 해결 시의 위험을 추산해볼 필요가 있다. 그와 같은 두 가지 추산을 마쳤으면 패치를 적용한 경우와 패치를 하지 않은 경우의 상대적인 위험을 비교해 어느 쪽이 모두에게 합리적인지 결정할 수 있다.

특정한 숫자 없이도 위험을 계산하는 간단한 방법이 있는데, 그림 6-1에 있는 것과 같은 위험 행렬risk matrix을 이용하는 것이다. 위험 행렬은 위험에 상대적인 가능성과 비용을 할당하는 식으로 위험에 등급을 매긴 단순한 표라서 두 가지 서로 다른 위험의 상대적인 가치를 더 이해하기 쉽게 도와준다. 발생 가능성을 정확한 퍼센트 단위로 알아내거나 비용을 정밀하게 찾아내려고 애쓰는 대신 두 요소에 1부터 5까지의 척도로 등급을 매긴다. 그리고 두 축이 만나는 점을 찾아 전체 위험 수준을 알아낸다. 전체 위험 수준은 낮음에서 높음까지 있다. 다른 이해당사자들도 이러한 위험 계산에 동참하게 하면 상대적인 가능성과 다양한 작업 과정의 비용에 공감대를 형성할 수 있다. 이렇게 하면 그들에게 위험을 설명하는 것도 훨씬 쉬워진다.

발생 가능성/비용	1	2	3	4	5
1	1	2	3	4	5
2	2	4	6	8	10
3	3	6	9	12	15
4	4	8	12	16	20
5	5	10	15	20	25

위험 낮음(1–7)　위험 중간(8–14)　위험 높음(15+)

그림 6-1: 간소화한 위험 계산법

앞에서 썼던 예를 계속 사용해 패치 적용과 패치 미적용이라는 두 가지 작업 상황을 위험 행렬 관점으로 살펴보자. 패치를 적용하면 문제 발생 가능성은 어떻게 될까? 이런 환경을 역사적으로 돌이켜보면 윈도우 시스템에 문제를 유발하는 패치가 있을 가능성은 적은 편이지만 보수적으로 2로 등급을 매겨보자. 문제가 발생한다면 그 사태로 인한 비용은 얼마나 될까? 음, 패치를 롤백해 되돌리거나 백업에서 복구해야 될 테니 관리자 시간을 잡아먹을 것이다. 동시에 중요한 데이터베이스 서버라서 업무 처리를 하지 못한 몇 시간을 잃어버리는 셈이다. 1(무시할 만함)에서 5(대참사)까지의 척도로 본다면 이번 패치 문제는 괴로운 일이긴 하지만 상대적으로 간단한 사건이다. 위험 비용은 3이라고 매겨보자. 그러면 전체적인 위험은 6이 되고 '위험 낮음'으로 분류된다.

이제 패치하지 않는 경우를 보자. 패치를 적용하지 않으면 누군가가 시스템을 탈취할 확률은 얼마나 될까? 공격 방법이 알려져 있는 알려진 취약점이니 알려진 공격 방법이 없는 취약점에 비해 탈취될 가능성이 더 높아진다. 하지만 보호되고 있는 네트워크 세그먼트 안에 있는 서버이니 나름의 완화 조치가 취해진 환경이라고 할 수 있다. 가능성에는 등급 3을 주면 적당하다. 비용은 어떤가? 데이터베이스에 있는 데이터는 극비 사항이고 여기서 실행하는 애플리케이션은 회사 업무에 필수적이다. 데이터베이스가 그냥 죽기라도 하면 다른 쪽 시나리오에서처럼 백업에서 복구할 수 있다. 데이터를 탈취 당한다면 아주 심각해질 수 있다. 경쟁 우위를 잃게 될 것이고 공격받았다는 사실이 공개되면 어마어마하게 부정적인 언론의 관심을 마주하게 될 것이다. 비용에는 등급 5를 줘보겠다. 이제 전체 위험은 15가 된다. 아무 조치도 하지 않는 위험이 패치를 적용할 때의 위험보다 훨씬 높으니 조치를 취하는 것이 옳은 일이다.

단순히 행동을 취할지 말지 하는 결정보다 더 복잡한 상황에 이러한 위험 계산을 사용해도 된다. 정보 보안 위험 관리를 완벽하게 논의하는 것이 이 책의 목표는 아니지만 위험 계산법을 아주 유용하게 쓸 수 있는 다른 두 가지 상황을 더 알아보자.

- **보안 하드웨어나 소프트웨어를 신규로 구매할 때 비용과 이득 평가하기:** 어떤 툴 구입에 드는 회사 비용이 1억 5천만 원인데, 그 제품이 막아줄 위험을 해결하지 않고 그냥 둘 때 드는 비용이 고작 1천만 원이라면 좋은 투자는 아니다.
- **다양한 형태의 적들이 입히는 피해를 산정하고 합당한 대책 마련하기:** 공격자가 기회를 노리는 범죄자들이라면 지식이 그나마 얕은 공격자를 먼저 방어하거나 혹은 아예 이들만 방어하는 쪽에 전념해 보안의 투자 가치를 최대화하는 것이 합리적이다. 공격자가 수준 높은 블랙햇 해커들이라면 더 수준 높은 방어, 즉 더 값비싼 방어 조치가 필요하다.

요약

보안 전문가는 주어진 공식적인 권한은 아주 적거나 아예 없지만 책임만은 큰 편이다. 관료 체제에 대항해 업무를 하다보면 밀물과 썰물의 반대 방향으로 삽질을 하는 듯한 느낌이 들 수도 있다. 그렇지만 조직 내에서 관계를 형성하고 보안 조치 수행(패치, 완화 조치, 전반적 조치 등)의 바람직한 선례를 쌓다보면 새로운 보안 침해 사고 하나하나를 기업 내의 다른 모든 사람과 맞서 싸워야 하는 고독한 전투처럼 치를 때보다 더 많은 것을 성취할 수 있다. IT 위험 관리 프로그램에 임원진의 지원을 받을 수 있으면 장기적으로 큰 이득이 될 것이고 위험 관리 개념을 활용해 더 바람직한 사례를 만들어낼 수 있다.

이것으로 1부를 끝맺는다. 여러 관광지를 잠깐씩 찍고 도는 여행처럼 취약점 관리 실무와 그에 관련된 업무와 구성 요소를 살펴봤다. 기업의 취약점 대응 태세를 향상시키고자 효과적인 단계를 밟는 방법도 알아봤다. 2부에서는 지금까지 살펴본 취약점 관리 시스템을 직접 만들어본다.

2부

취약점 관리 실습

7

환경 구성

완전한 취약점 관리 시스템 구성을 시작하려면 먼저 기반 환경부터 만들어야 한다. 7장에서는 시스템에 사용할 리눅스 기본 환경을 설정하고, 앞으로 이 책에서 다룰 툴을 설치하고 모든 구성 요소가 정기적으로 업데이트되게 하는 스크립트를 작성해본다.

시스템 설치

시스템을 구성하려면 가장 먼저 할 일은 당연하게도 앞으로 사용할 기본 툴을 쓸 수 있는 리눅스 기반의 환경을 설치하는 것이다. 엔맵, 오픈VAS, cve-서치, 메타스플로잇이 그런 기본 툴에 포함된다.

> **하드웨어 요구 사양**
>
> 소규모 네트워크용으로는 CPU 1개와 램(RAM) 4GB만 있으면 된다. 하지만 대규모 환경에 쓰려면 CPU를 더 추가하고 램은 8GB 이상으로 늘려야 한다. 저장 공간의 경우 소규모 환경용으로는 디스크의 빈 공간 50GB 정도면 충분하겠지만 대용량 몽고DB 인스턴스를 쓰면 디스크 공간을 순식간에 채우게 된다. 그러니 디스크 공간은 250GB 이상으로 업그레이드하는 것을 고려하기 바란다.

운영체제와 패키지 설치

이 책에서는 아래에 나열한 소프트웨어를 사용할 예정이다. 대부분의 리눅스 배포판에는 다음 패키지 중 대다수가 미리 설치돼 있을 것이다. 시스템에 들어 있는 패키지 관리자를 사용해 나머지 패키지도 설치하자. 우분투Ubuntu와 기타 데비안Debian 기반 시스템에서는 apt를 사용하고, 레드햇Redhat 기반 배포판에서는 yum을 사용하면 된다.

- **리눅스:** 이 책은 우분투 18.04 LTS를 사용한다.
- **파이썬 3.3 또는 이후 버전:** cve-서치가 이와 같은 파이썬 버전에서만 동작한다.
- **몽고DB 2.2 또는 이후 버전, 몽고DB 개발용 헤더:** 패키지 이름은 배포판에 따라 달라진다. 우분투는 mongodb와 mongodb-dev라는 이름을 쓴다.
- **SQLite 3:** 오픈VAS가 이 버전에서 동작한다.
- **엔맵**
- **pip3:** 추가 파이썬 패키지를 설치할 때 필요하다. 우분투에서 python3-pip 패키지다.
- **깃Git:** cve-서치, 메타스플로잇, Exploit-db를 쓰려면 필요하다.
- **libxml2-dev, libxslt1-dev, zlib1g-dev:** cve-서치를 쓰려면 필요하다.

- jq: JSON 파싱용으로 필요하다.
- cURL: 파일과 스크립트를 다운로드하는 용도다.
- psql: 포스트그레SQL[PostgreSQL] 클라이언트로, 메타스플로잇 프레임워크 데이터베이스를 수동으로 직접 들여다볼 때 필요하다.

어떤 리눅스 배포판을 사용할지는 독자가 선택하면 된다. 이미 만들어져 있는 가상 컴퓨터 이미지를 사용하면 시간은 좀 절약되겠지만 리눅스 설치 과정을 수동으로 하나하나 작업해 필요에 맞게 설치 상태를 최적화하기를 권장한다.

필수 사항은 아니지만 앞으로 작성할 스크립트를 실행할 때 사용하기 위한 전용 계정을 만들고 sudo 권한을 설정하는 것을 권장한다. 나는 vmadmin이라는 계정을 설정했다. 루트 계정을 사용하지 않으니 시스템이 더 안전해진다.

기능 변경과 확장

앞서 설명한 기본 구성을 각자의 환경에 맞게 최적화하려면 스캐너를 더 추가하고 (물리적 하드웨어나 가상 환경에 별도로 설치) 거기에서 만들어지는 보고서를 중앙으로 전송하도록 구성하는 것도 가능하다. 아니면 몽고DB 인스턴스를 별개의 시스템이나 공유 서버에 둘 수도 있다. 몽고DB가 아닌 다른 데이터베이스를 쓰기로 선택해도 괜찮긴 한데, 그렇게 하려면 작성할 스크립트를 수정해야 한다.

라즈베리파이[Raspberry Pi] 같은 극소형 단일 기판 시스템에 이런 패키지를 설치하면 손바닥 크기의 취약점 스캐닝 시스템을 구축해 다른 여러 위치에서 휴대형 취약점 관리 툴로 사용할 수도 있다.

BSD나 상용 유닉스(솔라리스[Solaris] 등)처럼 다른 유닉스 계통의 운영체제를 사용해도 되고, 파이썬과 몽고DB 같은 필요한 툴이 설치되기만 하면 윈도우를 사용해도 된다. 하지만 먼저 갖춰야 할 툴을 모두 모으는 것만 해도 꽤나 귀찮은 일거리다. 리눅스 서브시스템이 설치된 최신 버전의 윈도우 10에서는 표준 우분투 패키지를 사용할 수 있다.

툴 설치

기본 리눅스 시스템을 설정하고 나서 다음 단계는 오픈VAS, cve-서치, 메타스플로잇 같은 주요 툴을 설치해 자신만의 취약점 관리 시스템을 만드는 일이다.

참고 이 책에서 # 프롬프트는 루트(root)로 실행하거나 sudo를 써서 루트 권한으로 명령을 실행해야 한다는 의미다.

오픈VAS 설치

오픈VAS는 오픈소스 형태의 취약점 스캐너로, 네서스가 폐쇄형 소스 형태로 바뀌던 때에 네서스에서 파생돼 만들어졌다. 오픈VAS 커뮤니티와 그린본 네트웍스 유한회사Greenbone Networks GmbH가 현재 이를 지원하고 있다.

패키지 설치

오픈VAS는 표준 우분투 저장소repositories에 포함되지 않기 때문에 신뢰하는 우분투 목록에 커스텀 저장소를 추가해야 한다. 여기서는 모하메드 라자비Mohammad Razavi가 만든 오픈VAS 저장소를 쓸 것인데, https://launchpad.net/~mrazavi/+archive/ubuntu/openvas/에서 다운로드할 수 있다.

패키지를 설치하려면 다음과 같이 해당 저장소 정보를 apt 소프트웨어 소스에 추가한다.

```
# add-apt-repository ppa:mrazavi/openvas
```

다음으로 오픈VAS 소프트웨어가 해당 커스텀 저장소에 있다는 것을 apt가 알 수 있게 업데이트한다.

```
# apt-get update
```

오픈VAS를 다운로드해 설치한다. 다운로드 파일은 약 100MB의 데이터로 구성돼 있으며 전체적으로는 약 500MB의 공간을 차지하게 된다.

```
# apt-get install openvas9
```

오픈VAS 업데이트

패키지가 설치되면 리스트 7-1에 있는 설치 스크립트를 실행해 오픈VAS가 스캔할 때 사용하는 데이터를 동기화한다. 다음의 모든 스크립트는 루트로 실행해야 한다.

리스트 7-1: 오픈VAS 사용 준비

```
  # greenbone-nvt-sync
  # greenbone-scapdata-sync
  # greenbone-certdata-sync
  # service openvas-scanner restart
  # service openvas-manager restart
❶ # openvasmd --rebuild --progress
```

다시 빌드하는 명령 ❶은 완료하기까지 상당히 긴 시간이 걸릴 수 있다. 오래 걸려도 자연스러운 현상이니 걱정하지 말자.

오픈VAS 스캐너 데몬이 임시 결과 저장용으로 사용하는 Redis 설정을 수정할 차례다. /etc/redis/redis.conf를 편집해 `save xx yy` 형태(예를 들면 `save 900 1`)로 된 모든 행을 주석 처리한다. 그러고 나서 Redis를 재시작하고(`# service redis-server restart`) 오픈VAS 스캐너를 재시작한다(`# service openvas-scanner restart`).

> 참고 앞서 설명한 명령의 내용은 우분투에서 실행하는 오픈VAS 버전 9를 기본으로 했다. 이후 버전은 설치와 업데이트 명령이 다를 수 있다.

설치 상태 테스트

https://<각자의-호스트-IP-주소>:4000을 열어보자. 모든 것이 제대로 설치돼 돌아가고 있다면 그린본 시큐리티 어시스턴트Greenbone Security Assistant 로그인 페이지가 보일 것이다. 그린본 시스템의 기본 로그인 정보는 `admin/admin`이다. 로그인이 됐으면 이것저것 클릭해보면서 인터페이스와 친숙해지자. 그리고 계정 인증 기본값을 더 안전한 것으로 변경하는 것도 잊지 말자. 설치하고 스캔을 실행하기까지가 좀 복잡했는데, 8장에서 오픈VAS와 그린본 스캔 옵션의 자세한 사항을 철저하게 다룬다.

cve-서치 설치

cve-서치 툴은 뒤에서 몽고DB가 돌아가는 일련의 파이썬 스크립트 모음이며, 데이터베이스에는 공식 CVE 데이터베이스 https://cve.mitre.org/에서 가져온 어마어마하게 많은 양의 공개된 취약점 정보가 포함돼 있다. 프런트엔드 툴이 아니라 주로 cve-서치 데이터베이스를 사용할 것이지만 툴에 포함된 유틸리티도 수동으로 취약점 검색을 하는 데 유용하게 쓸 수 있다.

cve-서치 다운로드

cve-서치는 cve-서치 사이트(https://adulau.github.io/cve-search/)에서 .zip이나 .tarball 파일 형식으로 다운로드해 압축을 풀어도 되고, 깃[Git]을 사용해 개발자의 온라인 저장소에서 곧바로 받아도 된다. 7장에 나오는 대부분의 명령은 달리 권한 상승을 하지 않은 일반 사용자 자격으로 해도 된다. 다음 명령을 입력하면 cve-서치 툴을 ./cve-search 디렉터리에 설치한다.

```
git clone https://github.com/cve-search/cve-search.git
```

pip를 이용해 종속 파일 설치

cve-서치에 필요한 환경을 확실하게 모두 갖추려면 `pip3` 툴을 사용해 cve-서치에 함께 따라오는 파일인 requirements.txt에 정의된 전제 조건을 설정하면 된다. 이 명령을 실행하기 전에 `libxml2-dev`, `libxslt1-dev`, `zlib1g-dev` 패키지 또는 각자의 리눅스 배포판에 적합한 동일 패키지를 반드시 설치해둬야 한다.

```
$ cd cve-search; sudo pip3 install -r requirements.txt
```

이 명령이 실패해도 좌절하지 말자. 참을성을 갖고 설치 과정 중 어디에서 오류가 발생하는지 관찰하고 필요한 사항을 수정한 다음 다시 시도해보자. 리눅스 배포판에 있는 패키지 관리자를 이용해 추가 패키지를 더 설치해야 할 수도 있다.

데이터베이스 축적

마지막으로 리스트 7-2에 있는 명령을 써서 cve-서치 툴의 데이터 저장소 역할을 할 몽고DB 데이터베이스를 만들고 자료를 축적할 차례다. 두 번째와 세 번째 스크립트는 완료하기까지 상당히 긴 시간이 걸릴 수 있다.

리스트 7-2: CVE 데이터베이스 구축과 업데이트

```
$ ./sbin/db_mgmt_json.py -p
Database population started
Importing CVEs for year 2002
Importing CVEs for year 2003
Importing CVEs for year 2004
Importing CVEs for year 2005
--생략--
$ ./sbin/db_mgmt_cpe_dictionary.py
Preparing [##################################################] 194571/194571
$ ./sbin/db_updater.py -c
INFO:root:Starting cve
Preparing [##################################################] 630/630
INFO:root:cve has 120714 elements (0 update)
INFO:root:Starting cpe
Not modified
--생략--
INFO:root:
[-] No plugin loader file!
```

cve-서치 테스트

툴이 설치되고 데이터베이스의 축적까지 다 됐으면 CVE 데이터베이스에 어떤 종류의 정보가 들어있는지 살펴볼 수 있는 간단한 검색을 해보자. `./bin/search.py -c CVE-2010-3333 -o json|jq`라는 명령을 입력하면 CVE-2010-3333, 즉 마이크로소프트 오피스의 스택 버퍼 오버플로 취약점에 대한 정보를 보여준다. 명령

의 결과를 jq로 파이프라인 처리하면 JSON 블롭blob의 형식을 더 읽기 좋은 형태로 바꿔 표시한다. CVE 정보는 8장에서 더 자세히 살펴본다.

메타스플로잇 설치

메타스플로잇 프레임워크 툴은 실제 동작하는 수많은 공격뿐만 아니라 반복적이고 복잡한 공격 작업을 자동화하는 데 사용할 스크립트를 만들 수 있는 루비Ruby 환경을 함께 포함하고 있다. 이번 단계는 필수적인 것은 아닌데, 메타스플로잇을 사용하지 않고도 전체 시스템을 거의 다 만들 수 있기 때문이다.

메타스플로잇 프레임워크 설치

리눅스 시스템에 메타스플로잇 프레임워크를 설치하는 가장 쉬운 방법은 설치 스크립트를 사용하는 것이며, https://github.com/rapid7/metasploit-framework/wiki/Nightly-Installers/에 자세히 설명돼 있다. 이 스크립트는 환경에 적절한 메타스플로잇 저장소를 설정하고, yum이나 apt 같은 패키지 관리 시스템에 통합돼 동작한다. 다른 방법으로 해당 깃 저장소의 클론을 만들고 거기에서 곧바로 빌드하는 방식도 있긴 한데, 여기서는 설치 스크립트를 쓰는 방식을 따르기로 한다.

루트 자격으로 다음과 같은 길고 긴 명령 체인을 실행해 설치 스크립트(msfinstall)의 최신 버전을 다운로드하고 실행하면 메타스플로잇 저장소를 apt에 추가한 후 메타스플로잇 프레임워크를 설치한다.

```
# curl https://raw.githubusercontent.com/rapid7/metasploit-omnibus/master/
config/templates/metasploit-framework-wrappers/msfupdate.erb > msfinstall &&
chmod 755 msfinstall && ./msfinstall
```

개별 단계마다 더 꼼꼼하게 세부적으로 설정하고 싶으면 앞에서 제시한 깃허브 Github URL에 있는 설명을 참고하기 바란다.

설치 완료 후 테스트

루트 권한으로 msfconsole을 실행해 설치를 완료한다.

```
# msfconsole
```

이 단계에서 포스트그레스Postgres 데이터베이스를 구성하고 드디어 msf>라는 프롬프트가 떨어진다. 거기에서 메타스플로잇 프레임워크를 둘러볼 수 있다. 예를 들어 메타스플로잇에 2014년 '하트블리드Heartbleed' 취약점 공격이 있는지 관심이 있다면 리스트 7-3에 있는 것처럼 CVE-2014-0160을 검색하면 된다.

리스트 7-3: 메타스플로잇 검색 결과 예제

```
msf > search cve-2014-0160
[!] Module database cache not built yet, using slow search
Matching Modules
================
  # Name Disclosure Date  Rank   Check  Description
  - ---- ---------------  ----   -----  -----------
❶ 0 auxiliary/scanner/ssl/openssl_heartbleed       2014-04-07
  normal Yes  OpenSSL Heartbeat (Heartbleed) Information Leak
❷ 1 auxiliary/server/openssl_heartbeat_client_memory 2014-04-07
  normal No   OpenSSL Heartbeat (Heartbleed) Client Memory Exposure
```

이 취약점 공격에 해당하는 ❶과 ❷ 둘 중 어떤 것이든지 CVE-2014-0160에 취약한 시스템을 공격할 수 있다. 여기서는 메타스플로잇 프레임워크 설치만 다루고 공격에 대해서는 스스로 공부해보길 바란다. 메타스플로잇에는 실제로 동작하는 공격 코드가 포함돼 있어 메타스플로잇으로 공격을 시도하는 어떤 시스템에서든 시스템 크래시를 포함해 굉장히 심각한 문제를 일으킬 수 있다는 점을 명심하자. 공격해도 된다고 허가를 받은 시스템에서만 시도하길 바란다. 조심 또 조심하자.

기능 변경과 확장

원본을 직접 받아 설치하는 것을 선호하거나 사용 중인 리눅스 배포판에 미리 만들어진 오픈VAS 패키지가 없을 경우 원본 배포처에서 오픈VAS를 설치해도 된다. 그렇게 하면 환경에 맞게 최적화할 기회도 생긴다.

7장에서 오픈VAS 9를 설치했지만 이전 버전도 실용적이고 특정 아키텍처 환경에서는 최신 버전보다 이전 버전을 찾기가 더 쉬울 수도 있다. 오래된 버전에서는 XML 출력 형식이 다를 수도 있는데, 그럴 경우 스크립트를 수정해야 한다는 뜻이기도 하다.

시스템에서 여러 사용자가 cve-서치를 사용할 수 있게 하고 싶으면 cve-서치 스크립트들을 다른 위치에 설치한다. 깃 저장소를 다른 곳으로 복제하면 된다.

메타스플로잇을 수동으로 설치하면 메타스플로잇이 사용하는 추가 패키지, 특히 루비와 포스트그레SQL의 설정을 더 상세하게 할 수 있어 완전히 맞춤형으로 설치할 수 있다.

시스템 업데이트 유지 방법

모든 소프트웨어를 설치했으면 항상 최신으로 유지할 필요가 있다. 이번 절에서 설명할 스크립트를 통해 일정을 걸어 실행하기에 적합한 업데이트 스크립트를 작성하는 요령을 살펴보자.

자동 업데이트 스크립트 작성

먼저 지금까지 설치한 툴을 대상으로 수많은 업데이트 스크립트를 실행하는 배시[bash] 스크립트를 만든다. 사용하는 툴의 업데이트가 필요할 때마다 수많은 개별 업데이트 스크립트를 낱낱이 실행해야 하는 방식 대신 이런 묶음 방식을 쓰면 스크립트 단 하나만 실행하면 된다. 게다가 시스템 스케줄러인 크론[cron]에 이 스크립트를 추가하면 주기적으로 자동 실행하기까지 하니 더욱 좋다.

리스트 7-4를 update-vm-tools.sh라는 이름으로 저장하면 된다.

리스트 7-4: 간단한 시스템 업데이트 스크립트

```
❶ #!/bin/bash
❷ CVE_SEARCH_DIR=/path/to/cve-search

❸ LOG=/path/to/output.log

  # 다음은 비어있는 파일에 날짜와 시간을 포함하는 한 줄을 넣는 방식으로
  # 기존 파일을 덮어써서 로그 파일을 초기화한다.
❹ date > ${LOG}

❺ greenbone-nvt-sync >> ${LOG}
  greenbone-scapdata-sync >> ${LOG}
  greenbone-certdata-sync >> ${LOG}
  service openvas-scanner restart >> ${LOG}
  service openvas-manager restart >> ${LOG}
  openvasmd --rebuild >> ${LOG}

❻ ${CVE_SEARCH_DIR}/sbin/db_updater.py -v >> ${LOG}

❼ apt-get -y update >> ${LOG}

❽ msfupdate >> ${LOG}

❾ echo 업데이트 절차 완료. >> ${LOG}
```

❶ 셔뱅shebang 또는 해시뱅hashbang은 이 파일이 배시 셸 스크립트라는 점을 명시해 주기 때문에 파일을 실행할 때 시스템은 이 파일을 해석하려면 어떤 인터프리터를 사용해야 하는지 알게 된다. CVE_SEARCH_DIR 변수 ❷는 시스템에 있는 cve-서치 설치 경로를 가리키도록 설정한다. LOG 변수 ❸은 로그 파일을 가리키는데, ❹ 맨 먼저 현재 날짜를 넣어서 시작한다. 모든 업데이트 명령의 결과는 로그 파일에 쓰인다.

리스트 7-1에서 오픈VAS 동기화를 하려고 썼던 동일한 명령을 여기서 ❺ 업데이트를 위해 사용한다. 설치한 오픈VAS의 버전을 확인해 실행 파일과 경로가 정확한지 점검해보자. 그다음에는 각자의 시스템에 cve-서치가 설치된 실제 경로를 가리키는 CVE_SEARCH_DIR에 저장된 값을 사용해 ❻ cve-서치 업데이트를 실행한다. 오픈VAS 패키지뿐만 아니라 그것이 설치된 리눅스 시스템까지 업데이트하고자 -y 플래그를 붙여 전체 시스템 업데이트를 실행한다❼. 그렇게 하면 업데이트는 매번 확인 절차를 묻지 않으며 사람의 개입 없이 실행하게 된다(데비안 기반이 아닌 리눅스 시스템을 실행하는 경우 업데이트 명령이 다를 수도 있다. 예를 들어 레드햇처럼 RPM 기반인 시스템에서는 yum을 사용해 업데이트한다). 다음으로 자체 msfupdate 스크립트를 사용해 메타스플로잇을 업데이트하고❽ '업데이트 절차 완료'를 로그 파일에 기록한다❾.
다음 chmod 명령을 사용해 스크립트를 실행 가능 파일로 설정한다.

```
# chmod +x update-vm-tools.sh
```

이제 취약점 관리 툴 전부를 업데이트하려면 언제든지 위 스크립트를 실행하면 된다.

스크립트 자동 실행

하나로 집적된 업데이트 스크립트를 완성했으니 이를 크론탭[crontab]에 추가해 정기적으로 실행하게 할 수 있다. 나는 일주일에 한 번 일요일 새벽 4시에 실행하게 설정해뒀는데, 각자 원하는 대로 다른 시간으로 수정해도 된다.

루트 권한으로 /etc/crontab을 열어 파일의 맨 마지막에 다음 한 줄을 추가한다.

```
0 4 * * 7 root /path/to/update-vm-tools.sh
```

많은 리눅스 배포판에는 크론을 사용해 특정 디렉터리에 들어있는 모든 파일을 정기적으로 자동 실행하게 하는 기능이 있다. 예를 들어 우분투는 /etc/cron.weekly/ 디렉터리에 들어있는 모든 스크립트를 일요일 오전 6시마다 실행한다. 크론탭 대신 이 방식을 사용하고 싶으면 작성한 업데이트 스크립트를 해당 디렉터리에 그냥 저장하거나 스크립트의 심볼릭 링크[symlink]를 만들면 된다.

스크립트가 잘 실행됐는지 확인하려면 업데이트 스크립트에서 만들어진 로그 파일(리스트 7-4의 ❸에서 /path/to/update.log)을 보면 되고 각 업데이트 스크립트의 결과도 참고하자.

기능 변경과 확장

나는 단순하게 하려는 목적으로 데이터 업데이트와 시스템 업데이트 구성 요소들을 모두 하나의 스크립트에 넣었다. 하지만 독자 여러분은 데이터와 애플리케이션 업데이트를 따로 분리하는 편을 선호할 수도 있다. apt 업데이트를 수동으로 하는 방식도 괜찮고 다른 업데이트 스크립트로 만들어 서로 다른 일정으로 실행하는 방식도 좋다. 전체 시스템 업데이트는 수동 절차로 빼내고 오직 메타스플로잇과 오픈VAS만 업데이트하도록 apt-get 명령을 수정해도 된다.

이후 내용에서(특히 12장에서) 데이터 수집과 분석용으로 다른 스크립트들도 일정으로 만들게 된다. 이들 스크립트를 실행할 시간대를 지정할 때 이번 스크립트에서 작성한 시스템 업데이트와 충돌할 수 있다는 점을 염두에 두고 그에 따라 일정을 만들기 바란다.

요약

7장에서는 완전한 취약점 관리 시스템을 만들기 위한 첫걸음을 뗐다. OS와 기반이 되는 여러 툴을 설정했는데, 이후의 내용에서 이 툴들을 제어하는 스크립트를 작성해 활용하게 된다. 별 것 아닌 것처럼 보일지 몰라도 조그마한 출발에서 위대한 작품을 탄생시키는 법이다.

8장에서는 엔맵, cve-서치, 오픈VAS를 셸 스크립트와 파이썬으로 제어하기 전에 각각의 기능에 친숙해질 수 있게끔 이들 소프트웨어를 더 자세히 살펴본다.

8

데이터 수집 툴의 사용법

취약점 관리 시스템의 목표는 사용할 수 있는 취약점 데이터를 데이터베이스에 넣어 검색과 분석을 용이하게 하고 자동화된 보고서를 만들어내는 것이다. 기본적인 툴들을 모두 설치했지만 아직 데이터베이스는 비어 있다.

8장에서는 취약점 관리 시스템에 쓸 원천 데이터를 수집할 때 사용하는 툴을 자세히 살펴본다. 엔맵, 오픈VAS, cve-서치가 여기 포함된다. 각 툴에 기초적인 수준으로 친숙해지고자 각각의 툴을 수동으로 실행해 설정 옵션을 둘러보고 그걸로 어떤 종류의 데이터를 수집할 수 있는지 살펴본다. 툴에 이미 충분히 친숙하다면 필요한 정보를 수집하고 데이터베이스에 넣는 과정을 알아보는 9장으로 넘어가도 좋다.

툴 소개

엔맵, 오픈VAS, cve-서치 툴을 써서 모을 수 있는 정보가 겹치기는 하지만 각 툴의 목적은 꽤 많이 다르다. 커맨드라인 옵션과 XML 출력 결과의 핵심으로 들어가기 전에 세 가지 툴을 전반적인 프로그램 맥락으로 살펴보자.

엔맵

엔맵 네트워크 탐색 스캔 툴은 보안 커뮤니티에서 표도르Fyodor라고 알려졌던 프로그래머 고든 라이언Gordon Lyon이 1997년에 최초로 개발했다. 20년 이상 사용돼 오면서 엔맵은 정기적으로 개발되고 향상됐으며 보안 전문가의 툴 모음 한 가운데에 늘 자리 잡고 있다.

동작 방식

엔맵은 하나의 IP 주소나 일정 범위의 IP 주소에 다양한 패킷을 보내 그 주소에 있는 호스트에 대해 네트워크 관련 정보를 모은다. 엔맵이 보내는 특정 패킷과 그 패킷이 향하는 포트를 설정할 수 있다. 엔맵은 사용자가 구성하기에 따라 은밀하고 느리게 동작할 수도 있고 아주 빠르고 공격적인 상태로 동작할 수도 있다.

추천하는 활용 방법

네트워크 영역을 빠르게 스캔해 살아있는 호스트에 대한 정보를 발견하는 식으로 엔맵을 사용할 수 있다. 스캔한 호스트의 주소, 어떤 네트워크 포트에서 어떤 서비스를 제공하고 있는지, 어떤 OS를 실행 중인지 같은 정보를 알아낼 수 있다.

추천하지 않는 활용 방법

엔맵을 쓰면 호스트에 어떤 포트들이 열려 있는지 알 수 있지만 취약점 스캐너는 아니다. 일부 경우에 어떤 포트로 서비스 중인 서버의 특정한 버전을 엔맵이 알아낼 수도 있기는 한데, 그 정보를 알려져 있는 취약점 정보와 짝을 지어주지는 못하며 추가 테스트를 수행해 특정한 취약점이 존재하는지 알아낼 수도 없다. 엔맵은 찾아낸 호스트가 위험이 있는지 아닌지 확인하는 용도로는 충분하지 못하다. 그보다는 엔맵에서 얻어낸 정보를 사용해 향후 엔맵 자신의 결과와 비교하거나 취약점 스캔 전문 툴에서 확인되는 추가 데이터와 함께 분석의 기준으로 삼는 것이 최선의 활용 방법이다.

오픈VAS

오픈VAS는 취약점 스캐너다. 1998년에 처음 나왔던 초창기 스캐너 네서스에 뿌리를 두고 있다. 네서스의 핵심 개발자들이 설립한 테너블 네트워크 시큐리티Tenable Network Security는 2005년에 네서스를 상용 제품으로 전환했다. 그에 따라 오픈소스 개발자 여러 명이 네서스 코드 기반을 포크해 무료 오픈소스 스캐너 프로젝트를 계속 제공해왔다. 그 결과물이 현재의 오픈VAS며 상용 네서스 제품의 최근 모습과는 비슷한 점을 거의 찾아보기 어렵다. 오픈VAS는 스캐너, 관리와 일정을 담당하는 데몬, 그린본 시큐리티 어시스턴트Greenbone Security Assistant와 같은 여러 개의 독립된 구성 요소로 나뉜다. 그린본 시큐리티 어시스턴트는 스캔 설정과 실행을 쉽게 할 수 있게 도와주는 웹 기반의 프런트엔드다.

동작 방식

엔맵처럼 오픈VAS도 한 개 이상의 IP 주소로 일련의 네트워크 패킷을 보낸다. 그렇지만 엔맵과는 달리 오픈VAS는 서비스의 특정한 버전을 알아내고 알려진 공격에 취약한지 아닌지 확인할 수 있게 만들어진 패킷을 보낸다. 특정한 취약점에 대해서는 기본 버전이 점검하는 것보다 훨씬 더 공격적인 테스트를 할 수 있는 수많은 플러그인도 들어있다(취약점 스캐너의 기능의 더 자세한 내용은 3장을 참고하기 바란다).

추천하는 활용 방법

오픈VAS는 검색 대상 네트워크에 있는 호스트에서 특정한 취약점을 찾는 용도로 이상적이다. 하지만 다른 네트워크 취약점 스캐너와 마찬가지로 네트워크 취약점만 발견할 수 있을 뿐 로컬 시스템에서만 공격할 수 있는 취약점은 찾아내지 못한다. 오픈VAS로 찾아낼 수 있는 취약점에 대해서는 CVSS 점수, 공격 결과, 취약점 정보를 더 상세히 설명하는 방대한 외부 자료 목록을 포함해 중요한 배경 설명이 내부 데이터베이스에 포함돼 있다. 오픈VAS를 호스트 검색 용도로 써도 된다.

추천하지 않는 활용 방법

오픈VAS가 호스트 검색 기능을 제공하기는 하지만 OS 감식 기능은 엔맵의 기능에 비해 완전하지 못하기 때문에 검색 대상 시스템이 운영 중인 OS를 특정해 식별하지는 못할 수도 있다. 둘을 서로 보완해 함께 사용하면 네트워크 환경에 대해 더 정확한 결과를 얻을 수 있다.

오픈VAS와 상용 스캐너의 차이

오픈VAS 스캐너는 무료인데, 무료 제품이란 점이 확연히 드러난다. 커맨드라인 툴과 웹 기반이라는 두 가지 인터페이스가 완전하게 작동하지만 편리하게 사용하기에는 아쉬운 점이 많다. 신규 취약점 테스트를 개발할 예산이 영리적으로 지원되지 않는 상황에서 오픈VAS의 개발은 주로 오픈소스 커뮤니티에 맡겨져 있다. 오래된 취약점은 잘 지원되는 편이지만 새로운 취약점을 다루는 범위는 훨씬 더 좁다. 하지만 취약점 관리 프로그램에 쓸 수 있는 예산이 전혀 없는 환경에서는 이것만으로도 상당한 가치를 가진다. 한마디 덧붙이자면 100만 원 이상의 예산을 배정받아 네서스나 퀄리스 같은 상용 스캐닝 제품을 살 수 있게 되면 가장 먼저 교체해야 할 대상이다.

cve-서치

엔맵과 오픈VAS에서 자산 목록과 취약점 정보를 알게 됐으면 다음 단계는 추가 데이터 공급원을 도입하는 것이다. cve-서치 툴 모음을 통해 CVE 데이터에 대한 방대한 저장소를 로컬에 두고 이용할 수 있다.

CVE/NVD

마이터 사[Mitre Corporation]가 제공하는 CVE 목록은 권위 있는 CVE 정보 공급원이다. 미국 국립표준기술연구소[NIST]가 운영하는 국가 취약점 데이터베이스[NVD, National Vulnerability Database]는 취약점 등급, 패치 정보, 더 많은 검색 조건 같은 부수적인 취약점 정보를 추가하고 마이터의 CVE 목록의 내용은 NVD와 동기화된다. 취약점에 대한 정보를 찾고 있다면 이들 두 가지 목록을 먼저 확인해보자. 둘 다 온라인 검색 기능, 취약점 피드, 데이터베이스를 로컬에 미러링하는 옵션을 제공한다. 그렇지만 프로그램 코드를 통해 CVE 정보를 획득하고 파싱하고 싶으면 cve-서치 툴을 써서 아주 많은 시간을 절약할 수 있다.

cve-서치

cve-서치는 여러 온라인 출처(주로 CVE/NVD 저장소)에서 취약점 정보를 수집하는 파이썬 스크립트 모음집이다. 그렇게 수집한 데이터는 쉽게 조회하고 분석할 수 있게 몽고DB에 집어넣는다. 이 스크립트 모음은 취약점 데이터 분석을 자동화하는 데 관심 있는 사람들에게는 금광이나 다름없다. 여기서는 cve-서치를 사용해서 로컬 CVE 데이터베이스를 만들고 유지해보려고 한다. 그런 뒤에는 cve-서치 프런트엔드 툴을 사용하는 대신 로컬에 만든 데이터베이스를 분석용으로 직접 조회할 것이다. 그렇긴 하지만 수동으로 취약점을 검색하는 용도로 이 툴이 유용하다는 점은 유념해둘 만하다.

엔맵 스캐닝 기초

이번 실습의 목표는 엔맵 스캔과 기본적인 수준으로 친숙해지는 것이다. 이 툴을 사용해 다음과 같은 사항을 확인할 수 있다.

- 주어진 네트워크 세그먼트 내 호스트의 수
- 각 호스트의 MAC 주소(이 정보를 이용하면 호스트에 설치된 하드웨어를 알아낼 수 있음)
- 각 호스트에 열려 있는 포트와 그 포트에서 실행 중인 서비스
- 호스트에서 실행 중인 OS

주의

살아있는 호스트를 스캔하는 모든 스크립트는 스캔할 수 있는 권한이 있는 네트워크 영역이나 호스트들을 대상으로 해야 한다. 엔맵으로 하는 스캔은 일반적으로 시스템을 방해하지는 않는 편이지만 스캔되는 시스템에 문제를 일으킬 수 있다. 발생할 수 있는 위험은 리소스가 소진돼 잠깐 느려지는 정도부터 시스템 재부팅이 필요하거나 관리자가 개입해야 되는 더 심각한 문제까지 다양하다. 침투 테스트를 하다보면 네트워크 프린터를 스캔할 때 문제를 자주 마주친다. 침투로 인해 프린터가 쓰레기 내용으로 가득한 페이지를 계속해서 출력할 수도 있기 때문에 프린터를 테스트 대상에서 제외하거나 종이를 미리 비워두지 않는다면 프린터 용지를 몇 박스나 낭비하게 될지도 모른다. 소유하고 있는 시스템

이나 스캔할 권한이 있는 시스템만 스캔하자.

스캔 옵션과 출력 옵션 몇 가지를 곧 살펴보겠지만 그 정도로는 엔맵의 기능을 수박 겉핥기식으로 살짝 맛본 정도에 지나지 않는다. 엔맵 매뉴얼을 정독해(명령 프롬프트에서 man nmap이라고 실행하면 된다) 기능을 모두 공부해보는 것을 강력히 추천한다.

기본적인 스캔 실행

엔맵이 어떻게 동작하고 어떤 종류의 정보를 수집할 수 있는지 이해하는 가장 좋은 방법은 자신의 네트워크 영역을 대상으로 기본 스캔을 해보는 것이다. 나는 로컬 테스트 네트워크인 10.0.1.0/24 영역을 사용했다. 스캔 대상 영역 외에 아무 매개변수도 붙이지 않고 엔맵을 실행하면 기본 스캔을 한다.

```
# nmap 10.0.1.0/24
```

이 명령으로 대상 네트워크 영역에 있는 각 주소를 대상으로 1,000개의 가장 흔히 사용되는 포트를 스캔한다. 결과는 리스트 8-1에 있는 것과 비슷하게 나올 것이다.

참고 권한이 없는 사용자도 위 스캔을 실행할 수는 있지만 루트 권한으로 실행할 때 더 많은 정보를 수집할 수 있다. 예를 들어 권한 없이 스캔을 실행하면 리스트 8-1에서 MAC 주소 관련 출력은 나오지 않는다.

리스트 8-1: 루트 사용자로 실행했을 때 기본 상태의 엔맵 결과

```
  --중략--
❶Nmap scan report for 10.0.1.4
❷Host is up (0.0051s latency).
  Not shown: 997 filtered ports
❸PORT     STATE  SERVICE
  22/tcp   open   ssh
  88/tcp   open   kerberos-sec
  5900/tcp open   vnc
❹MAC Address: B8:E8:56:15:68:20 (Apple)

  Nmap scan report for 10.0.1.5
  Host is up (0.0032s latency).
  Not shown: 996 filtered ports
  PORT     STATE  SERVICE
  135/tcp  open   msrpc
  139/tcp  open   netbios-ssn
  445/tcp  open   microsoft-ds
  5357/tcp open   wsdapi
  MAC Address: 70:85:C2:4A:A9:90 (ASRock Incorporation)

  --중략--
❺Nmap done: 256 IP addresses (7 hosts up) scanned in 663.38 seconds
  --중략--
```

출력은 호스트별로 구분된다❶. 각 호스트별로 호스트가 켜져 있는지 보여주고 응답 시간이 얼마나 걸리는지 알려주며❷ 열려있는 포트와 그 포트에서 실행하고 있는 서비스를 표시하고❸ MAC(네트워크 하드웨어) 주소를 알아낼 수 있으면 알려준다❹. 권한이 없는 사용자로 엔맵을 실행하거나 스캔 대상 기기가 다른 서브넷에 있으면 MAC 정보는 알아낼 수 없다. 그리고 스캔된 호스트들의 전체 요약 정보와 엔맵이 스캔을 완료하기까지 걸린 시간이 표시된다❺.

기본 옵션만 사용하더라도 스캔하는 시스템에 대해 상당히 많은 것을 알아낼

수 있다. 하지만 엔맵은 훨씬 더 많은 데이터를 뽑아낼 수 있다.

엔맵 플래그 사용법

nmap 명령의 플래그를 사용하면 네트워크에 대해 더 많은 것을 알아낼 수 있고 스캔 결과물의 형식을 다르게 할 수도 있다.

-v를 붙여 상세 정보 표시

-v 플래그를 붙이면 스캔 결과를 상세하게 표시한다. 엔맵이 자신이 하고 있는 일을 장황하고 수다스럽게 보여준다는 뜻이다.

```
# nmap -v 10.0.1.0/24
```

스캔 진행 상황을 모니터링할 수 있는 정보를 더 보려면 한 줄에 v 플래그를 3개까지 연달아 붙여도 되고 -v3라고 써도 된다. 예를 들어 앞에서 했던 스캔에 -vvv를 더 붙이면 리스트 8-2 같은 결과가 표시된다.

리스트 8-2: 상세 표시 옵션을 쓴 엔맵의 결과에는 디버깅과 진행 상황 관련 정보가 표시된다.

```
# nmap -vvv 10.0.1.0/24
Starting Nmap 7.01 ( https://nmap.org ) at 2020-03-04 10:42 PST
Initiating ARP Ping Scan at 10:42
Scanning 255 hosts [1 port/host]
adjust_timeouts2: packet supposedly had rtt of -137778 microseconds. Ignoring time.
adjust_timeouts2: packet supposedly had rtt of -132660 microseconds. Ignoring time.
adjust_timeouts2: packet supposedly had rtt of -54309 microseconds. Ignoring time.
adjust_timeouts2: packet supposedly had rtt of -59003 microseconds. Ignoring time.
adjust_timeouts2: packet supposedly had rtt of -59050 microseconds. Ignoring time.
Completed ARP Ping Scan at 10:43, 3.26s elapsed (255 total hosts)
```

```
Initiating Parallel DNS resolution of 255 hosts. at 10:43
Completed Parallel DNS resolution of 255 hosts. at 10:43, 0.02s elapsed
DNS resolution of 16 IPs took 0.02s. Mode: Async [#: 1, OK: 11, NX: 5, DR: 0,
SF: 0, TR: 16, CN: 0]
Nmap scan report for 10.0.1.0 [host down, received no-response]
Nmap scan report for 10.0.1.2 [host down, received no-response]
Nmap scan report for 10.0.1.3 [host down, received no-response]
Nmap scan report for 10.0.1.4 [host down, received no-response]
--중략--
SYN Stealth Scan Timing: About 10.98% done; ETC: 13:37 (0:04:11 remaining)
Increasing send delay for 10.0.1.7 from 40 to 80 due to 11 out of 27 dropped
probes since last increase.
Increasing send delay for 10.0.1.18 from 40 to 80 due to 11 out of 23 dropped
probes since last increase.
--중략--
```

일반적인 상황에서 이렇게까지 만들어진 정보는 분석가에게 중요하지 않을 것이다. 하지만 스캔이 잘되지 않을 때에는 상세 정보를 표시하게 하면 어떤 문제가 있는지 분석하는 데 도움이 된다.

-O를 붙여 OS 지문 정보 확인

아주 유용한 다른 플래그가 하나 더 있는데, -O를 붙이면 엔맵이 네트워크 트래픽의 OS 고유 정보를 들여다보고 스캔되고 있는 시스템에서 어떤 OS가 실행되고 있는지 알아낸다.

```
# nmap -O 10.0.1.5
```

사람마다 독특한 고유의 지문을 갖고 있듯이 운영체제도 OS 고유의 특성이 섞여 있으며 때에 따라 특정 버전을 가리키는 정보나 심지어 OS 패치 수준을 알려주는 특성을 갖기도 한다. 하지만 이런 정보가 항상 맞다고 보장하지는 못한다. 예를 들면 맞춤형으로 만들어진 네트워크 스택은 지문을 교체해 OS 탐지를 방해하기도 한다. 약간 숙달된 프로그래머 정도면 어떤 시스템에 완전히 다른 OS가 있는 것처럼 보이도록 고의로 네트워크 트래픽 모양을 변형할 수 있다. 그럼에도 OS 지문 확인은 자산 데이터베이스 구축에 매우 유용한 데이터가 되곤 한다.

리스트 8-3은 -O 플래그를 사용한 결과를 보여준다.

리스트 8-3: OS 지문을 검사한 엔맵 출력

```
Nmap scan report for 10.0.1.5
Host is up (0.0035s latency).
Not shown: 996 filtered ports
PORT      STATE  SERVICE
135/tcp   open   msrpc
139/tcp   open   netbios-ssn
445/tcp   open   microsoft-ds
5357/tcp  open   wsdapi
MAC Address: 70:85:C2:4A:A9:90 (ASRock Incorporation)
❶Warning: OSScan results may be unreliable because we could not find at least
1 open and 1 closed port
Device type: general pupose|phone|specialized
❷Running (JUST GUESSING): Microsoft Windows Vista|2008|7|Phone|2012 (93%),
FreeBSD 6.X (86%)
OS CPE: cpe:/o:microsoft:windows_vista::-
cpe:/o:microsoft:windows_vista::sp1
cpe:/o:microsoft:windows_server_2008::sp1 cpe:/o:microsoft:windows_7
cpe:/o:microsoft:windows cpe:/o:microsoft:windows_8
cpe:/o:microsoft:windows_server_2012 cpe:/o:freebsd:freebsd:6.2
❸Aggressive OS guesses: Microsoft Windows Vista SP0 or SP1, Windows Server 2008
SP1, or Windows 7 (93%), Microsoft Windows Vista SP2, Windows 7 SP1, or Windows
Server 2008 (93%), Microsoft Windows Phone 7.5 or 8.0 (92%), Windows Server 2008
R2 (92%), Microsoft Windows 7 Professional or Windows 8 (92%), Microsoft Windows
```

```
Embedded Standard 7 (91%), Microsoft Windows Server 2008 SP1 (91%), Microsoft
Windows Server 2008 R2 (90%), Microsoft Windows 7 (89%), Microsoft Windows 8
Enterprise (89%)
No exact OS matches for host (test conditions non-ideal).
Network Distance: 1 hop
```

엔맵이 지문 검사에 확신이 들지 않을 경우 그렇다고 확실하게 알려준다❶. 그럼에도 엔맵은 실행 중인 OS를 최대한 근접하게 추측해서 알려주며❷, 그렇게 추측한 OS 정보에 **일반 플랫폼 명명법**CPE, Common Platform Enumeration(OS와 소프트웨어 패키지에 대한 표준화된 명칭 표기법)에 따른 명칭도 제공한다. 좀 더 공격적으로 추측한 결과도 알려주는데❸, 이 정보는 호스트에서 실행 중인 윈도우가 어떤 버전인지도 정확하게 알아내려고 여러 가지 시도를 한 결과다. 예제에 나오는 시스템은 윈도우 10을 실행하고 있었다.

엔맵의 '공격적' 설정

'공격적으로' 설정하는 플래그 `-A`는 버전 탐지를 통한 OS 지문 확인 옵션과 스크립트 스캔을 결합하는 것으로, `-O -sV --script=default --traceroute`라는 플래그를 조합한 것과 동일하다. 이렇게 하면 호스트에 대해 더 많은 정보를 제공한다. 이는 침입 방식의 스캔이기 때문에 어떤 시스템이 공격적 스캔의 대상이 될 경우 해당 시스템의 소유자는 이 스캔을 적대적인 행위로 간주할 가능성이 꽤 있다. 리스트 8-4는 이전과 동일한 10.0.1.5 호스트에서 `-A` 플래그를 붙여 출력한 예다.

리스트 8-4: 공격적 스캐닝을 한 nmap 출력

```
# nmap -A 10.0.1.5
--중략--
Nmap scan report for 10.0.1.5
```

```
Host is up (0.0035s latency).
Not shown: 996 filtered ports
PORT      STATE  SERVICE       VERSION
135/tcp   open   msrpc         Microsoft Windows RPC
139/tcp   open   netbios-ssn   Microsoft Windows 98 netbios-ssn
445/tcp   open   microsoft-ds  Microsoft Windows 7 or 10 microsoft-ds
5357/tcp  open   http          Microsoft HTTPAPI httpd 2.0 (SSDP/UPnP)
❶ |_http-server-header: Microsoft-HTTPAPI/2.0
|_http-title: Service Unavailable
MAC Address: 70:85:C2:4A:A9:90 (Unknown)
--중략--
Host script results:
|_nbstat: NetBIOS name: GAMING-PC, NetBIOS user: <unknown>, NetBIOS MAC:
d8:cb:8a:17:99:80 (Micro-star Intl)
| smb-os-discovery:
❷ |   OS: Windows 10 Home 10586 (Windows 10 Home 6.3)
|   OS CPE: cpe:/o:microsoft:windows_10::-
|   NetBIOS computer name: GAMING-PC
|   Workgroup: WORKGROUP
|_  System time: 2020-05-01T16:44:35-04:00
| smb-security-mode:
|   account_used: guest
|   authentication_level: user
|   challenge_response: supported
|_  message_signing: disabled (dangerous, but default)
|_smbv2-enabled: Server supports SMBv2 protocol

TRACEROUTE
HOP  RTT      ADDRESS
1    3.53 ms  10.0.1.5
```

이 예에서는 NetBIOS 확인처럼 더 공격적인 스캔을 해서 호스트에서 실행 중인 윈도우의 실제 버전을 알아냈다❷. 공격적 스캔으로 5357 포트에서 실행하고 있는 HTTP 서버에 대해 추가 정보도 알아낼 수 있었다❶.

-o 플래그로 출력 형식 변경

이 책에서 특히 중요하게 소개하려는 것은 **-o** 플래그인데, 이를 이용하면 기본 형식(-oN), XML(-oX), 그렙grep 가능한 텍스트(-oG)로 출력할 수 있다. **-oS** 플래그를 쓰면 '해킹 초심자script kiddie'형식으로 출력할 수도 있는데, 색다른 형식일 뿐 아니라 이 책의 독자들에게 그리 유용하지는 않을 것 같다.

XML 플래그를 사용하면 XML을 인식하는 파이썬 스크립트로 쉽게 파싱할 수 있는 형식으로 스캔 결과를 출력할 수 있다. 앞에서 스캔했던 같은 호스트에 다음 명령을 사용해 XML 형식으로 출력해보자.

```
# nmap -oX output.xml 10.0.1.5
```

엔맵이 실행되면서 화면에는 약간 간단한 출력만 표시된다. 하지만 실제 XML 출력은 output.xml에 기록되니 파일을 열어 들여다보면 리스트 8-5 같은 내용을 확인할 수 있다.

리스트 8-5: XML 형식의 엔맵 스캔 출력

```
# cat output.xml❶ | xmllint --format -❷
❸<?xml version="1.0" encoding="UTF-8"?>
<!DOCTYPE nmaprun>
<?xml-stylesheet href="file:///usr/bin/../share/nmap/nmap.xsl"
type="text/xsl"?>
<!-- Nmap 7.01 scan initiated Sat Apr 4 09:26:56 2020 as: nmap -oX output.xml
10.0.1.5 -->
❹<nmaprun scanner="nmap" args="nmap -oX output.xml 10.0.1.48"
start="1523118416" startstr="Sat Apr 4 09:26:56 2020" version="7.01"
xmloutputversion="1.04">
  ❺ <scaninfo type="syn" protocol="tcp" numservices="1000"
    services="1,3-4,6-7,9,13,17,19-26,
--중략--
```

```
    64623,64680,65000,65129,65389"/>
  <verbose level="0"/>
  <debugging level="0"/>
  <host starttime="1523118416" endtime="1523118436">
    <status state="up" reason="arp-response" reason_ttl="0"/>
  ❻ <address addr="10.0.1.48" addrtype="ipv4"/>
  ❼ <address addr="70:85:C2:4A:A9:90" addrtype="mac"/>
  ❽ <hostnames>
    </hostnames>
    <ports>
      <extraports state="filtered" count="996">
        <extrareasons reason="no-responses" count="996"/>
      </extraports>
    ❾ <port protocol="tcp" portid="135">
        <state state="open" reason="syn-ack" reason_ttl="128"/>
        <service name="msrpc" method="table" conf="3"/>
      </port>
--중략--
    </ports>
    <times srtt="1867" rttvar="254" to="100000"/>
  </host>
❿ <runstats>
    <finished time="1523118436" timestr="Sat Apr 4 09:27:16 2020"
elapsed="20.14" summary="Nmap done at Sat Apr 4 09:27:16 2020; 1 IP address (1
host up) scanned in 20.14 seconds" exit="success"/>
    <hosts up="1" down="0" total="1"/>
  </runstats>
</nmaprun>
```

cat 명령❶을 써서 파일 내부를 들여다보자. xmllint 명령❷은 출력물에 적당하게 들여쓰기를 적용해 더 읽기 좋게 만들어준다. xmllint 명령에 뒤따라오는 -는 STDIN에서 입력을 받아들이도록 지시하는 것으로, 앞 명령의 출력을 파이프라인 처리해 여기서 입력으로 쓴다.

맨 앞부분 몇 줄❸은 헤더를 구성하는 부분인데, 굳이 이해하려고 애쓸 필요는 없다. 다음은 스캔에 대한 기본적인 정보로, 이 출력물을 만들 때 사용한 커맨드라인과 이를 언제 실행했는지와 같은 내용을 포함한다❹. 그러고 나서는 스캔 매개변수들이 추가로 나오며 엔맵이 확인한 특정 포트들이 모두 나열된다❺. IP 주소❻와 MAC 주소❼가 표시되고, 엔맵이 이 호스트에서 탐지한 호스트 이름이 모두 표시된다❽. 여기 예제로 쓴 스캔에서는 호스트 이름이 없지만 있었다면 다음과 같은 형태로 출력된다.

```
<hostnames>
  <hostname name="scanme.nmap.org" type="user"/>
  <hostname name="scanme.nmap.org" type="PTR"/>
</hostnames>
```

그다음에 나오는 결과가 아주 재미있는데, 엔맵이 찾아낸 열려 있는 각 포트에 대한 상세 정보다. TCP 포트 135가 열려있다❾. 탐지한 이후에 SYN-ACK 패킷을 수신했기 때문에 포트가 열려있음을 알게 됐고, 여기에서 오는 패킷의 유효기간TTL, Time-To-Live이 128홉이며, 마이크로소프트 원격 프로시저 호출MSRPC, Microsoft Remote Procedure Call 프로토콜을 실행하고 있음을 보여준다. 출력 결과에는 발견된 호스트 개수와 스캔 실행에 걸린 시간 같은 전반적인 실행 통계도 포함된다❿.

기능 변경과 확장

엔맵의 갖가지 옵션으로 스캔하는 실험을 해보고 각자의 환경에 가장 나은 방식의 옵션 조합을 찾아볼 것을 강력하게 추천한다. 네트워크에 과부하를 주지 않고 스캔하는 시스템에 문제를 일으키지 않으면서 유용한 정보를 만들어내는 조합을 찾아야 한다. 다음과 같이 시작해보자.

- **다른 스캔 형식:** 기본값인 SYN 스캔 대신 다른 것을 시도해본다.

- **스캔 속도:** 특히 저대역폭 연결에서 네트워크에 장애가 생기지 않게 스캔 작업을 제한한다.
- **다른 OS-지문 확인 옵션:** 스캔하는 기기와 전체 네트워크 구성에 따라 특정 옵션을 쓰면 다른 옵션을 쓸 때보다 더 효과적일 수 있다.

아주 많은 양의 다양한 엔맵 스캔을 할 계획이 있으면서 긴 셸 명령 작성을 반복하지 않고 간단한 방법을 원한다면 엔맵 전용 그래픽 프런트엔드인 젠맵Zenmap이 유용하다. 젠맵은 편하게 왔다 갔다 하면서 열람할 수 있는 형태로 출력을 만들어주기 때문에 스캔 결과를 쉽게 소화하는 데 도움이 될 수 있다.

오픈VAS 기초

이 절에서는 웹 GUI(그린본 시큐리티 어시스턴트)와 커맨드라인에서 오픈VAS로 스캔을 실행하는 것에 불편이 없게끔 기본적인 내용을 소개한다. 오픈VAS는 사용자에게 친절한 툴이 아니라서 스캔을 실행하고 결과 데이터를 분석하는 작업을 시작하기 전에 옵션에 익숙해지는 것이 중요하다.

여기서는 오픈VAS 자습서처럼 종합적으로 다루지는 못한다. 하지만 취약점 관리 시스템에서 쓸 수 있는 XML 스캔 결과를 만들어낼 정도는 되도록 웹과 커맨드라인 인터페이스에 충분히 친숙해지게 도움을 주고자 한다.

웹 GUI를 이용한 기본적인 오픈VAS 스캔 실행

여기서는 그린본 웹 GUI에서 기본적인 오픈VAS 스캔을 실행하는 방법을 알아보고 다음 절에서는 커맨드라인에서 스캔을 실행해본다.

https://localhost:4000/으로 접속해 그린본에 로그인한다. 기본 사용자 ID와 패스워드는 모두 `admin`이다. 당연히 계정 정보를 바꿔 쓸 것이라고 믿겠다. 그린본은 스스로 서명한 **전송 계층 보안**TLS, Transport Layer Security 인증서를 사용하기 때문에 사이트를 신뢰할 수 없다고 웹 브라우저에 경고가 나타날 가능성이 크다. 원래 그런 것이니 당황하지 말고 몇 번 클릭해 로그인 페이지까지 진행한다. 로그인에 성공하면 텅 비어 있는 그린본 대시보드가 보인다. 스캔을 실행하고 환경에 대한 정보가 만들어지면 여러 정보로 대시보드를 채운다(그림 8-1).

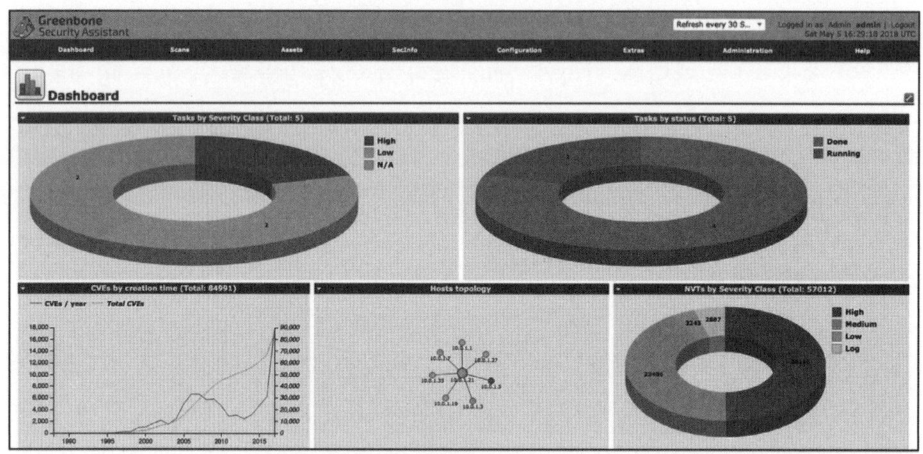

그림 8-1: 스캔을 실행한 후의 그린본 대시보드

스캔을 실행하고 결과를 볼 수 있는 Scans 탭을 가장 많이 쓰게 된다.

대상과 세부 항목 설정

스캔 작업은 Tasks 탭에서 설정하는데, 그 전에 먼저 Configuration 탭에서 스캔 대상을 정하고 세부 사항을 설정해야 한다.

Configuration 탭에 있는 Targets 페이지의 왼쪽 위에 조그만 별 모양 아이콘이 있는데, 이것이 새 항목 작성을 나타내는 버튼이다(그림 8-2 참고). 별 버튼을 눌러 스캔 대상을 새로 만들어보자.

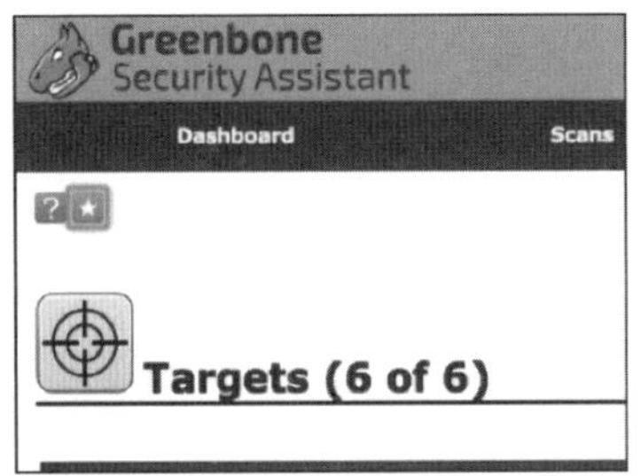

그림 8-2: 스캔 대상 설정

별 모양을 클릭하면 New Target 설정 페이지가 표시된다(그림 8-3 참고).

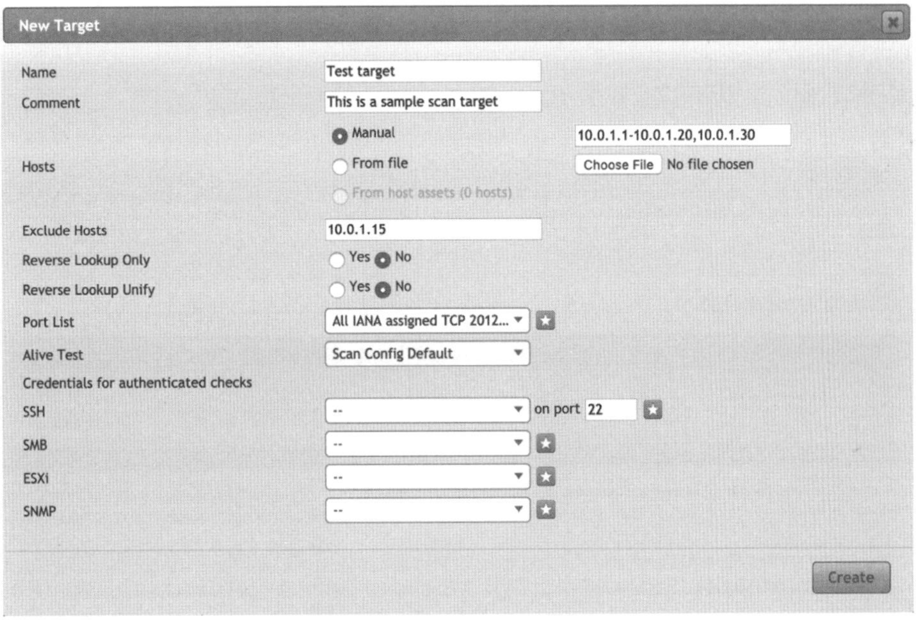

그림 8-3: New Target 설정 페이지

설정 창에는 옵션이 꽤 많이 있지만 여기서는 기본적인 사항에만 집중해 알아보자. 대상의 이름을 붙이고 원하는 경우 설명도 추가한다. 가장 중요한 옵션은 Hosts 항목이며, 스캔하고 싶은 호스트들을 쉼표로 구분해 입력한다. 호스트를 지정하려면 다음 중 어느 하나의 방법을 써도 되고 이들을 조합해도 된다.

- IP 주소
- CIDR IP 범위
- 대시(-)로 표시한 범위(예를 들어 10.0.1.1-10.0.1.3이라고 쓰면 10.0.1.1, 10.0.1.2, 10.0.1.3을 가리킨다)

바로 아래에 있는 항목은 하나 또는 그 이상의 호스트를 제외하는 옵션이다. Hosts 항목과 같은 형식을 사용해 스캔하고 싶지 않은 IP 주소를 제외할 수 있다. 지금은 이 페이지의 나머지 항목들은 기본값으로 둔다. 이제 Create 버튼을 누른다.

Configuration 하위 메뉴인 Scan Configs를 선택하면 기본 내장된 다양한 스캔 설정도 볼 수 있다(그림 8-4 참고).

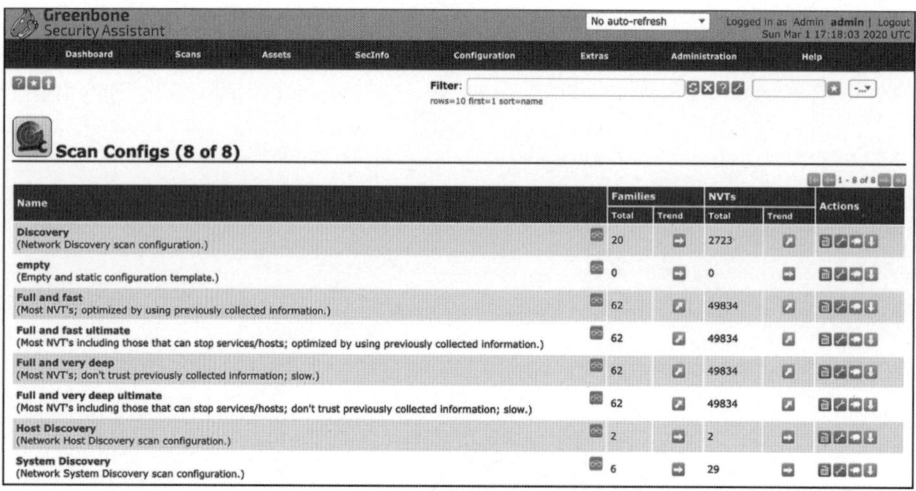

그림 8-4: Scan Configs 화면

이러한 스캔 형식 중 하나를 골라 각자의 환경에 맞게 변경하고 싶을 수도 있겠다. 하지만 여기서는 Full and fast를 사용하는 것으로 고수할 생각이다. 빠른 스캔과 철저한 스캔을 적절히 절충한 형식이다.

작업 생성

이제 대상도 정했고 사용할 스캔 구성도 설정했으니 스캔 작업을 만들 수 있다. Scans ▸ Tasks로 돌아가서 왼쪽 위에 있는 별 모양 아이콘을 누르면 새 작업을 생성할 수 있다. 이렇게 하면 그림 8-5에 표시한 것 같은 구성 메뉴가 열린다.

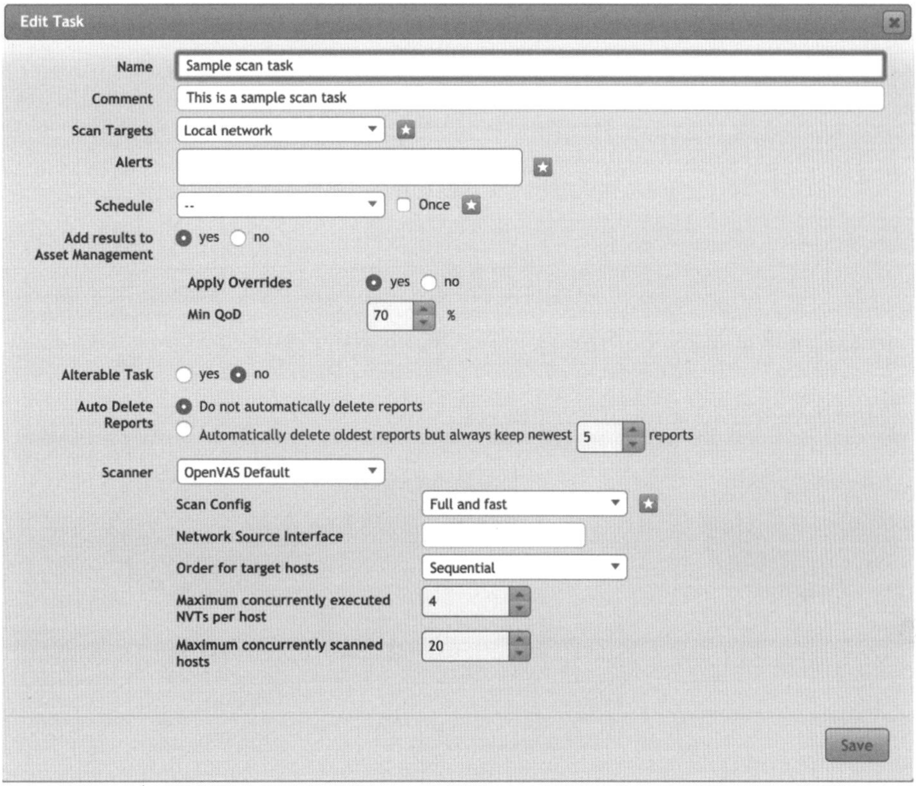

그림 8-5: 새 스캔 작업

대상 설정 때와 아주 비슷하게 지금으로서는 그림 8-5에 보이는 것처럼 설정 변경은 최소화할 것을 권한다. 작업에 이름을 붙이고 방금 만들었던 스캔 대상을 선택한다. 설정 창에서 쭉 내려가 Scan Config 항목에서 Full and fast를 선택하고 Create를 클릭한다.

새로 만들어 따끈따끈한 스캐닝 작업이 하나 생겼다. 이제는 작업 목록의 오른쪽에 있는 삼각형 모양 play 아이콘을 클릭해(그림 8-6 참고) 오픈VAS가 작업을 시작하게 할 수 있다.

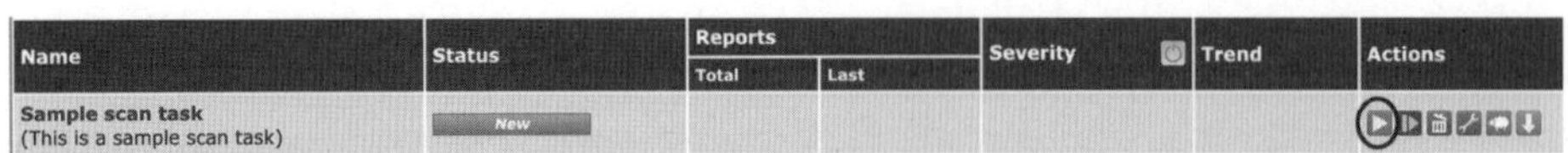

그림 8-6: 새 작업

Scans ▶ Tasks 창에는 모든 작업이 나열되며 각 작업별로 발견된 취약점의 심각성 정도와 마지막으로 작업을 완료한 시각 같은 몇 가지 정보가 표시된다(그림 8-7 참고).

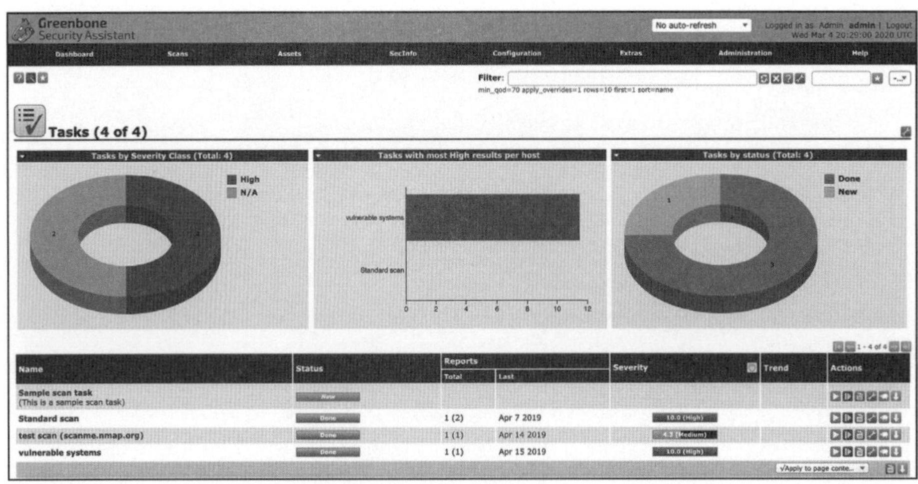

그림 8-7: 몇 개의 작업을 추가한 후 Scans ▶ Tasks 창의 모습

이제 스캔을 시작했으니 Scans ▶ Reports 페이지에서 진행 경과를 지켜볼 수 있다. 스캔을 방금 시작했더라도 이미 정보가 약간 나오고 있을 가능성이 꽤 높다. 스캔하고 있는 호스트의 수에 따라 스캔을 완료하기까지 몇 시간이 걸릴 수도 있다.

스캔 결과 추출

보고서 상태에 Done이라고 표시되면 스캔이 완료된 것으로, 보고서를 추출할 수 있다. XML 형식의 보고서를 데이터베이스로 집어넣는 것을 9장에서 해보겠지만 먼저 보고서를 만들어야 한다.

그린본에서 보고서를 만드는 가장 쉬운 방법은 Scans ▶ Reports 페이지에서 보고서를 내보내는 것이다. Date 열에서 추출하고 싶은 보고서를 클릭하고 아이콘 옆에 있는 드롭다운 박스가 XML이나 Anonymous XML로 설정됐는지 확인하고 다음을 가리키는 화살표 아이콘을 눌러 보고서를 다운로드한다(그림 8-8 참고).

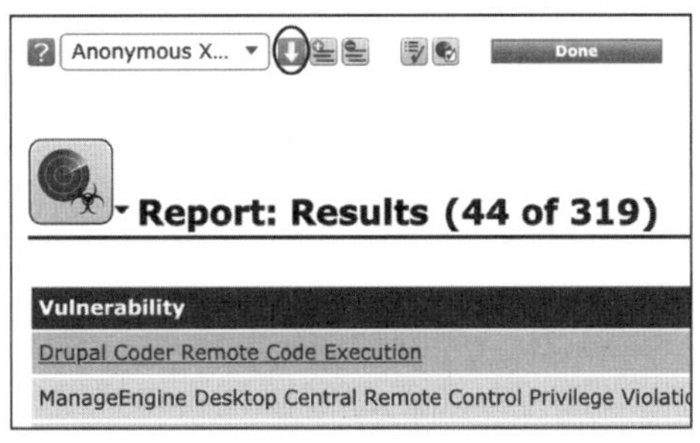

그림 8-8: 보고서 추출

이렇게 만들어진 결과 파일은 텍스트 편집기나 XML 편집기에서 볼 수 있다.

커맨드라인에서 기본적인 스캔 실행

그린본 웹 GUI를 통해 오픈VAS 대상, 작업, 스캔 보고서를 생성하는 방법은 알게 됐다. 그렇지만 자동화된 스캔 작업을 취약점 관리 프로그램의 다른 부분과 통합하려면 오픈VAS와 함께 설치되는 omp라는 커맨드라인 툴을 사용해야 한다. 그렇게 하면 스캔 결과 출력을 취약점 데이터베이스에 넣을 때 사용하는 스크립트와 함께 스캔을 실행하는 일정을 만들 수 있다(9장 참고).

omp가 작동하게 하려면 openvas-manager와 openvas-gsd에서 쓰는 init 스크립

트를 수정해야 한다. 오픈VAS의 패키지 버전은 네트워크 포트가 아니라 유닉스 소켓에서 명령을 수신하게 설정돼 있기 때문이다. 아쉽게도 omp는 네트워크 포트에서만 통신이 가능하기 때문에 이 설정을 반드시 수정해야 한다. 방법은 /etc/init.d/openvas-manager에서 DAEMON_ARGS 변수를 찾아 DAEMON_ARGS="-a 127.0.0.1 -p 9390"으로 변경하면 된다.

다음에는 /etc/init.d/openvas-gsa에서 DAEMON_ARGS 행을 찾아 DAEMON_ARGS= "--mlisten 127.0.0.1 -m 9390"으로 수정한다.

그러고 나서 init 스크립트를 다시 로드한 뒤(systemctl daemon-reload) openvas-manager를 재시작하고(service openvas-manager restart) openvas-gsd를 재시작한다(service openvas-gsa restart).

~/omp.config에서 사용자 ID와 패스워드를 지정한다. 웹 GUI에서 사용하는 것과 같으니 ID admin과 패스워드 admin을 다르게 변경했던 것을 사용한다. 작업을 일정으로 걸어 실행할 때에는 다음에 나오는 코드에서 보듯이 커맨드라인 옵션 -c를 사용해 앞서 살펴본 설정 파일을 가리키게 한다. 이렇게 함으로써 cron에서 실행할 때 scanuser라는 사용자로 실행하든 그렇지 않든 관계없이 omp가 정확한 설정 파일을 찾게 한다.

```
$ omp -c /home/scanuser/omp.config -X "<help></help>"
```

이제 오픈VAS 커맨드라인 툴을 실행할 준비를 마쳤으니 몇 가지 스캔을 구성해 테스트해보자.

커맨드라인 툴 테스트

오픈VAS는 입력과 출력 형식으로 XML을 사용하는데, --xml이나 -x 플래그를 사용해 omp에 명령 구문을 XML 블록 형태로 보낸다는 뜻이다.

간단한 명령을 보내고 리스트 8-6에 보이는 것 같은 결과가 만들어지는지 확인해 omp를 테스트해보자.

리스트 8-6: omp 테스트

```
$ omp -X "<help></help>"
<help_response status_text="OK" status="200">
  AUTHENTICATE          Authenticate with the manager.
  COMMANDS              Run a list of commands.
  CREATE_AGENT          Create an agent.
  CREATE_ALERT          Create an alert.
  CREATE_ASSET          Create an asset.
  CREATE_CONFIG         Create a config.
  CREATE_CREDENTIAL     Create a credential.
--중략--
  VERIFY_REPORT_FORMAT  Verify a report format.
  VERIFY_SCANNER        Verify a scanner.
</help_response>
```

응답의 첫 번째 행에 status="200"과 다른 결과가 나온다면 자격증명이 맞지 않았을 가능성이 크다. ID와 패스워드가 맞는지 보고 문제가 계속 나타날 경우 7장의 오픈VAS 설치 단계로 되돌아가 다시 점검해보고 '오픈VAS 업데이트' 절에 있는 단계를 그대로 따라 했는지도 확인하기 바란다.

omp 스캔 작업 작성

이미 그린본을 통해 스캔 대상을 작성하고 스캔 설정을 만들었기 때문에 이를 이용해 커맨드라인에서 스캔을 시작할 수 있다. 웹 GUI를 사용해서 스캔 대상과 설정을 만들어 테스트하고 나서 스캔을 일정으로 걸고 보고서를 만드는 것은 XML을 사용해 커맨드라인에서 가급적 최소한의 작업만 하는 편이 훨씬 더 쉽다.

참고 XML 전체 명령 해설서는 http://docs.greenbone.net에서 볼 수 있다.

사용할 수 있는 대상과 설정 목록을 보려면 리스트 8-7에 나오듯이 omp에 -T와 -g 플래그를 쓰면 된다.

리스트 8-7: 대상과 스캔 설정 ID 보기

```
$ omp -T
❶ c8f84568-94ea-4528-b049-56f4029c1368 Target for immediate scan of IP 
10.0.1.0/24
7fc8000a-28f7-45ea-bd62-9dec89a1f679 Target for immediate scan of IP 10.0.1.1
a6f26bd5-f1e3-4fd3-88fc-8aa65dd487bc Target for immediate scan of IP 10.0.1.7
206a5a14-ab30-462c-b191-440a30daeb17 Target for immediate scan of IP 10.0.1.8
6539fd3c-871c-43ff-be9c-9768e6bebddd test target
$ omp -g
❷ 8715c877-47a0-438d-98a3-27c7a6ab2196 Discovery
085569ce-73ed-11df-83c3-002264764cea empty
daba56c8-73ec-11df-a475-002264764cea Full and fast
698f691e-7489-11df-9d8c-002264764cea Full and fast ultimate
708f25c4-7489-11df-8094-002264764cea Full and very deep
74db13d6-7489-11df-91b9-002264764cea Full and very deep ultimate
2d3f051c-55ba-11e3-bf43-406186ea4fc5 Host Discovery
bbca7412-a950-11e3-9109-406186ea4fc5 System Discovery
```

omp에 -T 플래그를 붙이면 설정돼 있는 스캔 대상이 **범용 고유 식별자**UUID, Universally Unique Identifier와 함께 목록으로 표시된다❶. omp -g 플래그는 설정돼 있는 스캔 형식을 역시 그에 해당하는 UUID와 함께 목록으로 보여준다❷. 이렇게 나열되는 대상과 설정 ID를 갖고 리스트 8-8에 보이는 것처럼 -C 플래그를 사용해 스캔 작업을 만든다.

리스트 8-8: 작업 생성 후 작업 ID 표시

```
$ omp -C --target=c8f84568-94ea-4528-b049-56f4029c1368--config=698f691e-
7489-11df-9d8c-002264764cea --name="Scan Task"
❶ dd3617ce-868f-457a-a2f8-bfb7bdb1b8ff
```

같은 과정을 XML 명령을 써서 할 수도 있지만 -C 형식을 쓰는 것이 훨씬 더 간단하다. 응답으로 받는 것은 오픈VAS 작업을 가리키는 UUID다. 작업이란 스캔 설정과 스캔 대상을 합친 것이라고 생각해도 되겠다. 리스트 8-9에 표시한 것처럼 필요할 때 해당 UUID❶를 지정해 실행하는 방식으로 작업을 시작할 수 있다.

리스트 8-9: 작업 시작

```
$ omp --start-task dd3617ce-868f-457a-a2f8-bfb7bdb1b8ff
<start_task_response status_text="OK, request submitted" status="202">
<report_id> 4dc106f1-cf3a-47a1-8a71-06b25d8d2c70</report_id></start_task_response>
```

작업이 완료되면 작업 결과를 보고자 report_id가 필요하다. 스캔이 동작하고 있는 중인지 알아내는 가장 쉬운 방법은 그린본에서 Tasks 페이지를 보는 것이다. 페이지 맨 아래쪽에 있는 표에서 진행 중인 작업을 보면 된다(그림 8-9 참고).

그림 8-9: 실행 중인 스캔 작업

--get_tasks 명령을 써서 스캔 작업의 진행 경과를 확인할 수도 있는데, 이렇게 하면 스캔의 현재 상태를 엄청나게 상세히 설명해준다. 리스트 8-10에서는 분량을 많이 줄여 예제를 표시했다.

리스트 8-10: omp get_tasks 출력

```
$ omp --get-tasks dd3617ce-868f-457a-a2f8-bfb7bdb1b8ff|xmllint --format -
<?xml version="1.0"?>
<get_tasks_response status_text="OK" status="200">
  <apply_overrides>0</apply_overrides>
  <task id="dd3617ce-868f-457a-a2f8-bfb7bdb1b8ff">
--생략--
  ❶ <status>Running</status>
--생략--
</get_tasks_response>
```

status XML 값❶이 Running에서 Done으로 바뀌면 스캔을 마쳤다는 뜻이다. 리스트 8-5에서와 마찬가지로 xmllint를 사용해 출력 XML의 형태를 바꿔 더 읽기 좋은 레이아웃으로 만든다.

스캔이 끝나면 리스트 8-11에 표시한 것처럼 omp --get-report 명령을 써서 XML 형태로 보고서를 받을 수 있다.

리스트 8-11: 보고서 추출

```
$ omp --get-report 4dc106f1-cf3a-47a1-8a71-06b25d8d2c70|xmllint --format - > output.xml
```

리스트 8-11에서는 >를 사용해 출력을 파일로 리다이렉트한다. 스캔 도중에도 언제든지 이 명령을 실행해도 되지만 보고서는 완성되지 않는다. 출력 XML 파일에는 scan_run_status라는 필드가 있어 이 필드의 값이 Running에서 Done으로 바뀌면 전체 보고서가 완성됐는지 알 수 있다. 이 XML 출력 형식은 9장에서 더 자세히 알아본다.

기능 변경과 확장

기업 내에 보안 분석가가 한 명 이상 있는 경우에는 그린본 웹 인터페이스에서 계정을 추가로 설정하거나 LDAP/RADIUS 인증과 통합해 다른 사람도 스캔 대상을 설정하고, 스캔을 실행하고, 결과를 볼 수 있게 할 수 있다.

SSH를 설정하고 다른 계정을 만들어 더 면밀하게 스캔을 할 수도 있다. 오픈VAS가 서비스로 로그인해 심도 있는 스캔을 하는 것도 가능해진다. 이렇게 계정을 만들어 저장하는 과정은 그린본 웹 GUI의 Configuration 탭에서 하는 것이 가장 쉽다.

cve-서치 기초

여기서는 주로 CVE 정보가 저장된 자세한 데이터베이스 때문에 cve-서치를 이용할 것이지만 cve-서치는 CVE ID로 취약점에 대한 자세한 정보를 검색하는 본연의 기능으로도 매우 유용하다.

CVE ID 검색

여기에서 사용할 search.py는 cve-search/bin/ 디렉터리에 있으며(7장의 'cve-서치 설치' 절 참고) CPE로 특정되는 어떤 제품에 영향을 끼치는 CVE를 찾거나 특정 CVE를 찾는 목적으로 사용한다.

리스트 8-12에서는 -p 플래그(제품product의 p)를 써서 윈도우 10에 영향을 주는 모든 CVE를 검색해보기로 한다.

리스트 8-12: 윈도우 10에 영향을 미치는 CVE 검색

```
$ ./search.py -p o:microsoft:windows_10
```

이 명령은 검색된 모든 CVE의 전체 상세 정보를 포함하기 때문에 어마어마하게 긴 결과물을 출력해낸다. 따라서 리스트 8-13에서와 같이 -o 플래그에 cveid라는 값을 넘겨 출력되는 결과를 CVE ID로 제한해봤다.

리스트 8-13: 윈도우 10에 영향을 미치는 CVE ID

```
$ ./search.py -p o:microsoft:windows_10 -o cveid
CVE-2015-6184
CVE-2015-6051
CVE-2015-6048
CVE-2015-6042
CVE-2016-1002
CVE-2016-1005
CVE-2016-1001
CVE-2016-1000
CVE-2016-0999
CVE-2016-0998
CVE-2016-0997
CVE-2016-0996
--중략--
```

우리가 만들고 있는 취약점 관리 시스템은 전적으로 데이터베이스에서 이와 같은 작업을 다루게 된다. 하지만 리스트 8-12에 나오는 것 같은 명령은 취약점 목록 중에서 분석가 각자가 속한 기업에서 사용 중인 운영체제에 영향을 주는 취약점으로만 필터링하는 데 유용할 수 있다.

CVE에 대해 더 많은 정보 알아내기

하나의 특정 CVE에 대해 더 많은 것을 알아내려면 -c 플래그를 사용해 CVE ID를 지정한다. 리스트 8-13에 나왔던 CVE-2016-0996을 검색하면 리스트 8-14에 있는 것과 같은 결과가 표시된다.

리스트 8-14: CVE-2016-0996의 상세 정보

```
$ ./search.py -c CVE-2016-0996 -o json | python -m json.tool❶
{
  "Modified": "2016-03-16T13:53:26.727-04:00",
  "Published": "2016-03-12T10:59:16.853-05:00",
❷ "access": {
     "authentication": "NONE",
     "complexity": "MEDIUM",
     "vector": "NETWORK"
  },
❸ "cvss": 9.3,
  "cvss-time": "2016-03-16T09:46:38.087-04:00",
  "id": "CVE-2016-0996",
❹ "impact": {
     "availability": "COMPLETE",
     "confidentiality": "COMPLETE",
     "integrity": "COMPLETE"
  },
❺ "references": [
     "https://helpx.adobe.com/security/products/flash-player/apsb16-08.html",
     "http://www.zerodayinitiative.com/advisories/ZDI-16-193/"
  ],
❻ "summary": "Use-after-free vulnerability in the setInterval method in Adobe
  Flash Player before 18.0.0.333 and 19.x through 21.x before 21.0.0.182 on
  Windows and OS X and before 11.2.202.577 on Linux, Adobe AIR before
  21.0.0.176, Adobe AIR SDK before 21.0.0.176, and Adobe AIR SDK & Compiler
  before 21.0.0.176 allows attackers to execute arbitrary code via crafted
  arguments, a different vulnerability than CVE-2016-0987, CVE-2016-0988,
  CVE-2016-0990, CVE-2016-0991, CVE-2016-0994, CVE-2016-0995, CVE-2016-0997,
  CVE-2016-0998, CVE-2016-0999, and CVE-2016-1000.",
❼ "vulnerable_configuration": [
     "cpe:2.3:a:adobe:flash_player_esr:18.0.0.329",
     "cpe:2.3:o:microsoft:windows",
     "cpe:2.3:o:apple:mac_os_x",
--중략--
```

출력물에는 이 취약점에 대한 접근 벡터❷, 관련된 모든 CVSS, 일반 약점 분류CWE, Common Weakness Enumeration 정보가 모두 포함된다. 오픈VAS와 마찬가지로, cve-서치는 CVSSv3 점수는 제공하지 않고 `access`❷와 `impact`❹ 섹션을 통해 CVSSv2 점수❸와 그에 해당하는 상세 정보만 제공한다는 점에 주의하자. 다른 섹션에는 이 취약점에 대한 모든 외부 참고 자료❺가 나열되며 US-CERT 경보, 마이크로소프트의 보안 패치 정보, 다양한 타사 제품의 알림 같은 정보가 여기에 포함된다. 그리고 사람이 읽기 좋게 정리된 취약점 요약❻과 이 취약점의 대상이 된다고 알려져 있는 모든 시스템(OS나 애플리케이션)에 대한 CPE 정보❼도 들어있다.

`-o json`이라는 플래그를 사용해 명령의 결과가 줄 바꿈이나 들여쓰기 없는 JSON 블록으로 만들어지게 했기 때문에 만들어진 출력을 파이썬 툴 `json.tool`을 통해 파이프라인 처리해서❶ 읽기 좋은 형식으로 바꿔야 할 필요가 있다.

CVE 데이터베이스의 텍스트 검색

`-f` 플래그를 사용하면 CVE 데이터베이스 요약 필드 전체에 걸쳐 임의의 문자열 검색을 하는 것도 가능하다. 리스트 8-15는 'buffer overflow'를 검색해서 나오는 수많은 결과 중 첫 번째 것만 표시한 것이다.

리스트 8-15: 버퍼 오버플로와 관련된 CVE 검색

```
$ ./search.py -f "buffer overflow"
{
  "Modified": "2008-09-05T16:40:25.38-04:00",
  "Published": "2005-01-10T00:00:00.000-05:00",
  "_id": {
    "$oid": "5706df571d41c81f2d58a882"
  },
  "access": {
    "authentication": "NONE",
```

```
      "complexity": "HIGH",
      "vector": "NETWORK"
    },
    "cvss": 5.1,
    "cvss-time": "2004-01-01T00:00:00.000-05:00",
    "id": "CVE-2004-1112",

  --중략--
```

이 검색 툴이 있으면 특정 조건에 맞는 어떤 취약점에 대해서든 완전한 정보를 찾을 수 있다. 몇 가지 플래그를 결합해서 쓰면, 예를 들어 리눅스에 영향을 미치고 작년에 등록된 버퍼 오버플로 취약점의 목록을 만들 수도 있다.

기능 변경과 확장

search.py는 CVE 검색 결과의 형식 지정 기능은 현재로서는 지원하지 않지만(제품 검색에 대해서만 지원함) `jq` 같은 리눅스 커맨드라인 유틸리티를 사용해 JSON 문자열을 파싱하거나 특정 필드만 빼내 없애는 것도 가능하다. 이러한 툴을 사용해 배시 스크립트를 작성하면 원하는 어떤 형태로든 데이터를 변형할 수 있다.

몇 가지 예를 들면 다음과 같다.

- 데이터베이스에 추가된 것 중에서 예를 들면 윈도우 10에 영향을 미치면서 심각성이 높은 취약점처럼 연관된 취약점의 주간 목록을 만들어 보안 담당자에게 이메일로 보낸다.
- 기업에 영향을 주면서 아직 기업 내에서 완전히 해결하지 못한 취약점 같은 '흥미로운' CVE를 정기적으로 살펴보고 해당 기록에 새로운 참고 자료 URL이 추가됐는지 확인한다.

분석가 여러분의 전체 취약점 관리 시스템과 맞춤형 스크립트로 위의 두 가지 활용 예제를 다룰 수도 있겠지만 때로는 같은 작업을 커맨드라인 툴로 수행하는 것이 훨씬 간단하고 직관적인 경우도 있다.

요약

8장에서는 취약점 관리 프로그램의 주요 데이터 출처인 엔맵, 오픈VAS, cve-서치를 알아봤다. 각각의 툴을 사용해보고 수집할 수 있는 정보의 형식을 이해했으며, 이 세 가지 툴을 어떻게 사용해야 각 기업의 취약점 현황을 더 완전하게 이해할 수 있는지 생각해보기 시작했다.

9장에서는 스캐너가 만든 출력을 파싱하고 취약점 데이터베이스로 가져오는 스크립트를 작성해보는 방식으로 취약점 현황을 그려내기 위한 첫 발을 디뎌보려 한다.

9

자산 데이터베이스와 취약점 데이터베이스 생성

9장에서는 오픈VAS와 엔맵에서 출력을 만들어 몽고DB에 넣는 방법을 알아본다. 데이터를 다루고자 일반적인 연습부터 해보며 시작한다. 다음으로 두 가지 툴의 XML 출력 형식을 살펴보고 관심이 있는 특정 데이터 필드를 선택하는 방법을 알아본다. 그러고 나서 이런 모든 데이터를 수집하고 몽고 도큐먼트[Mongo document]를 생성한 다음 그렇게 생성한 도큐먼트를 데이터베이스에 집어넣는 파이썬 스크립트 몇 가지를 꼼꼼하게 살펴본다.

데이터베이스 준비

데이터베이스를 설계하려면 원하는 결과물과 그런 결과물을 얻고자 해야 하는 분석을 이해해야 한다. 그런 다음에는 수집해야 할 데이터와 그런 분석이 가능하게 하고자 필요한 모델을 생각할 수 있다.

여기서는 취약점 대응 태세를 향상시켜줄 만한 더 안전한 환경을 만들어야 한다. 그렇게 향상시키려면 내가 보호하고자 하는 호스트에 대한 정보가 필요하며 그런 정보는 지속적이거나 동적인 성격을 띤다.

지속적인 정보는 변하지 않는다(또는 변해봐야 거의 변하지 않는다). 동적인 정보는 자주 변한다. 보안 분석가의 환경에 따라 데이터 포인트가 어떻게 분류될 것인지 정해진다. 예를 들면 어떤 네트워크에서는 IP 주소가 정적으로 할당되고 다른 네트워크에서는 **동적 호스트 구성 프로토콜**DHCP, Dynamic Host Configuration Protocol로 기기가 재부팅할 때마다 다른 주소가 할당되거나 심지어 매일 다른 주소가 할당되기도 한다. 지속적인 데이터는 한 번 수집되고 나서 필요한 경우가 생기면 업데이트된다. 기기와 연관된 동적 데이터는 그 기기를 대상으로 매번 취약점 스캔을 실행할 때마다 업데이트된다.

표 9-1은 엔맵과 오픈VAS 스캔으로 수집한 호스트 기반 데이터와 분류 방법을 설명한다.

표 9-1: 호스트와 관련한 데이터

데이터 형식	설명
지속적 데이터	
호스트명	가능한 경우 취합한다. 어떤 경우에는 호스트명을 여러 개 갖는 것으로 보고될 수도 있다.
MAC 주소	가능한 경우 취합한다.
IP 주소	IPv4 주소를 말한다. 분석하는 환경이 IPv6를 사용하는 경우 이 정보를 수집할 수 있게끔 스크립트를 수정할 수도 있다.
OS/CPE	탐지된 OS 버전 정보며 가능하다면 CPE도 포함된다.
동적 데이터	
취약점	오픈VAS가 보고하는 상세 정보와 cve-서치 CVE 항목에 대한 참조가 포함된다.

(이어짐)

데이터 형식	설명
포트	열려 있는(들어오는 데이터를 수신 중인) 포트를 말하며 포트 번호, 프로토콜, 발견한 서비스가 포함된다.
마지막 스캔 일자	자동으로 생성된다.

각 호스트에 대한 레코드(도큐먼트)에는 그 호스트에서 발견된 취약점 각각에 대한 **취약점 식별자**vulnerability identifier를 포함해 넣는다. 이 식별자를 사용해 호스트를 특정 취약점과 공격 정보에 연관 지을 수 있다. 각 취약점에 관련된 다량의 데이터가 자체 데이터 세트(몽고DB 용어로는 컬렉션collection이라고 함)에 저장된다. 호스트 컬렉션과 취약점 컬렉션이 있으며 호스트 컬렉션에서 취약점 컬렉션으로 매핑이 존재한다는 뜻이다.

바꿔 말하면 취약점 정보가 호스트에 직교한다orthogonal고 할 수 있다. 하나의 호스트는 한 개 또는 그 이상의 취약점을 가질 수 있고 각 취약점은 하나 또는 그 이상의 호스트와 연관 지을 수 있는 데이터 항목이라는 이야기다. 공격 정보에 대해서도 같은 관계가 성립한다. 표 9-2는 9장 뒷부분에서 스크립트로 수집할 취약점 데이터를 나열한 것이다.

표 9-2: 관련 있는 취약점 데이터

데이터 종류	설명
CVE/BID ID	취약점에 대한 CVE나 버그트랙(Bugtraq) ID다. 업계 표준 식별자다.
보고된 날짜	취약점이 처음 보고된 날짜를 말한다. 제품 공급사나 타사가 보고한 날짜일 수도 있고 실제 발견되는 공격으로 보고된 날짜일 수도 있다.
영향을 받는 소프트웨어	취약점으로 영향을 받는 소프트웨어나 OS의 이름과 CPE다.
CVSS	취약점의 CVSS 점수다.
설명	취약점에 대해 자유로운 형식의 글로 적은 설명이다.

(이어짐)

데이터 종류	설명
권고문 URL	취약점에 대한 권고문의 URL로, 더 많은 정보가 담겨 있을 수 있다.
업데이트 URL	취약점을 해결하는 업데이트 정보를 가리키는 URL이다.

데이터베이스 구조의 이해

몽고DB가 구조화되지 않은 데이터도 받아들일 수 있긴 하지만 캡처하려는 데이터 형식과 그 데이터를 몽고 도큐먼트에 어떻게 구조화하고 싶은지에 대한 아이디어가 있으면 스크립트 작성과 데이터 분석이 훨씬 쉬워진다. SQL 같은 관계형 데이터베이스를 사용하고 있다면 구조 없이 비어 있는 데이터베이스에 데이터를 삽입할 수 없기 때문에 이 과정이 절대적으로 중요하다.

> **관계형 데이터베이스와 비관계형 데이터베이스**
>
> 데이터베이스 형태 간의 차이에 대해 전반적으로 논의한다면 그 자체로 책 한 권 분량은 될 것이고 이 책에서 다루려는 범위도 벗어난다. 하지만 간단한 벼락치기 특강으로 몇 마디만 해두고자 한다.
>
> 관계형 데이터베이스는 데이터베이스라는 말을 들으면 대부분의 사람이 떠올리는 바로 그것이다. 구조화된 데이터의 행과 열로 이뤄진 테이블이 있고 이런 테이블들을 포함하는 데이터베이스라고 할 수 있다. 각 행은 유일 키(unique key)로 식별된다. 테이블 간의 연결은 공통되는 키 값으로 만들어지며, 한쪽 테이블에 있는 어떤 값이 다른 테이블에 있는 데이터의 한 행 전체를 가리키는 방식이라 '관계형'이라는 이름을 쓴다.
>
> 이런 구조를 공유하지 않는 데이터베이스가 비관계형 데이터베이스다. 상당히 광범위한 데이터베이스가 이런 형태로 구분되며 몽고DB도 여기에 포함된다. 이들 비관계형 데이터베이스는 '키-값' 쌍(key-value pair)의 목록이라고 할 만큼 단순한 형태일 수 있는데, 이 덕분에 데이터를 마음대로 구조화하는 것이 가능하다.

예제를 살펴보자. 관계형 데이터베이스에 NAME이라는 이름의 테이블이 있고 FirstName, MiddleName, LastName 같은 칼럼이 있다고 하자.

FirstName	MiddleName	LastName
Andrew	Philip	Magnusson
Jorge	Luis	Borges

하지만 이처럼 융통성 없이 고정된 구조가 항상 옳은 것은 아니다. 표준처럼 여겨지는 '이름-중간이름-성' 체계를 다른 문화권의 이름에 그대로 반영해 쓰기는 어려울 수 있다. 예를 들면 아르헨티나 작가인 Jorge Luis Borges의 정식 이름에는 몇 단어가 더 들어가 Jorge Francisco Isidoro Luis Borges Acevedo라고 한다. 몽고DB에서는 NAME이라는 컬렉션(테이블과 대충 비슷한 것이라고 이해하자)을 만들고 그 도큐먼트(데이터 행과 얼핏 비슷하다)에 모든 종류의 이름 구조를 다 넣을 수 있다. 예를 들면 다음과 같다.

```
{
  "FirstName":"Jorge",
  "MiddleNames": ["Francisco","Isidoro","Luis"],
  "LastNames":["Borges","Acevedo"]
}
```

더 간단한 이름이라면 FirstName과 LastNames에 하나의 값을 가질 수도 있다.

```
{
  "FirstName":"Alexander",
  "LastNames":"Lovelace"
}
```

살펴본 각각의 데이터베이스에는 저마다 장점이 있다. 관계형 데이터베이스는 미리 정의한 데이터 구조가 있기 때문에 쿼리, 인덱싱, 데이터베이스 유지 관리를 아주 빠르게 할 수 있지만 엄청난 노력을 하지 않는 한 변경이 불가능할 정도로 구조가 경직돼 있고, 특히 일단 운영 환경에서 돌아가기 시작한 후에는 더욱 변경이 어렵다는 단점이 있다. 비관계형 데이터베이스는 더 느슨하게 데이터 구조를 정의하고 아무 때이든 구조를 변경할 수 있어 유연성이 있다. 그렇지만 속도가 그리 빠르지는 않은 편이고 특정 데이터 항목이 도큐먼트 내에 존재한다고 믿고 의지할 수 없다. 앞서 봤던 NAME 데이터 예제에서 MiddleNames 항목이 존재하지 않는 경우에도 코드가 죽지 않고 충분히 튼튼하게 잘 동작하는지 꼭 확인할 필요가 있다!

수집하고 싶은 데이터의 종류를 알고 있으니 자신의 데이터베이스 구조를 만들기 시작해보자. 이 절에서는 이 데이터를 몽고DB 형태와 SQL 형태로 표현하는 방법을 살펴본다.

리스트 9-1은 몽고DB의 내부 데이터 구조를 대표하는 **자바스크립트 개체 표기법** JSON, JavaScript Object Notation 형식으로 호스트 데이터를 나타낸 예제다. 정확하게 따지자면 몽고DB는 데이터를 바이너리 JSON[BSON]으로 저장하는데, 이는 같은 데이터를 JSON으로 표시하는 더 간단한 방법이다. 하지만 몽고DB와 정보를 주고받는 목적으로는 JSON을 사용한다.

리스트 9-1: JSON 호스트 설명 도큐먼트 예제

```
{
❶ "_id" : ObjectId("57d734bf1d41c8b71daaee0e"),
❷ "mac" : {
     "vendor" : "Apple",
     "addr" : "6C:70:9F:D0:31:6F"
  },
  "ip" : "10.0.1.1",
❸ "ports" : [
     {
        "state" : "open",
```

```
        "port" : "53",
        "proto" : "tcp",
        "service" : "domain"
      },
-- 중략 --
    ],
    "updated" : ISODate("2020-01-05T02:19:11.966Z"),
❹ "hostnames" : [
      "airport",
      "airport.local"
    ],
    "os" : [
      {
        "cpe" : [
          "cpe:/o:netbsd:netbsd:5"
        ],
        "osname" : "NetBSD 5.0 ? 5.99.5",
        "accuracy" : "100"
      }
    ],
❺ "oids" : [
      {
        "proto" : "tcp",
        "oid" : "1.3.6.1.4.1.25623.1.0.80091",
        "port" : "general"
      }
    ]
}
```

참고 JSON 형식에서 키와 값은 큰따옴표(")로 묶어 표시한다. 키는 그 뒤에 따라오는 값에 이름을 붙여주는 고유의 문자열이다. 값은 간단한 문자열일 수도 있고 중첩된 JSON 도큐먼트일 수도 있고(이 경우 {} 괄호로 묶음) 문자열 목록이나 중첩된 도큐먼트의 목록일 수도 있다(이 경우 [] 괄호로 묶음). 이와 같은 형식 덕분에 파싱하기 쉽고 읽기 좋은 복잡한 데이터 구조를 만들어낼 수 있다.

리스트 9-1에서 `_id` 항목❶은 몽고DB가 자동으로 만들어낸 값으로 데이터베이스 내에서 도큐먼트를 유일하게 특정한다. `mac` 항목❷의 값은 MAC 주소와 MAC 공급사를 포함하는 중첩 도큐먼트다. `ports` 키❸는 도큐먼트 목록을 담고 있는데, 각 도큐먼트는 열려있는 포트에 대한 정보를 설명하고 있다. 호스트는 대개 **도메인 명명 시스템**DNS, Domain Name System 서버에 이름이 하나 있고 NetBIOS 조회에 다른 이름이 하나 있는 식으로 어떤 이름을 물어보는지에 따라 다른 여러 개의 호스트 이름을 갖고 있기 때문에 `hostnames`❹는 단일한 값이 아니라 목록으로 돼 있다. `oids` 키❺에는 OID, 프로토콜, OID가 발견된 포트 같은 정보가 포함된 도큐먼트의 목록이 포함된다. OID란 오픈VAS가 생성한 취약점 고유 식별자로, 보안 분석가는 이것을 사용해 취약점을 호스트 정보에 매핑한다. `vulnerabilities` 컬렉션에는 고유 OID별로 특정 취약점을 표현하는 유일한 도큐먼트 한 개가 존재한다.

SQL 테이블 구조

SQL을 사용하는 경우 데이터베이스 테이블을 정의하려면 각 데이터 항목에 저장하려는 데이터 형식을 알아야 한다. SQL에서 사용하는 테이블 정의 구문의 예를 몇 가지 들어보겠다. 리스트 9-2에 등장하는 정의는 완벽하게 최적화되지 않았으며 대형 데이터베이스에 맞도록 구조를 개선하는 방법도 많다는 점을 염두에 두기 바란다. 다음에 나오는 '맞춤형 설정' 절에 더 자세한 내용이 있으니 참고하자. 다음 정의는 MySQL용으로 만든 것이니 다른 SQL 제품에 맞추려면 좀 다듬어야 할 수도 있다.

리스트 9-2: 호스트 데이터에 대한 MySQL 테이블 정의

```
❶ CREATE TABLE hosts
      (macid CHAR(17), macvendor VARCHAR(25),
      ip VARCHAR(15), hostname VARCHAR(100),
  ❷ updated DATETIME DEFAULT CURRENT_TIMESTAMP ON UPDATE CURRENT_TIMESTAMP,
      id INT AUTO_INCREMENT PRIMARY KEY);
```

```
❸ CREATE TABLE ports
       (id INT AUTO_INCREMENT PRIMARY KEY,
    ❹ host_id INT NOT NULL, state VARCHAR(6),
       port INT, protocol VARCHAR(3), service VARCHAR(25),
    ❺ FOREIGN KEY(host_id) REFERENCES hosts(id));
❻ CREATE TABLE os
       (id INT AUTO_INCREMENT PRIMARY KEY,
       cpe VARCHAR(50), osname VARCHAR (50), accuracy INT,
       FOREIGN KEY(host_id) REFERENCES hosts(id));
❼ CREATE TABLE hostoid
       (id INT AUTO_INCREMENT PRIMARY KEY,
       FOREIGN KEY(oid_id) REFERENCES oids(id),
       FOREIGN KEY(host_id) REFERENCES hosts(id));
```

위 명령을 실행하면 기존에 존재하고 있던 SQL 데이터베이스에 테이블을 생성한다. SQL에서는 몽고DB에서처럼 데이터를 직접 중첩해 넣을 수 없기 때문에 데이터를 여러 개의 테이블로 잘라야 한다. 목록에는 호스트❶, 포트❸, OS 정보❻, 호스트를 OID로 매핑하는 테이블❼에 대한 테이블 정의가 나열돼 있다. 이 정보들을 모두 합치려면 키를 사용해야 한다.

SQL에서 키는 원래의 테이블을 다시 참조하는 다른 테이블에 있는 외부 키(foreign key)를 주로 사용해 특정 테이블 내에 있는 개별 레코드를 식별한다. 예를 들어 설명하면 ports 테이블에는 hosts 테이블의 id 항목을 참조하는 외부 키❺로 명백하게 정의된 항목인 host_id❹가 있다. 이 키가 있기 때문에 데이터베이스 질의를 해 특정 호스트에 대한 포트 정보를 찾을 수 있다. 같은 내용이 os 정의에도 있고, 세 개 테이블이 모두 함께 연결돼 호스트에 대해 필요한 모든 지속적인 정보에 직접 접근할 수 있게 해준다. updated 항목❷은 hosts 레코드가 수정될 때마다 자동으로 변경된다.

이제 리스트 9-3에 있는 취약점 데이터를 함께 살펴보자. 취약점 도큐먼트에 대한 JSON에는 표 9-2에 나열된 모든 정보뿐만 아니라 오픈VAS 스캐너가 찾아낸 추가 항목들도 일부 들어있다. 저장 공간이 모자라면 데이터베이스에 이 모든 정보를 기록해둘 필요는 없다. 공간이 충분히 있으면 나중에 쓸 용도로 보관해두는 것도 나쁠 것이 없다.

리스트 9-3: 취약점 설명 도큐먼트 JSON의 예

```
{
  "_id" : ObjectId("57fc2c891d41c805cf22111b"),
❶ "oid" : "1.3.6.1.4.1.25623.1.0.105354",
  "summary" : "The remote GSA is prone to a default account authentication
            bypass vulnerability.",
  "cvss" : 10,
  "vuldetect" : "Try to login with default credentials.",
  "solution_type" : "Workaround",
  "qod_type" : "exploit",
  "bid" : "NOBID",
  "threat" : "High",
  "description" : null,
  "proto" : "tcp",
  "insight" : "It was possible to login with default credentials: admin/admin",
  "family" : "Default Accounts",
  "solution" : "Change the password.",
  "xref" : "NOXREF",
  "port" : "443",
  "impact" : "This issue may be exploited by a remote attacker to gain access
           to sensitive information or modify system configuration.",
❷ "cve" : [
    "NOCVE"
  ],
  "name" : "GSA Default Admin Credentials",
  "updated" : ISODate("2016-10-11T00:04:25.596Z"),
  "cvss_base_vector" : "AV:N/AC:L/Au:N/C:C/I:C/A:C"
}
```

리스트 9-1에서도 그랬듯이 이 데이터의 대부분은 이미 자체로 충분히 설명이 되는 편이지만 주목해야 하는 중요 포인트가 몇 군데 있다. `oid` 값❶은 `host` 도큐먼트의 `oids` 목록에 곧바로 추가해도 된다. 어떤 호스트에서 오픈VAS가 찾아낸 취약점 각각에는 별개의 OID가 부여된다. 그렇게 해서 `host` 도큐먼트에 OID가 들어가고, OID의 상세한 내용은 `vulnerability` 컬렉션에 포함된다. 주어진 하나의 호스트에서 발견된 취약점들에 대해 보고해야 하는 경우에는 먼저 호스트 레코드를 추출하고 그 호스트에 기록돼 있는 모든 OID와 연관된 레코드를 추출한다. `cve` 키❷는 목록 형태의 값을 갖는데, 개별 취약점은 하나 이상의 CVE와 연관돼 있는 경우가 종종 있기 때문이다. 이 예제에서는 기록된 CVE가 `NOCVE` 뿐인데, 이는 MITRE에서 취약점에 아직 CVE ID를 할당하지 않았을 때 사용하는 플레이스홀더용 표준 문구다.

앞으로 나오게 될 예제들을 따라가면서 스크립트를 사용해 몽고DB에서 쓰는 도큐먼트를 만들어내는 방법과 각자 용도에 맞춰 필요한 대로 수정하는 방법을 고민해보자.

기능 변경과 확장

필요한 것이 무엇인지 침착하게 생각해보고 그에 맞춰 수집할 정보를 변형해보자. 예를 들어 보안 분석가가 일하고 있는 회사에 다른 목적으로 만들어진 특정 VLAN 구성이 여러 개 있다고 가정해보자. 어떤 호스트들이 어떤 네트워크 세그먼트에 있는지 분석을 용이하게 하려면 몽고DB에 어떤 호스트가 어떤 VLAN에 위치하고 있는지 명시하는 키-값 쌍을 추가할 수도 있고, 호스트의 IP 주소에서 VLAN을 알아내게끔 스크립트를 수정해도 된다. 이렇게 하려면 네트워크 구성에 따라 외부 시스템을 참고해야 할 수도 있고 데이터베이스가 필요할 수도 있다.

수집하게 될 새로운 정보와 그것을 저장하는 방법을 생각해봐야 하니 데이터

정의로 되돌아가 보자. 몽고DB 같은 비구조화 데이터베이스를 사용하고 있다면 키-값 쌍을 그냥 추가하기만 하면 될 정도로 간단하다. 하지만 SQL을 사용하고 있는 분석가는 이와 같은 새로운 데이터 항목을 정의하는 방식으로 데이터베이스를 다시 조정해야 한다.

SQL을 사용하는 경우 대규모 데이터 세트를 다룰 때 테이블 구조를 최적화하면 공간을 어느 정도 절약할 수 있다. 예를 들어 port, service, protocol, host ID 같은 레코드를 사용해 hosts 레코드로 직접 매핑하는 ports 테이블 대신 host-to-port mappings라는 제3의 테이블을 만들어 하나의 포트 레코드가 여러 개의 호스트로 매핑되고 반대로도 마찬가지로 매핑되게 한다. host ID와 다른 항목들을 갖는 hosts 테이블을 만들고 port, service, protocol 레코드를 갖는 ports 테이블을 만들고 port ID와 host ID 레코드를 갖는 host-port 테이블을 만드는 식이다. 소규모 환경에서는 아주 작은 차이지만 대규모 기업에서는 저장 공간이 상당히 절약된다.

엔맵 결과를 데이터베이스에 추가

배포한 툴들을 서로 연결해볼 차례다. 먼저 엔맵 스캔 데이터를 몽고DB로 입력하는 스크립트를 작성할 필요가 있다.

전제 조건 정의

모든 스크립트가 그렇듯 이번의 가져오기 스크립트도 달성하고자 하는 작업이 무엇인지 결정해야 한다. 말하자면 표 9-1에 나열했던 호스트 데이터를 수집하는 것이다. 엔맵 XML 출력물을 관찰해 그중 어떤 부분이 중요한지 정하는 것으로 작성 과정을 시작해볼까 한다.

리스트 9-4는 엔맵에서 만들어진 XML 출력물의 한 부분인데, 엔맵은 OS 탐지 플래그인 -O를 붙여 실행했다.

리스트 9-4: 엔맵 XML 출력 중 일부 발췌

```
--중략--
<host starttime="1473621609" endtime="1473627403"><status state="up"
reason="arp-response" reason_ttl="0"/>
❶<address addr="10.0.1.4" addrtype="ipv4"/>
❷<address addr="B8:E8:56:15:68:20" addrtype="mac" vendor="Apple"/>
❸<hostnames>
</hostnames>
❹<ports><extraports state="filtered" count="997">
<extrareasons reason="no-responses" count="997"/>
</extraports>
<port protocol="tcp" portid="22"><state state="open" reason="syn-ack"
reason_ttl="64"/><service name="ssh" method="table" conf="3"/></port>
--중략--
</ports>
❺<os><portused state="open" proto="tcp" portid="22"/>
<osmatch name="Apple Mac OS X 10.10.2 (Darwin 14.1.0)" accuracy="100"
line="4734">
<osclass type="general purpose" vendor="Apple" osfamily="Mac OS X"
osgen="10.10.X" accuracy="100"><cpe>cpe:/o:apple:mac_os_x:10.10.2</cpe>
</osclass>
</osmatch>
<osmatch name="Apple Mac OS X 10.7.0 (Lion) - 10.10 (Yosemite) or iOS 4.1 - 8.3
(Darwin 10.0.0 - 14.5.0)" accuracy="100" line="6164">
--중략--
<osclass type="phone" vendor="Apple" osfamily="iOS" osgen="4.X"
❻accuracy="100"><cpe>cpe:/o:apple:iphone_os:4</cpe></osclass>
<osclass type="phone" vendor="Apple" osfamily="iOS" osgen="5.X"
accuracy="100"><cpe>cpe:/o:apple:iphone_os:5</cpe></osclass>
--중략--
```

IP 주소❶, MAC 주소❷, 호스트 이름❸(있으면 수집하는 것으로, 여기 보인 예제에서는 없다), 열려 있는 포트❹, 프로토콜, 포트 번호, 포트의 상태(열려 있는지 닫혀 있는지), 그 포트에서 실행 중인 것으로 추정되는 서비스, 일치하는 OS❺ 같은 정보를 파싱해야 한다. MAC 주소도 가능한 선에서 파악하는 것으로, 대상 호스트가 스캐너에서 한 홉hop 이상 건너 있으면 나타나는 MAC 주소는 실제 호스트의 것이 아니라 라우터나 스위치의 것일 가능성이 있다.

스캔 결과로 나온 모든 osmatch 값❺들은 그에 해당하는 CPE 레이블, accuracy 태그❻와 함께 목록 형태로 기록해 엔맵 스캔으로 찾아진 정보가 얼마만큼 정확한지까지 반영한다. 이 예제에서는 두 개의 CPE가 정확도 100% 일치로 나타났다. 이 호스트에 대한 보고서를 생성할 때에는 다른 범주를 근거로 삼아 둘 다 보고하든지, 둘 다 빼든지, 하나만 보고하든지 해야 할 것이다.

이 모든 정보를 하나의 호스트 도큐먼트와 연계하고 매번 스캔 결과에 반복해 나타나는 어떤 항목을 사용해 호스트 도큐먼트를 구분할 필요가 있다. 호스트 이름과 MAC 주소는 없을 수도 있고 정확하지 않을 수 있어서 여기서는 IP 주소를 사용하기로 한다. DHCP 환경이라서 IP 주소가 정기적으로 바뀌는 경우라면 윈도우의 넷바이오스NetBIOS 이름을 쓰는 편이 나을 수 있다. 넷바이오스 이름은 윈도우 도메인에서 유일하게 지정되기 때문에 연속성을 보장할 수 있다.

스캔할 때마다 호스트 도큐먼트를 새로 만들 것인지 기존 도큐먼트를 업데이트할 것인지도 결정해야 한다. 이것을 사용하는 대부분의 경우 이전 스캔에서 달라지는 데이터는 주로 취약점 목록뿐으로, 변경되는 내용이 얼마되지 않기 때문이다. 수집한 새로운 정보로 기존 도큐먼트를 업데이트하면 시간과 노력을 절약할 수 있다.

스크립트 작성

리스트 9-5의 스크립트에서는 IP 주소를 기준으로 하고 기존 호스트에 대한 새 데이터로 이전 데이터를 덮어쓰는 방식을 택했다. 물론 상황에 따라 필요한 사항은 다를 것이다. 이 스크립트는 엔맵 결과물인 XML 파일을 쭉 훑어서 관련된 정보를 몽고DB에 집어넣는다.

어떤 호스트에 대해 필요한 모든 정보는 `host` 태그 내에 들어있으니 각 `host` 태그를 찾아내고 적절한 하위 태그를 끌어낸 다음 각 호스트에 대한 몽고 도큐먼트를 몽고 `hosts` 데이터베이스에 삽입하는 간단한 루프를 만들면 된다.

리스트 9-5: 엔맵 데이터베이스를 추가하는 nmap-insert.py 코드

```
#!/usr/bin/env python3

❶ from xml.etree.cElementTree import iterparse
from pymongo import MongoClient
import datetime, sys

❷ client = MongoClient('mongodb://localhost:27017')
❸ db = client['vulnmgt']

def usage():
  print ('''
Usage: $ nmap-insert.py <infile>
  ''')

❹ def main():
    if (len(sys.argv) < 2): # 파일을 지정하지 않음
      usage()
      exit(0)

  ❺ infile = open(sys.argv[1], 'r')

  ❻ for event, elem in iterparse(infile):
    ❼ if elem.tag == "host":
```

```
# 비어 있을 경우 기본값으로 추가
macaddr = {}
hostnames = []
os = []
addrs = elem.findall("address")
# IPv4, IPv6 (존재시), MAC 등 모든 주소
for addr in addrs:
    type = addr.get("addrtype")
    if (type == "ipv4"):
        ipaddr = addr.get("addr")
    if (type == "mac"): # 두 가지 유용한 정보가 있음
        macaddr = {"addr": addr.get("addr"),
                   "vendor": addr.get("vendor")}

hostlist = elem.findall("hostname")
for host in hostlist:
    hostnames += [{"name": host.get("name"),
                   "type": host.get("type")}]

# OS 탐지
# 보수적으로 접근해 모든 정보를 기록해둔다.
oslist = elem.find("os").findall("osmatch")
for oseach in oslist:
    cpelist = []
    for cpe in oseach.findall("osclass"):
        cpelist += {cpe.findtext("cpe")}
        os += [{"osname": oseach.get("name"),
                "accuracy": oseach.get("accuracy"),
                "cpe": cpelist}]

    portlist = elem.find("ports").findall("port")
    ports = []
    for port in portlist:
        ports += [{"proto": port.get("protocol"),
                   "port": port.get("portid"),
```

```
                "state": port.find("state").get("state"),
                "service": port.find("service").get("name")
                  }]
        elem.clear()

    ❽ host = {"ip": ipaddr,
              "hostnames": hostnames,
              "mac": macaddr,
              "ports": ports,
              "os": os,
              "updated": datetime.datetime.utcnow()
            }

    ❾ if db.hosts.count({'ip': ipaddr}) > 0:
          db.hosts.update_one(
              {"ip": ipaddr},
              {"$set": host}
              )
        else:
          db.hosts.insert(host)

❿ infile.close() # 완료

main()
```

XML 파싱 용도로 xml 라이브러리에서 iterparse를 가져오고, 데이터베이스 관련 작업을 하고자 pymongo에서 MongoClient를 가져오고, 현재 날짜 및 시간과 파일 읽기/쓰기 작업에 쓰고자 datetime과 sys를 각각 가져온다❶. 그리고 몽고 서버 IP 주소❷와 데이터베이스 정보를 채워 넣는다.

주요 로직은 main() 함수❹에 캡슐화해 넣는데, 이렇게 만든 함수를 스크립트 목록의 맨 마지막에 호출한다. 이 함수는 먼저 스크립트에 매개변수로 전달되는 입력 파일을 열고❺ 모든 XML 요소를 순환하면서❻ 각 host 요소에 있는 상세 정보를 뽑아낸다❼. 그런 다음에는 몽고 도큐먼트❾를 각 호스트에 대한 정보❽로 추가하거나 수정한다. 이 스크립트는 IP 주소를 호스트의 기준이 되는 식별자로 삼아 IP 주소가 아직 존재하지 않으면 새 도큐먼트를 생성하고, 연관된 IP 주소가 있으면 기존의 도큐먼트를 업데이트한다. 스크립트가 파싱해야 할 XML을 모두 완료하고 나면 입력 파일을 닫고 빠져나간다❿.

기능 변경과 확장

기업에서 IPv6을 사용하거나 이 책을 읽고 있을 때쯤 드디어 IPv6가 세상을 장악하는 일이 벌어졌다면 리스트 9-5에서처럼 IPv6 주소를 무시하지 말고 기록해야 한다. IPv6는 IPv4처럼 유일한 자격을 인정할 수 없다는 점을 염두에 두자. 하나의 호스트는 여러 개의 IPv6 주소를 가질 수 있으며 자꾸 바뀔 수도 있다.

엔맵 출력의 더 많은 정보를 데이터베이스에 캡처해 넣거나 아예 전부를 넣도록 리스트 9-5에 있는 스크립트를 수정할 수도 있다. 엔맵의 실행 통계를 추적하고 싶은 경우를 가정해보자. 리스트 9-6은 runstats XML 블록을 파싱하는 파이썬 코드 조각으로, 메인 함수의 if elem.tag =="host": ❼ 문장 앞에 넣으면 된다는 점을 확인하기 바란다.

리스트 9-6: runstats 블록을 파싱하는 파이썬 코드 일부

```
if elem.tag == "runstats":
    finished = elem.find("finished")
    hosts = elem.find("hosts")
    elapsed = finished.get("elapsed")
    summary = finished.get("summary")
    hostsUp = hosts.get("up")
    hostsDown = hosts.get("down")
    hostsTotal = hosts.get("total")
```

자신만의 키-값 쌍을 몽고 도큐먼트에 추가하는 것도 가능하다. 예를 들어 high-value host 태그는 취약점의 우선순위를 매기는 데 도움이 된다. 고가의 호스트에 있는 취약점은 보통 정도이더라도 저가 시스템에 있는 취약점보다 더 긴급하고 무시하기 어렵기 때문이다.

데이터를 수집하고 모은 데이터를 데이터베이스에 넣는 하나의 스크립트를 작성해도 된다. 이런 스크립트를 작성하려면 더 복잡하고 까다롭지만 여러 개의 스크립트가 아니라 스크립트 하나만 실행하면 되기 때문에 일정 작업으로 만들기에는 더 간편해진다(힌트를 주면 -oX - 플래그를 써서 엔맵 출력을 STDOUT로 보내게 한 뒤에 추가 스크립트의 입력으로 파이프를 걸어 사용하는 방법도 있다).

XML을 수동으로 파싱하는 대신 라이브러리를 써도 된다. 엔맵을 제어하고 결과를 파싱하는 데 쓸 수 있는 두 종류의 파이썬 모듈 python-nmap과 python-libnmap이 있다. 둘 다 시도해보고 괜찮은 방법으로 보이는지 판단하자.

만들 것인가 빌려올 것인가?

보안 분석가가 맞닥뜨리게 되는 흔한 딜레마는 일상적으로 하는 업무의 많은 부분을 수행하고자 자신만의 코드를 작성할 것인가 기존에 존재하는 파이썬 모듈을 가져다가 쓸 것인가 하는 문제다. 기존 모듈을 사용하면 수동으로 하는 많은 일을 줄일 수 있지만 고려해야 하고 최신으로 유지해야 할 소프트웨어 패키지가 많아진다. 이 책의 스크립트에서는 수동으로 코딩하고 더 세세하게 제어하는 방법을 택했지만 둘 다 완전히 타당한 방법이다.

오픈VAS 결과를 데이터베이스에 추가

관련 있는 엔맵 데이터를 추출해 데이터베이스에 넣었으니 다음으로 할 일은 오픈VAS에 대해서도 같은 작업을 하는 것이다.

전제 조건 정의

오픈VAS는 result라는 양식으로 결과를 출력하는데, 오픈VAS의 결과[result]란 서비스 탐지부터 특정한 취약점에 이르기까지 무엇이든 찾아낸 것을 의미한다. 호스트 10.0.1.21에서 CVE-2016-2183와 CVE-2016-6329에 대한 결과를 리스트 9-7에 표시했다.

리스트 9-7: 오픈VAS XML 스캔 보고서 중 result 블록의 예

```
--중략--
<result id="a3e8107e-0e6c-49b0-998b-739ef8ae0949">
❶ <name>SSL/TLS: Report Vulnerable Cipher Suites for HTTPS</name>
  <comment/>
  <creation_time>2017-12-29T19:06:23Z</creation_time>
  <modification_time>2017-12-29T19:06:23Z</modification_time>
  <user_tags>
    <count>0</count>
  </user_tags>
❷ <Host>10.0.1.21<asset asset_id="5b8d8ed0-e0b1-42e0-b164-d464bc779941"/>
  </host>
❸ <port>4000/tcp</port>
  <nvt oid="1.3.6.1.4.1.25623.1.0.108031">
    <type>nvt</type>
  ❹ <name>SSL/TLS: Report Vulnerable Cipher Suites for HTTPS</name>
    <family>SSL and TLS</family>
  ❺ <cvss_base>5.0</cvss_base>
  ❻ <cve>CVE-2016-2183, CVE-2016-6329</cve>
  ❼ <bid>NOBID</bid>
```

```
❽ <xref>URL:https://bettercrypto.org/, URL:https://mozilla.github.io/server-
  side-tls/ssl-config-generator/, URL:https://sweet32.info/</xref>
❾ <tags>cvss_base_vector=AV:N/AC:L/Au:N/C:P/I:N/A:N|summary=This
  routine reports all SSL/TLS cipher suites accepted by a
  service where attack vectors exists only on HTTPS services.
  |solution=The configuration of this service should be changed so
  that it does not accept the listed cipher suites anymore.

Please see the references for more resources supporting you with this task.
|insight=These rules are applied for the evaluation of the vulnerable
cipher suites:

  - 64-bit block cipher 3DES vulnerable to the SWEET32 attack (CVE-2016-2183).
  |affected=Services accepting vulnerable SSL/TLS cipher suites via HTTPS.
  |solution_type=Mitigation|qod_type=remote_app</tags>
  ❿ <cert>
      <cert_ref id="CB-K17/1980" type="CERT-Bund"/>
      <cert_ref id="CB-K17/1871" type="CERT-Bund"/>
      <cert_ref id="CB-K17/1803" type="CERT-Bund"/>
      <cert_ref id="CB-K17/1753" type="CERT-Bund"/>
--중략--
  </result>
--중략--
</results>
```

위 스캔에서 어떤 정보를 알고 싶은가? 표 9-2에서 관련 취약점 데이터를 정리했었으니 되짚어보기 바란다. cve❻, bid❼, 보고 날짜, 영향을 받는 소프트웨어, CVSS❺, 설명❶❹❾, 보안 권고 URL❽❿, 업데이트 URL 같은 항목이 있다. 오픈VAS는 호스트❷, 발견된 사실과 연관된 포트❸를 비롯해 앞서 나열한 정보 대부분을 보고서에 포함하고 있다.

cert 항목❿에는 알려져 있는 침해 사고 대응팀CERT, Computer Emergency Response Team의 링크가 포함돼 있다. 리스트 9-8에 있는 예제 스크립트에서는 이 항목을 무시하지만 이를 중요하게 생각하는 보안 분석가가 있다면 이 데이터도 파싱하면 된다.

취약점을 호스트에 매핑

여기서 가장 중요한 것은 이 모든 데이터를 어떻게 구조화할 것인가다. 취약점 정보와 호스트 정보라는 두 개의 다른 데이터 집합 간에는 매핑이 어느 정도 내포돼 있다. 호스트 A는 취약점 X, Y, Z를 갖는다. 취약점 X는 호스트 A, B, C에 있다. 이러한 매핑을 표현하는 확실한 방식 두 가지가 있다. 각각의 호스트는 자신이 대상이 되는 취약점의 목록을 유지한다. 호스트 A가 자신의 구조 내에 X, Y, Z라는 취약점 목록을 갖는 방식이다. 다른 방법으로 동일한 매핑을 취약점 쪽에서 사용하는 것도 가능하다. 취약점 X는 호스트 A, B, C 목록을 포함하는 `host` 태그를 유지한다.

두 가지 옵션 모두 타당한 방식인데, 둘 다 한쪽으로 치우친 방식이다. 취약점 정보로 데이터를 저장하면 호스트 기준 보고가 어려워진다. 전체 취약점 데이터베이스를 뒤져 호스트 A가 나타나는 모든 위치를 찾아야 한다. 호스트와 함께 모든 취약점 ID를 저장했을 때에도 그 역은 마찬가지다. 게다가 두 방향의 매핑 정보를 두 군데에 보관한다면 업데이트되지 않고 방치된 매핑이나 끊어진 매핑이 생겨날 위험도 크다. 더 쉽게 보고해야 하는 기준이 취약점인지 호스트인지에 따라 하나를 고르는 편이 좋다. 취약점과 그 취약점의 영향을 받는 호스트를 보고해야 하는가, 호스트와 그 호스트가 갖고 있는 취약점을 보고해야 하는가.

리스트 9-8에 있는 스크립트는 첫 번째 옵션을 기준으로 한다. 각각의 호스트 도큐먼트 내에 취약점 식별자를 넣는 방식이다. 호스트 도큐먼트는 대개 취약점 도큐먼트보다 수명이 더 길 가능성이 크다. 호스트에 정기적으로 패치를 적용하는 계획을 따르고 있다면(일부 기업에서는 이렇게 하기에는 어렵다고 알고 있다) 호스트 도큐먼트가 더 장기간 보존될 것이다. 하지만 정기적으로 패치되고 있기 때문에 10장에서 보게 될 스크립트를 사용해 취약점 도큐먼트는 데이터베이스에서 내보내게 된다. 이 책을 읽고 있는 분석가의 기업 환경에 이런 가정이 맞지 않다면 두 번째 옵션을 쓰는 편이 나을 수도 있다.

SQL에서 매핑

SQL을 사용하는 경우 꽤 합리적인 방식인 세 번째 매핑 옵션을 소개한다. 호스트와 취약점을 1:1 매핑하는 세 번째 테이블에 매핑을 저장하면 두 가지 종류의 보고에 필요한 답을 찾을 때 한 곳만 찾으면 된다. 예를 들어 '호스트 A에 취약점 X가 있음'이 하나의 레코드가 된다. 다른 레코드는 '호스트 A에 취약점 Y가 있음' 이런 식이다. 보고할 때에는 관심이 있는 매핑을 먼저 찾고('호스트 A에 있는 모든 취약점') 그러고 나서 나머지 두 개의 테이블을 이용해 호스트 A와 거기에 있는 취약점 X, Y, Z의 세부 정보로 살을 붙이면 된다. 도식으로 나타내면 다음과 같은 모양이 된다.

1. **매핑 테이블 조회:** 호스트 A에 관련된 모든 레코드를 찾고 집합 B에 있는 연관 취약점을 모은다.
2. **호스트 테이블 조회:** 호스트 A의 상세 정보를 찾는다.
3. **취약점 테이블 조회:** 취약점 집합 B에 관련된 모든 레코드를 찾는다.

숙련된 SQL 이용자라면 하나의 쿼리에서 JOIN 구문을 써서 이를 해결할 수 있다. 나와 같은 아마추어라면 두세 개 쿼리를 순차적으로 실행하는 편이 더 쉬울 것이다. 이와 같은 세 번째 방법은 데이터베이스 정규화(database normalization)의 예다. 더 자세한 내용을 알아보려면 위키피디아나 다른 컴퓨터 서적을 참고하기 바란다.

스크립트 작성

리스트 9-8의 스크립트는 result 태그를 순환하면서 관련 데이터를 끌어내 데이터베이스로 보낸다. 이때 '데이터베이스 구조의 이해' 절에서 설명했듯이

OID를 취약점 주요 식별자로 정한다.

취약점 매핑을 만들려면 결과로 반환된 도큐먼트 전체 묶음을 전부 파싱해 어떤 취약점이 어떤 호스트에 적용되는지 목록을 만들어야 한다. 그러고 나서 각 호스트에 대한 이전의 취약점 목록을 새 목록으로 교체한다.

리스트 9-8: 오픈VAS 데이터베이스 추가를 하는 openvas-insert.py 코드

```
#!/usr/bin/env python3

from xml.etree.cElementTree import iterparse
from pymongo import MongoClient
import datetime, sys

client = MongoClient('mongodb://localhost:27017')
db = client['vulnmgt']

# 호스트 - OID 맵
❶oidList = {}

def usage():
  print ('''
Usage: $ openvas-insert.py <infile>
  ''')

def main():
  if (len(sys.argv) < 2): # 파일 지정하지 않음
    usage()
    exit(0)

  infile = open(sys.argv[1], 'r')

  for event, elem in iterparse(infile):

    if elem.tag == "result":
      result = {}

    ❷ ipaddr = elem.find("host").text
```

```
    (port, proto) = elem.find("port").text.split('/')
    result['port'] = port
    result['proto'] = proto
    nvtblock = elem.find("nvt") # 여기에 상당히 많은 내용이 담겨 있음

❸ oid = nvtblock.get("oid")
    result['oid'] = oid
    result['name'] = nvtblock.find("name").text
    result['family'] = nvtblock.find("family").text

❹ cvss = float(nvtblock.find("cvss_base").text)
    if (cvss == 0):
      continue
    result['cvss'] = cvss

    # 아래 항목들은 쉼표로 분리된 값을 하나 또는 그 이상 포함하고 있을 수 있음
    result['cve'] = nvtblock.find("cve").text.split(", ")
    result['bid'] = nvtblock.find("bid").text.split(", ")
    result['xref'] = nvtblock.find("xref").text.split(", ")

❺ tags = nvtblock.find("tags").text.split("|")
    for item in tags:
      (tagname, tagvalue) = item.split("=", 1)
      result[tagname] = tagvalue
    result['threat'] = elem.find("threat").text
    result['updated'] = datetime.datetime.utcnow()
    elem.clear()

❻ if db.vulnerabilities.count({'oid': oid}) == 0:
      db.vulnerabilities.insert(result)

❼ if ipaddr not in oidList.keys():
      oidList[ipaddr] = []
    oidList[ipaddr].append({'proto': proto, 'port': port, 'oid': oid})

❽ for ipaddress in oidList.keys():
    if db.hosts.count({'ip': ipaddress}) == 0:
```

```
            db.hosts.insert({'ip': ipaddress,
                             'mac': { 'addr': "", 'vendor': "Unknown" },
                             'ports': [],
                             'hostnames': [],
                             'os': [],
                             'updated': datetime.datetime.utcnow(),
                             'oids': oidList[ipaddress]})
        else:
            db.hosts.update_one({'ip': ipaddress},
                             {'$set': { 'updated':
                             datetime.datetime.utcnow(),
                             'oids': oidList[ipaddress]}})

    infile.close() # 완료

main()
```

nmap-insert.py(리스트 9-5)에서와 마찬가지로 필요한 정보를 모으면서 각 결과를 순환한다. 먼저 취약한 호스트의 IP 주소를 추출한다❷. 다음으로 nvt 태그의 하위 태그에서 OID(취약점을 식별하려는 목적)❸, CVSS 점수(CVSS 점수가 0인 취약점은 무시함)❹, cve, bid, xref 항목(쉼표로 구분되는 값을 한 개 또는 그 이상 포함하고 있음)을 수집한다. 그런 다음 tags에서 키-값 쌍을 가져오는데, 이 태그는 각 취약점 레코드 내에 자유롭게 기술하는 양식으로 파이프 문자(|)를 사용해 키와 값을 구분한다. 이 항목에는 어떤 것이 있는지 혹은 없는지 미리 알 수 없기 때문에 스크립트에서는 그냥 모든 키-값 쌍을 파싱하고❺, 있던 그대로 다른 데이터와 함께 몽고 vulnerabilities 도큐먼트에 추가해 넣는다❻. 해당 취약점이 vulnerabilities 데이터베이스에 이미 존재하면 스크립트는 아무것도 추가하지 않는다.

다음에는 해당 호스트에서 발견된 각각의 취약점에 대한 정보와 함께 호스트에 대한 항목을 호스트-취약점 매핑인 oidList❶에 추가하거나 수정한다❼. 모든 취약점을 훑어 작업을 마치면 앞에서 만들었던 사전을 루프로 돌면서 이 매핑 정보를 사용해 hosts에서 영향을 받는 각각의 host 도큐먼트에 OID를 추가할 수 있다❽.

기능 변경과 확장

오픈VAS 스캔 결과에 들어있는 것 중 유용한 다른 정보를 발견하면 그것도 저장하자. 스캔 보고서 데이터 전체를 몽고 도큐먼트에 저장해도 되기는 한다. 하지만 tags 섹션 같은 항목만 파싱해서 별도의 섹션에 먼저 넣는 것이 나을 수도 있다. 이 경우 훨씬 더 많은 저장 공간을 차지한다.

오픈VAS 결과와 엔맵 결과에는 겹치는 부분이 상당히 많아서 내 경우에는 엔맵과 중복되는 결과(예를 들어 열려있는 포트 같은 정보)는 가져오지 않으려 하는 편이다. 엔맵 결과를 보완하거나 덮어쓰는 것도 괜찮고, 아니면 오픈VAS만 쓰는 것도 방법이다.

특정 취약점 분야를 찾는 것에 관심이 있으면 몽고 도큐먼트를 생성하기 전에 cvss_base_vector 태그를 확장하면 된다(예를 들어 "Access vector": "remote", "confidentiality impact": high" 등). tags 항목과 비슷한 방법으로 이 항목도 :와 / 문자로 키와 값을 구분하면서 파싱한다.

리스트 9-8은 BID/CVE ID가 아니라 OID를 고유 식별자로 사용하는데, 이는 모든 스캔 결과에 BID/CVE ID가 있지는 않지만 모든 결과에 OID는 반드시 들어있기 때문이다. 아쉽게도 이것 때문에 또 다른 문제가 생긴다. 오픈VAS는 하나의 호스트에서 동일한 테스트를 여러 번 실행하는 것을 동일한 OID를 사용해 트래킹한다. 예를 들어 하나의 호스트에 열려 있는 모든 포트에서 '서비스 감지' 테스트를 돌리면 모든 결과를 동일한 OID로 설명만 다르게 해서 보고한다. OID마다 하나의 도큐먼트만 저장하게 하면 스크립트 실행 후 충돌하는 보고서는 덮어써버린다. 그렇지만 이 현상은 낮은 중요도(심각성 정도 0.0)의 테스트에서만 발생하는 것으로 보이기 때문에 나는 이런 결과를 전적으로 무시한다. 독자의 상황에서는 이렇게 하는 것이 맞지 않을지도 모른다. 나는 특정한 값(이를테면 OID, 요약, 포트, 설명 등)으로부터 해시를 생성해 그 해시를 고유 식별자로 사용하는 것도 고려해봤다(결국 그렇게 하진 않는 것으로 결론지었지만). 그런 방식을 쓰면 스크립트 실행으로 여러 번의 테스트 결과가 있어도 하나의 인스턴스만 저장하면서도 어떤 데이터도 손실하지 않는다. 여러분이 처한 환경에서 이처럼 낮은 중요도의 테스트 결과도 중요하다면 취약점 주요 식별자를 OID에서 hash로 교체하는 것도 고려해보기 바란다.

이와 유사하게 오래돼 정확하지 않은 취약점 매핑 문제에 대해 내가 사용한 해법, 즉 호스트마다 오래된 매핑 전부를 삭제하고 대체하는 방법은 특히 여러 대의 스캐너를 돌려 취약점 데이터를 끌어내는 곳 같은 환경에서는 작동하지 않을 수도 있다. 호스트 도큐먼트 안에 들어있는 취약점 매핑 정보에 scanner 태그를 추가하면 새 스캔 결과를 가져올 때 적절한 매핑 정보만 삭제할 수 있다.

요약

9장에서는 실제 작동하는 취약점 관리 시스템을 만드는 첫발을 떼었다. 축하한다. 엔맵과 오픈VAS 데이터가 데이터베이스로 들어오면서 자신이 속해 있는 기업의 현재 취약점 상태를 통찰할 수 있는 간단한 보고서 작성도 시작할 수 있다.

하지만 보고서를 작성하기 전에 잠시 멈추고 유지 보수 작업을 몇 가지 해야 한다. 10장에서는 데이터베이스 구조를 개선하고 인덱스를 써서 검색 시간을 향상시키는 방법을 탐구해본다. 보고서에는 실행으로 즉시 옮길 수 있는 신선한 정보만 담길 수 있게끔 오래된 데이터를 자동으로 빼 버리는 스크립트도 작성해본다.

10

데이터베이스 유지 관리

이제 여러분의 데이터베이스에는 엔맵과 오픈VAS 스캔 결과를 파싱해서 얻은 호스트와 취약점에 대한 정보가 들어있다. 의미 있는 보고서를 만들어내려면 기업의 환경에 대해 정확하고 일관되며 최신 상태의 정보를 담고 있는 질 좋은 데이터베이스에서 출발해야 한다. 그런 보고서를 신속하게 생성할 수 있는 능력도 꽤 도움이 된다. 10장에서는 예제를 통해 데이터베이스를 개선하는 방법을 다룬다. 인덱스를 추가해 쿼리 성능을 높이고 인덱스에 넣을 수 있는 값을 제한해 데이터 무결성도 확보할 것이다. 그리고 낡은 데이터를 자동으로 삭제해 가장 최신의 취약점 발견 정보를 기반으로 보고서가 만들어지게 하는 방법도 살펴본다.

데이터베이스 인덱스 정의

몽고DB에서 어떤 키를 인덱스로 사용하겠다고 지정하면 그와 같이 지정한 키-값 쌍으로 컬렉션 내의 도큐먼트에서 검색을 주로 실행할 가능성이 높다고 하부 시스템에 알려주는 셈이 된다. 이런 이유 때문에 몽고는 그러한 특정 키에 대한 값의 인덱스를 유지함으로써 검색과 추출을 훨씬 더 빠르게 할 수 있게 한다.

두 가지 이유에서 몽고DB 내의 도큐먼트 컬렉션에 인덱스를 추가해야 한다. 첫째, 어떤 키를 인덱스로 설정하면 키를 대상으로 하는 검색이 훨씬 빨라지고 효율적으로 진행된다. 데이터베이스가 점점 커지고 데이터베이스에 엄청난 양을 쿼리하는 분석 스크립트를 작성하는 일이 많아질수록 인덱스 지정 습관이 더 중요해진다.

둘째, 인덱스는 데이터 무결성에 도움이 된다. unique 속성을 가진 인덱스를 쓰면 주어진 키-값으로는 도큐먼트가 오직 한 개만 존재할 수 있게 몽고에 지시해 데이터베이스에 데이터가 우연히 중복해서 존재하는 문제가 생기지 않게 해준다. 예를 들어 IP 주소 키를 유일 속성 인덱스로 지정하면 기존 도큐먼트와 같은 IP 주소를 갖는 새로운 도큐먼트를 추가하려고 할 때 오류를 발생시킨다.

인덱스 설정

createIndex 명령을 사용해 인덱스를 설정한다. 지금은 일단 각각의 컬렉션에서 유일하게 식별되는 항목인 IP 주소(hosts 컬렉션)와 OID(vulnerabilities 컬렉션)에만 인덱스를 설정하자. 인덱스를 설정하는 문법은 다음과 같다.

```
db.hosts.createIndex({keyname:1}, {unique:1})
```

코드에서 keyname은 인덱스를 생성한다는 의미고, unique:1은 이 항목이 유일한 속성 키가 되게 하고 싶다는 뜻이다.

이제 몽고DB를 열어 리스트 10-1에 있는 것처럼 인덱스를 두 개 설정한다.

리스트 10-1: 인덱스 생성

```
$ mongo
> use vulnmgt
switched to db vulnmgt
> db.hosts.createIndex({ip:1}, {unique:1})
❶{
  "createdCollectionAutomatically" : false,
  "numIndexesBefore" : 1,
  "numIndexesAfter" : 2,
  "ok" : 1
}
> db.vulnerabilities.createIndex({oid:1}, {unique:1})
{
  "createdCollectionAutomatically" : false,
  "numIndexesBefore" : 1,
  "numIndexesAfter" : 2,
  "ok" : 1
}
```

인덱스 생성은 도큐먼트 컬렉션의 크기에 따라 적지 않은 시간이 걸릴 수 있다. 그 점이 미리 인덱스를 만들어두는 크나큰 이유이기도 하다. createIndex 명령이 성공하면 만들어진 인덱스에 대한 정보를 담고 있는 JSON 문서를 결과로 표시한다❶.

인덱스 테스트

유일 속성 인덱스를 설정하고 나면 기존 키 값을 사용하는 새 도큐먼트를 정말 넣을 수 없게 되는지 테스트해보자. 리스트 10-2에 보여주는 것처럼 기존 키를 찾아 똑같은 키 값을 사용하는 새 도큐먼트를 만들어본다.

리스트 10-2: 유일 속성 제한 테스트

```
> db.hosts.find({ip: "10.0.1.18"})
{ "_id" : ObjectId("57d734bf1d41c8b71daaee13"), "mac" : { "vendor" : "Raspberry
Pi Foundation", "addr" : "B8:27:EB:59:A8:E1" }, "ip" : "10.0.1.18", "ports" :
[ { "port" : "22", "state" : "open", "service" :
--중략--
> db.hosts.insert({ip:"10.0.1.18"})
WriteResult({
  "nInserted" : 0,
  "writeError" : {
    "code" : 11000,
  ❶ "errmsg" : "insertDocument :: caused by :: 11000 E11000 duplicate key
    error index: vulnmgt.hosts.$ip_1 dup key: { : \"10.0.1.18\" }"
  }
})
> db.vulnerabilities.find({oid:"1.3.6.1.4.1.25623.1.0.80091"})
{ "_id" : ObjectId("57fc2c891d41c805cf22111f"), "oid" :
"1.3.6.1.4.1.25623.1.0.80091", "summary" : "The remote host implements TCP
timestamps and therefore allows to compute\nthe uptime.", "cvss" : 2.6,
--중략--
> db.vulnerabilities.insert({oid:"1.3.6.1.4.1.25623.1.0.80091"})
WriteResult({
  "nInserted" : 0,
  "writeError" : {
    "code" : 11000,
  ❷ "errmsg" : "insertDocument :: caused by :: 11000 E11000 duplicate key
    error index: vulnmgt.vulnerabilities.$oid_1 dup key: { :
    \"1.3.6.1.4.1.25623.1.0.80091\" }"
```

```
    }
  })
```

기존 도큐먼트와 같은 유일한 인덱스 값을 사용하는 새 도큐먼트를 추가하려고 하면 몽고DB에서 duplicate key index 오류❶❷를 보여준다. 이 오류 테스트에 나타나듯이 데이터베이스 컬렉션 내에 중복이 발생하게 만들 수도 있는 어설픈 코딩을 미연에 방지해준다.

기능 변경과 확장

도큐먼트 구조에 있는 다른 키를 인덱스로 사용해도 된다. 예를 들어 9장에서 취약점 결과를 유일하게 식별하는 목적으로 해시 값을 사용했으면 OID 대신 해당 해시 값을 인덱스로 사용하는 편이 낫다.

데이터베이스 크기가 이미 상당히 큰 경우이거나 11장과 13장에서 사용하게 될 특정 쿼리를 결정하기도 전에 데이터베이스가 훨씬 더 커질 것으로 예상하는 경우라면 지금 미리 읽어보고 어떤 키를 인덱싱해서 시간을 절약할 수 있을지 정하는 것이 좋다.

최신 데이터 유지

보고서의 품질은 그 보고서가 가져다 쓰는 데이터의 품질을 따라가게 마련이라서 정보를 최신으로 유지하는 것이 중요하다.

엔맵과 오픈VAS에서 가져온 호스트 정보를 삽입하는 스크립트는 호스트 정보를 업데이트하고 필요하면 새로운 호스트를 추가한다. 그러면 오래된 호스트는 어떻게 할까? 1월에 서버를 스캔해서 데이터베이스에 나타나는데, 2월에 폐기

처분된다고 가정해보자. 오래된 낡은 정보를 데이터베이스에서 도태시켜서 유령 호스트가 아닌 실제 살아있는 호스트와 취약점을 보고해야 한다.

취약점 정보는 일단 데이터베이스에 추가되고 나면 상대적으로 정적인 데이터이기 때문에 취약점 데이터베이스는 그대로 둬도 된다. 취약점 매핑 정보는 취약점 스캔 보고서를 가져올 때마다 매번 정리하고 새로 생성하기 때문에(9장 '오픈VAS 결과를 데이터베이스에 추가' 절 참고) 정기적으로 스캔하고 결과를 가져오는 방식을 유지하기만 하면 데이터가 낡아서 맞지 않게 되는 일은 생기지 않는다.

정리 기준 결정

가장 최근에 스캔했을 때 발견되지 않은 모든 항목을 지우면 스캔 시간에 어떤 시스템이 잠시 꺼져 있거나 네트워크가 끊어져 있었다는 이유만으로 중요한 데이터를 손실하게 될 위험이 있다. 하지만 데이터를 무한정 보존하면 무관한 데이터로 데이터베이스를 채워 정작 필요한 살아있는 정보를 찾아내기는 더 어렵게 될지도 모른다. 오래된 데이터는 얼마나 오래 보관해야 할까? 아니면 몇 번 스캔하는 동안 특정 호스트에 업데이트가 없으면 사라진 것으로 판단하고 지워도 되는 걸까?

답은 분석가가 일하는 기업 환경에서 얼마나 자주 스캔을 하며 자산 관리 정책이 있어 제대로 돌아가고 있는지에 따라 달라진다. 다음 절에 나올 스크립트는 매주 한 번 스캔하고 1개월(4번의 스캔 주기) 동안 업데이트되지 않은 정보는 낡은 것으로 간주해 삭제하는 것으로 간주하고 작성했다.

지금까지의 스크립트는 타임스탬프timestamp와 함께 모든 데이터베이스 항목을 삽입하고 데이터가 업데이트될 때마다 타임스탬프도 업데이트한다. 따라서 그 타임스탬프를 사용해 hosts 데이터베이스 내에서 최소 4주간 업데이트되지 않았던 도큐먼트를 삭제한다.

이러한 정리 작업을 수행하는 방법이 몇 가지 있다. 몽고DB 커맨드라인에서 수동으로 명령을 실행해도 되고, 몽고DB 명령을 자동으로 실행하는 배시 스크립트를 작성해도 되고, 모든 작업을 하나의 파이썬 스크립트에 넣어 만들어도 된다. 일관성을 유지한다는 목표로, 여기서는 파이썬으로 정리 작업을 해보기로 한다.

파이썬으로 데이터베이스 정리

리스트 10-3은 일정 날짜보다 오래 변경되지 않은 레코드를 삭제해 데이터베이스를 정리하는 코드다. 이 스크립트는 기본 설정으로 28일 이상 오래된 데이터는 낡은 데이터로 간주해 삭제할 수 있다.

리스트 10-3: 데이터베이스를 정리하는 간단한 스크립트 db-clean.py

```
#!/usr/bin/env python3

# 버전 0.2
# Andrew Magnusson

from pymongo import MongoClient
import datetime, sys

client = MongoClient('mongodb://localhost:27017')
db = client['vulnmgt']

❶ olderThan = 28

def main():

❷ date = datetime.datetime.utcnow()
❸ oldDate = date - datetime.timedelta(days=olderThan)

❹ hostsremoved = db.hosts.find({'updated': {'$lt': oldDate}}).count()
❺ db.hosts.remove({'updated': {'$lt': oldDate}})
```

```
❻ print("Stale hosts removed:", hostsremoved)

main()
```

이 스크립트는 현재 날짜❷를 계산한 뒤 olderThan❶을 사용해 도큐먼트를 삭제할 기준일을 구한다❸. 다음으로 데이터베이스를 조회해 updated 값이 삭제 기준일보다 오래된 모든 도큐먼트 목록을 얻어내고❹ 몽고DB에 모두 삭제하라는 명령을 내려 도큐먼트들을 지운 뒤에❺ 삭제된 도큐먼트의 목록을 출력한다❻.

이 스크립트는 28일이라는 삭제 간격을 가정하고 만들어졌기 때문에 크론으로 일정을 걸어 적어도 28일마다 한 번 이상 실행해줘야 한다. 일정으로 만드는 것은 12장에서 더 자세히 알아본다.

기능 변경과 확장

분석가 각자가 엔맵을 실행하는 날짜 간격과 취약점 스캐너로 스캔하는 날짜 간격에 맞게 리스트 10-3에 있는 스크립트에서 '낡은 데이터' 변수(olderThan)를 바꿔보자. 스캔 간격은 12장에서 더 자세히 살펴본다.

스크립트 대신 몽고 TTL 인덱스를 사용해도 된다. 호스트 컬렉션에 TTL 인덱스를 추가하면 예를 들어 업데이트된 항목이 28일 이상 변경되지 않을 경우 몽고DB가 자동으로 레코드를 삭제하게 한다. 이럴 경우 데이터를 대상으로 분석을 수행하고 있는 동안 삭제 주기가 도래하지 않게 특별히 주의하기 바란다.

요약

데이터베이스 속도도 높이고 데이터 품질도 개선했으니 이 데이터베이스로 분석가에게 도움이 되는 것을 뭘 할 수 있을지 생각해볼 시간이다. 11장에서는 데이터베이스에서 정보를 꺼내는 방법과 사람이 읽기 좋은 형태로 어떻게 만들 것인지 알아본다. 간단한 자산 보고서와 취약점 보고서부터 시작해보자.

11

자산 보고서와 취약점 보고서 만들기

이제 작업할 자산 데이터와 취약점 데이터가 있으니 그 데이터를 사용해 데이터베이스 내의 각 기기에 대한 자산 정보 보고서를 만들어볼 것이다. 부서장님이 “우리 회사에 리눅스 서버가 몇 대나 있죠?”, “오늘 아침에 뉴스에서 들은 이 신규 제로데이 취약점에 취약한 데스크톱이 회사에 몇 대 있는지 파악이 됐어요?”라고 물으시면 여기서 만드는 보고서를 활용해 자신 있게 답을 드리자. 11장을 시작하기 전에 10장에서 설명한 데이터베이스 유지 관리 단계부터 확실하게 이해하고 오기 바란다.

자산 보고서

자산 보고서asset report는 여러분이 소속된 환경 내에 있는 서로 다른 시스템 모두를 개괄적으로 보여주는 개요 문서다. 각 시스템이 실행 중인 OS와 서비스가 어떤 것인지, 각각에는 얼마나 많은 취약점이 있는지와 같은 정보도 포함한다.

자산 보고서는 기업 내의 취약점 환경을 개별 호스트 기반의 개요 형태로 보고 싶을 때 유용하다. 이 보고서가 있으면 다음과 같은 질문에 답을 할 수 있다.

- 우리 환경에 호스트는 몇 대 있을까?
- 리눅스 서버는 몇 대나 있을까?
- 운영 서버에 취약점이 얼마나 많이 존재할까?
- 패치를 할 필요가 가장 큰 워크스테이션은 어떤 것일까?

보고서 기획

보고서 작성 계획을 세울 때에는 보고서에 반드시 포함해야 하는 정보가 무엇일지 정하는 시간을 충분히 갖자. OS 정보, 열려있는 포트, 서비스, 취약점이 열거된 호스트 목록을 포함해 이미 갖고 있는 데이터의 양은 어마어마하게 많다. 이 모든 정보를 거대한 하나의 스프레드시트에 때려 넣어도 되겠지만 그렇게 하면 데이터를 헤집고 다니며 샅샅이 골라내는 작업을 해야 한다. 그러는 대신 여기서는 가장 중요한 데이터만으로 훨씬 더 작고 읽기 좋은 형태인 CSV 파일을 만들 생각이다.

마이크로소프트 엑셀Microsoft Excel이나 다른 스프레드시트 프로그램을 사용해서 CSV 파일에 들어있는 데이터를 열람하고 정렬하고, 더 자세한 보고서를 만들고, 더 심도 있는 데이터 분석을 하는 것도 가능하다. 예를 들어 OS마다 취약점 개수를 세어 표시하는 피벗 테이블을 생성할 수도 있고 OS나 열려있는 포트를 기준으로 자산 목록을 요약할 수도 있다.

뒤에서 사용하게 될 스크립트는 데이터베이스에 있는 각 호스트에 대해 다음과 같은 정보를 수집한다.

- IP 주소
- 호스트명(존재하는 경우)

- OS
- 열려있는 포트(TCP와 UDP)
- 탐지된 서비스
- 발견된 취약점 수
- CVE를 기준으로 한 취약점 목록

표 11-1은 열려있는 포트, 탐지된 서비스, CVE 목록 같은 각 열의 출력 예를 보여준다. 각각은 세미콜론으로 분리된 값의 목록으로 분량을 줄여 표시한다.

값을 여러 개 갖는 항목으로 줄여서 쓰면 가독성을 희생하는 대신 데이터를 검색 가능한 형식으로 유지하게 된다. 단일 CSV 형식 레코드에 모든 데이터를 표현하려면 어쩔 수 없이 필요한 타협이기도 하다.

표 11-1: 자산 보고서 출력 형식

열 이름	데이터 예
IP 주소	10.0.1.1
호스트명	
OS	NetBSD 5.0 ? 5.99.5
열려있는 TCP 포트	53; 5009; 10000;
열려있는 UDP 포트	
탐지된 서비스	domain; snet-sensor-mgmt; airport-admin;
발견된 취약점	1
CVE 목록	NOCVE

데이터 가져오기

이 책에서는 주로 호스트에 초점을 맞추려고 때문에 가장 먼저 할 일은 호스트 목록을 찾는 것이다. 여기서는 몽고DB에서 각 호스트를 유일하게 식별하고자 IP 주소를 사용하므로 IP 주소당 하나의 유일한 고유 도큐먼트가 있다는 점은 보장된다.

hosts 컬렉션에서 서로 다른 IP 주소 목록을 모두 구하려면 몽고 셸에서 다음 명령을 입력한다.

```
> db.hosts.distinct("ip")
```

IP 주소 목록을 구했으면 리스트 11-1에 있는 쿼리를 실행하자. 다음은 find를 사용해 주어진 IP 주소를 갖는 호스트에 대해 상세한 정보를 찾는 쿼리다.

리스트 11-1: 1개의 ip에 대한 몽고 출력으로, 보기 편하게 줄 바꿈과 들여쓰기를 표시했다.

```
❶ > db.hosts.find({ip:"10.0.1.18"})
  {
    "_id": ObjectId("57d734bf1d41c8b71daaee13"),
    "mac": {
      "vendor": "Raspberry Pi Foundation",
      "addr": "B8:27:EB:59:A8:E1"
    },
    "ip": "10.0.1.18",
    ❷ "ports": [
        {
          "state": "open",
          "port": "22",
          "proto": "tcp",
          "service": "ssh"
        },
        {
```

```
            "state": "open",
            "port": "80",
            "proto": "tcp",
            "service": "http"
          },
--중략--
      "updated": ISODate("2020-01-05T02:19:11.974Z"),
    ❸ "hostnames": [],
      "os": [
        {
          "cpe": [
            "cpe:/o:linux:linux_kernel:3",
            "cpe:/o:linux:linux_kernel:4"
          ],
        ❹ "osname": "Linux 3.2 - 4.0",
          "accuracy": "100"
        }
      ],
      "oids": [
        {
          "proto": "tcp",
        ❺ "oid": "1.3.6.1.4.1.25623.1.0.80091",
          "port": "general"
        }
      ]
```

db.hosts.find 쿼리❶의 출력을 보면 열려있는 ports❷가 포트 번호, 프로토콜 proto, 서비스 이름과 함께 표시되고 호스트 이름을 찾아낸 것이 있으면 탐지된 호스트 이름 목록❸이 나열되며, OS 이름이 탐지됐으면 OS 이름❹도 표시되고, 스캐너가 이 호스트에서 찾아낸 취약점이 하나라도 있으면 취약점의 OID❺가 나열된다.

리스트 11-2에 있는 스크립트를 사용하면 호스트 도큐먼트에서 각 oid를 검색

해서 관련된 CVE들을 알아낼 수 있다.

리스트 11-2: 1개의 oid에 대한 몽고 출력에서 일부 발췌한 것으로, 줄 바꿈과 들여쓰기를 보기 편하게 바꿔 표시했다.

```
> db.vulnerabilities.find({oid:"1.3.6.1.4.1.25623.1.0.80091"})
{
  "_id": ObjectId("57fc2c891d41c805cf22111f"),
  "oid": "1.3.6.1.4.1.25623.1.0.80091",
  "summary": "The remote host implements TCP timestamps and therefore allows
  to compute\nthe uptime.",
  "cvss": 2.6,
  "vuldetect": "Special IP packets are forged and sent with a little delay in
  between to the\ntarget IP. The responses are searched for a timestamps. If
  found, the\ntimestamps are reported.",
  "bid": "NOBID",
  "affected": "TCP/IPv4 implementations that implement RFC1323.",
  "threat": "Low",
  "description": "It was detected that the host implements RFC1323.\n\nThe
  following timestamps were retrieved with a delay of 1 seconds in-between:\n
  Paket 1: 1\nPaket 2: 1",
  "proto": "tcp",
  "insight": "The remote host implements TCP timestamps, as defined by
  RFC1323.",
--중략--
  "impact": "A side effect of this feature is that the uptime of the remote\n
  host can sometimes be computed.",
❶ "cve": [
    "NOCVE"
  ],
  "name": "TCP timestamps",
  "updated": ISODate("2020-10-11T00:04:25.601Z"),
  "cvss_base_vector": "AV:N/AC:H/Au:N/C:P/I:N/A:N"
}
```

지금은 앞에 표시한 취약점과 연관된 CVE나 CVE들❶에 관심이 있을 뿐이다. 하지만 리스트 11-2의 출력 결과에는 나중에 살펴볼 만한 부가 정보도 상당히 많이 들어있다. 이와 같은 일반적인 쿼리를 하면 필요한 정도 이상으로 많은 정보가 나오기 마련이라서 집중하고자 하는 정보만 파싱해내는 스크립트를 사용하는 이유가 된다.

짚고 넘어갈 사안 하나가 더 있다. 앞서 '오픈VAS 결과를 데이터베이스에 추가' 절에서 살펴봤듯이 각 OID는 하나 이상의 CVE와 연관돼 있을 수도 있다. 여러분은 취약점 전체 개수를 셀 때 연관된 CVE 각각을 별도의 취약점으로 취급하고 있을까? 아니면 특정 CVE의 개수와는 다를 수도 있는 OID 개수에 의거해 판단하고 있을까? 다음 절에 나오는 스크립트는 OID 개수를 사용하는데, 이유는 스캐너가 알려준 결과를 더 잘 반영하기 때문이다. 일반적으로 하나의 OID와 연관돼 있는 복수의 CVE들은 서로 아주 비슷한 경우가 많다. 다른 방법으로 발견된 결과 내의 NOCVE나 CVE-XXX-XXXX 전체 개수에 근거를 두는 방법이 있다. 이러한 접근 방식은 오픈VAS가 알려주는 낮은 심각성 정도를 가지는 수많은 결과는 그다지 중요하지 않고 자체적인 CVE 식별자가 있을 정도로 심각한 결과에만 관심이 있는 경우에 통하는 합리적인 방식일 수 있다.

스크립트 분석

리스트 11-3은 앞의 절에서 자산 보고서를 만들려고 작성했던 쿼리를 다시 활용한다.

리스트 11-3: asset-report.py 스크립트

```
#!/usr/bin/env python3
from pymongo import MongoClient
❶mport datetime, sys, csv
client = MongoClient('mongodb://localhost:27017')
```

```
db = client['vulnmgt']
outputFile = "asset-report.csv"
❷header = ['IP Address', 'Hostname', 'OS', 'Open TCP Ports',
'Open UDP Ports', 'Detected Services', 'Vulnerabilities Found',
'List of CVEs']
def main():
  with open(outputFile, 'w') as csvfile:
    linewriter = csv.writer(csvfile)
  ❸ linewriter.writerow(header)
    iplist = db.hosts.distinct("ip")
  ❹ for ip in iplist:
      details = db.hosts.find_one({'ip':ip})
      openTCPPorts = ""
      openUDPPorts = ""
      detectedServices = ""
      serviceList = []
    ❺ for portService in details['ports']:
        if portService['proto'] == "tcp":
          openTCPPorts += portService['port'] + "; "
        elif portService['proto'] == "udp":
          openUDPPorts += portService['port'] + "; "
        serviceList.append(portService['service'])
    ❻ serviceList = set(serviceList)
      for service in serviceList:
        detectedServices += service + "; "
      cveList = ""
    ❼ if 'oids' in details.keys():
        vulnCount = len(details['oids'])
        for oidItem in details['oids']:
          oidCves = db.vulnerabilities.find_one({'oid':
          oidItem['oid']})['cve']
          for cve in oidCves:
            cveList += cve + "; "
      else:
        vulnCount = 0
```

```
    ❽ if details['os'] != []:
        os = details['os'][0]['osname']
      else:
        os = "Unknown"
      if details['hostnames'] != []:
        hostname = details['hostnames'][0]
      else:
        hostname = ""
    ❾ record = [ details['ip'], hostname, os, openTCPPorts,
      openUDPPorts, detectedServices, vulnCount, cveList]
      linewriter.writerow(record)
  ❿ csvfile.close()
main()
```

스크립트는 크게 헤더와 선언 부분, main() 안에 있는 메인 루프 부분 이렇게 두 부분으로 나뉜다. CSV 파일을 출력하고자 파이썬의 csv 라이브러리를 불러온다❶. CSV 파일의 전체적인 형식은 header 배열❷로 설정하고 출력 파일에 이 배열을 맨 먼저 기록한다❸.

스크립트의 메인 루프❶는 몽고DB 내에서 서로 구별되는 IP 주소 목록을 순차적으로 훑어가면서 각 IP 주소와 연관된 도큐먼트를 끌어온다. ports 구조체❺에서 TCP와 UDP에 열려있는 모든 포트와 서비스 이름을 수집하고 서비스 이름 목록을 집합 자료형으로 바꿔❻ 중복을 제거한 뒤(여러 포트가 동일한 서비스 이름을 보고할 수 있기 때문) 포트와 이름을 세미콜론으로 구분된 문자열에 써넣는다. 그리고 취약점 개수와 목록을 구하고자 호스트 상세 정보에 oids 키가 있는지 확인하고 발견된 OID의 개수를 세고 나서 vulnerabilities 컬렉션을 쿼리해 해당되는 CVE 식별자를 추출해낸다❼. 다음에는 OS 이름을 수집하고 정보가 들어있지 않을 경우 탐지된 OS에 Unknown이라고 채운다❽. 마지막으로 여태까지 모은 모든 정보를 출력 CSV에 넣을 한 줄로 추려 정리한 뒤에❾ 출력 파일에 쓴다. 그리고 나서 목록에 있는 다음 IP 주소로 넘어간다. 모든 IP 주소로 루프를 다 돌고 마친 다음에는 CSV 파일을 닫아 출력 결과를 디스크로 저장한다❿.

기능 변경과 확장

자산 보고서를 더 보기 좋게 꾸민 HTML, PDF, 워드 문서 형식으로 출력할 수도 있다. 세 가지 형식으로 출력하는 모듈이 파이썬에 이미 있다. 하지만 그런 형식으로 만든 보고서는 다른 프로그램에서 CSV를 다루던 식으로 쉽게 수정하거나 정렬하지 못한다. 따라서 정보를 파일로 만들어내기 전에 스크립트에서 IP 주소, OS, 취약점 수 등으로 자산을 정렬해야 되는 경우도 있다.

필요에 따라 자산에 대해 다른 상세 정보를 수집하거나 특정 항목을 더 조작하는 것도 가능하다. 예를 들어 탐지된 OS 이름을 취합 목적으로 활용하려고 하면 너무 지나치게 상세하게 분류돼 있거나 반대로 정보가 충분치 못한 경우가 흔하다. 따라서 이런 경우에는 'Windows'나 'Linux'처럼 여러 상세 분류를 묶은 OS 종류 항목을 생성해도 된다. `osname` 항목을 대상으로 문자열 매칭이나 정규표현식regular expressions을 써서 더 일반적인 OS 종류로 각각의 호스트를 분류하면 된다.

호스트 일부에 대한 보고서를 만들고 싶으면 몽고DB 쿼리나 파이썬 스크립트에 로직을 추가해 결과 레코드 중 일부를 선택한다. 이렇게 하는 자세한 방법은 13장에서 다룬다.

취약점 보고서

취약점 보고서는 기업 환경에 있는 특정 취약점을 개괄적으로 보여주는 자료다. 이 보고서는 긴급한 취약점을 해결해야 할 때 유용하다. 예를 들어 어떤 특정 취약점이 기업 내에 널리 퍼지고 있는 것을 보여줄 수 있으면 긴급 패치를 적용하기 위한 비상 대응 상황을 시작할 수 있다.

보고서를 생성하려면 몽고DB에서 관련 데이터를 찾아 CSV 파일로 출력하는 스크립트를 작성한다. CSV 파일은 스프레드시트 프로그램에서 추가로 자세히 분석하기에 적합하다.

보고서 기획

앞서 살펴본 스크립트에서와 마찬가지로 분석가의 환경 내 취약점들에 대해 무엇을 알고 싶은지 먼저 결정해야 한다. 스캔 결과에서 가져온 취약점 데이터베이스(vulnmgt)와 **cvedb**(cve-서치로 생성되는 데이터베이스로, 대부분의 취약점 상세 정보의 원천이 되는 자료다)에 있는 많은 항목은 지금으로선 그리 관련이 없다. 어떤 것에 주목하고 싶은가? 다음 목록에 있는 항목 정도면 현재로선 충분하다.

- CVE ID
- 제목(cvedb에서 가져옴)
- 설명(cvedb에서 가져옴)
- CVSS 점수(cvedb에서 가져옴)
- CVSS 상세 정보(cvedb에서 가져옴)
- 이 취약점이 있는 호스트의 수
- 이 취약점이 있는 호스트의 IP 주소 목록

'호스트의 수' 항목과 CVSS 항목을 종합한 결과를 스프레드시트 프로그램에서 정렬하면 취약점 우선순위를 정할 수 있을 것이다.

표 11-2에 각 열의 출력 예를 표시했다. 앞서 봤던 표처럼 하나의 항목에 대해 여러 값이 있는 경우 세미콜론으로 구분한 목록으로 줄여 표시했다.

표 11-2: 취약점 보고서 출력 형식

열 이름	데이터 예
CVE ID	NOCVE
설명	원격 호스트가 TCP 타임스탬프를 수행한다. 시스템 업타임 계산을 가능하게 한다.
CVSS	2.6
기밀성 영향, 무결성 영향, 가용성 영향	일부, 없음, 없음
접근 경로, 접근 복잡성 정도, 인증 필요	네트워크, 높음, 없음
영향을 받는 호스트	1
호스트 목록	10.1.1.31

데이터 가져오기

취약점 정보는 호스트 각자 기준으로 저장돼 있고 오픈VAS OID로 참조한다. 따라서 스캔 결과를 수집했던 각 호스트에서 OID 목록을 먼저 수집하고 취약점 컬렉션을 교차 참조해 각 취약점에 대한 CVE(또는 CVE가 없다는 정보)를 알아낸 다음 cvedb 컬렉션에서 CVE 상세 정보를 가져온다. 리스트 11-4는 로직이 동작하는 방식을 의사코드로 설명했다.

리스트 11-4: 관련 CVE 검색을 하는 의사코드

```
hosts에 있는 각 호스트 별로:
  모든 OID 알아내기
  각 OID 별로:
    CVE 알아내기
    CVE 기준으로 호스트와 연관 관계 등록 (CVE => (영향을 받는 호스트 목록) 매핑)
각 CVE 별로:
  cvedb 항목 알아내기
  현재 CVE와 연관된 호스트를 알아내고 개수 세기
```

출력용 CSV에 넣을 행 작성

역방향 상관관계(CVE에서 호스트로 연관 짓기)를 그때그때 즉석에서 만들게 하면 호스트와 CVE 쌍만 갖고 있는 데이터베이스 컬렉션을 별개로 유지해야 하는 부담을 피할 수 있다.

어떤 OID는 하나 이상의 CVE를 가질 수도 있는 현상을 처리하려면 여러 개의 CVE를 포함하는 OID를 별도의 CSV 행으로 분리하는 방법을 쓰면 된다. 아니면 나머지도 거의 동일할 것이라는 가정하에 나머지 CVE들은 모두 무시하고 첫 번째로 연관되는 CVE만 선택해도 되긴 한다. 다음 절에 나올 스크립트는 OID를 개별 CVE로 분리하는 방식을 쓴다.

스크립트 분석

리스트 11-5에는 취약점 보고서 생성에 사용하는 코드를 표시했다.

리스트 11-5: vuln-report.py 스크립트

```
#!/usr/bin/env python3
from pymongo import MongoClient
import datetime, sys, csv
client = MongoClient('mongodb://localhost:27017')
db = client['vulnmgt']
cvedb = client['cvedb']
outputFile = "vuln-report.csv"
header = ['CVE ID', 'Description', 'CVSS', 'Confidentiality Impact',
'Integrity Impact', 'Availability Impact', 'Access Vector',
'Access Complexity', 'Authentication Required', 'Hosts Affected',
'List of Hosts']
def main():
  with open(outputFile, 'w') as csvfile:
```

```
linewriter = csv.writer(csvfile)
  linewriter.writerow(header)
    hostCveMap = {}
hostList = db.hosts.find({'oids': {'$exists' : 'true'}})
❶ for host in hostList:
  ip = host['ip']
❷ for oidItem in host['oids']:
    cveList = db.vulnerabilities.find_one({'oid':
        oidItem['oid']})['cve']
    for cve in cveList:
      if cve == "NOCVE":
        continue
    ❸ if cve in hostCveMap.keys():
        if ip not in hostCveMap[cve]:
          hostCveMap[cve].append(ip)
      else:
        hostCveMap[cve] = [ ip ]
❹ for cve in hostCveMap.keys():
    cvedetails = cvedb.cves.find_one({'id': cve})
    affectedHosts = len(hostCveMap[cve])
  listOfHosts = ""
  for host in hostCveMap[cve]:
    listOfHosts += host + "; "
    if (cvedetails):
      if "impact" not in cvedetails:
        cvedetails["impact"] = {"availability": None,
            "confidentiality": None, "integrity": None }
    if "access" not in cvedetails:
      cvedetails["access"] = {"authentication": None,
          "complexity": None, "vector": None }
      record = [ cve, cvedetails['summary'], cvedetails['cvss'],
          cvedetails['impact']['confidentiality'],
          cvedetails['impact']['integrity'],
          cvedetails['impact']['availability'],
          cvedetails['access']['vector'],
```

```
                cvedetails['access']['complexity'],
                cvedetails['access']['authentication'],
                affectedHosts, listOfHosts ]
        else:
          record = [ cve, "", "", "", "", "", "", "", "",
                affectedHosts, listOfHosts ]
        ❺ linewriter.writerow(record)
    csvfile.close()
main()
```

이 스크립트의 구조는 asset-report.py(리스트 11-3)와 아주 비슷하지만 까다로운 부분만 간단히 살펴보자. 주요 루프 두 개로 이뤄져 있는데, 첫 번째는 각 호스트를 훑으면서 CVE-호스트 매핑을 만드는 부분이고❶ 두 번째는 그렇게 해서 만들어진 매핑을 순환하며 관련된 각각의 CVE별로 내용을 한 줄씩 출력하는 부분이다❹.

첫 번째 루프는 각 호스트 도큐먼트를 순환하면서 OID 목록을 수집하고❷ **vulnerabilities** 컬렉션으로 정보를 해석해 CVE ID가 존재하면 그 ID로 연결한다. 그런 다음에는 취약한 호스트(IP 주소로 식별) 목록으로 매핑되는 CVE ID 딕셔너리를 만든다. 각 CVE가 **hostCveMap** 딕셔너리에 이미 들어있는지 확인하는 과정이 있다❸. 들어있는 경우 현재 IP 주소가 이미 관련 CVE로 매핑돼 있는지 확인한다. 그렇지 않으면 해당 키와 연관된 IP 주소의 목록에 추가한다. CVE가 매핑에 포함돼 있지 않고 그에 따라 연관된 IP 주소도 없으면 딕셔너리에 새로운 CVE 키를 생성하고 현재 IP 주소를 포함하는 목록을 만들어 딕셔너리 값으로 사용한다. 매핑이 완성되면 두 번째 루프❹에서는 **hostCveMap**에 있는 각 CVE 키별로 **cvedb** 데이터베이스에서 상세 정보를 끌어 모은다. 취약점 상세 정보에는 영향을 받는 호스트 목록을 세미콜론으로 구분한 하나의 값으로 축약한 항목도 포함돼 있고, 이 내용은 CSV 출력물에 하나의 행으로 기록된다❺.

기능 변경과 확장

리스트 11-5에서 사용한 취약점 분석 방법은 취약점이 있는 호스트 전체 컬렉션을 RAM으로 로딩해야 하기 때문에 호스트마다 여러 가지 취약점이 있는 수천 대 호스트의 대규모 데이터 세트를 대상으로 실행하기는 불가능할 수도 있다. 스크립트 실행 속도를 높이려면 호스트와 취약점 사이에 1:1 관계 컬렉션을 미리 만들어놓고 나서 찾으려는 CVE의 영향을 받는 모든 호스트에 대해 컬렉션에서 쿼리하는 방법도 있다. 전용 스크립트를 만들어도 되고 오픈VAS 출력 파일을 파싱하면서 이러한 컬렉션을 만들게끔 openvas-insert.py 스크립트(리스트 9-8)를 수정해도 된다. 이렇게 하면 취약점이 있는 호스트 전체 컬렉션을 RAM으로 로딩하는 부담을 덜 수 있다. 하지만 다른 스크립트들에 부가적인 코드를 약간 추가해야 하고 낡은 데이터를 지워야 하며, 관련 인덱스가 제대로 만들어졌는지도 확인해야 한다('데이터베이스 인덱스 정의' 참고). 별개로 만든 도큐먼트 컬렉션이 이러한 매핑을 제공하기 때문에 데이터를 삽입하고 삭제하는 다른 스크립트들이 이와 같은 매핑을 인식하게끔 업데이트할 필요도 있다.

앞서 말했듯이 오픈VAS와 cve-서치 둘 다 CVSSv3 점수는 제공하지 않기 때문에 이 데이터베이스는 CVSSv2 점수만 활용한다. CVSSv3 점수가 중요한 환경에서 일하는 분석가라면 그런 차이를 메울 수 있는 다른 데이터 소스를 사용하기 바란다.

이 스크립트는, CVE가 NOCVE라고 보고된 오픈VAS 결과는 모두 무시하게 만들어져 있다. 일반적으로는 심각성 정도가 낮은 이슈에 해당한다. 이런 결과까지도 보고서에 포함하고 싶다면 CVE 데이터베이스가 아닌 오픈VAS 데이터에서 대부분의 항목을 끌어와 결과를 채워야 한다.

요약

11장에서는 취약점 데이터베이스에 있는 데이터를 사용해 첫 보고서를 만들어 봤다. 이 데이터베이스의 가장 중요한 두 가지 포인트는 호스트(자산) 정보와 스캔으로 찾아낸 취약점 정보이기 때문에 이들 두 가지 변수에 따라 보고서를 만드는 것이 자연스럽다.

12장에서는 약간 옆으로 새서 취약점 스캐닝 프로그램을 완전 자동화해본다. 그러고 나서 13장에서 스캔으로 수집한 데이터에 대해 더 복잡한 보고서를 만들어내는 방법을 알아본다.

12

스캔과 보고서 작성 자동화

지금까지 네트워크를 스캔하는 스크립트를 작성하고, 스캔 결과를 데이터베이스에 집어넣고, 결과 데이터에서 간단한 보고서를 생성했다. 원한다면 기업의 취약점 상태에 대한 최신 정보가 필요할 때마다 이런 모든 스크립트를 수동으로 실행해도 된다. 하지만 내 대신 작업을 해주는 스크립트를 추가로 하나 만들어 실행하면 되는데, 굳이 수동으로 할 이유가 있을까? 12장에서는 automation.sh라는 배시 스크립트를 사용해 이 과정을 자동화한다.

자동화라고 하면 복잡하게 들릴지도 모르겠지만 리스트 12-1에 있는 것처럼 간단한 자동화 스크립트가 다른 스크립트를 실행하고 그것이 또 다른 스크립트를 실행하며, 특정 간격으로 실행하도록 cron을 이용해 일정으로 만들면 된다.

리스트 12-1: 간단한 자동화 스크립트

```
#!/bin/bash
run-script-1
run-script-2
--중략--
run-script-x
```

이 책에서는 8장부터 11장까지 만들어온 스크립트를 automation.sh가 실행하는 구조를 갖는다.

자동화 절차 시각화

automation.sh를 만들기 전에 처음부터 끝까지의 과정을 찬찬히 살펴보면서 자동화하고자 하는 작업과 순서를 명확히 이해하고 넘어가자.

그림 12-1은 자동화하려는 취약점 관리 수명주기(1장에서 설명했음)의 단계들을 강조해 표시한 것인데, 데이터를 수집하고 데이터를 분석하는 것이 주요 단계다.

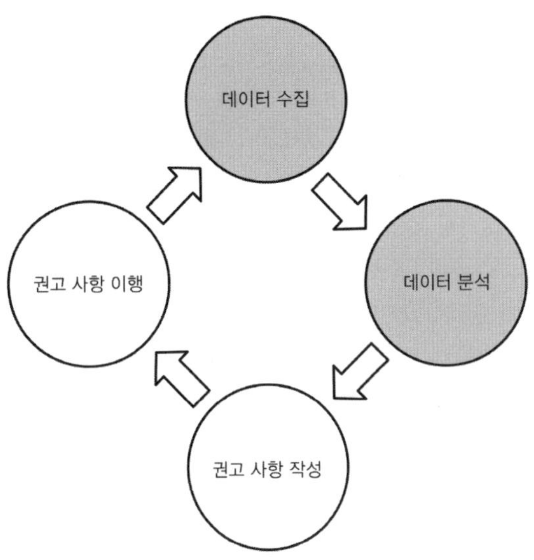

그림 12-1: 취약점 관리 수명주기

데이터 수집

데이터 수집은 보통 두 단계로 일어난다. 스캔을 실행하고 그 결과를 파싱해 데이터를 데이터베이스로 가져온다. 이 과정은 8장과 9장에서 상세히 살펴봤다.

1. 엔맵을 실행한다. 결과를 XML로 출력한다.
2. nmap-insert.py를 실행해 XML 출력을 파싱하고 몽고DB에 쌓는다.
3. 오픈VAS를 실행한다. 결과를 XML로 출력한다.
4. openvas-insert.py를 실행해 XML 출력을 파싱하고 몽고DB에 축적한다.

우리가 사용할 자동화 스크립트는 위에 나열한 모든 단계를 순서대로 수행하며 나중에 다시 검토해야 할 일이 있을 때를 대비해 중간 단계의 XML 출력물은 타임스탬프와 함께 저장한다.

순차적 실행과 동시 실행

하나의 작업을 실행하고 끝나기를 기다렸다가 다음 단계로 넘어가는 대신 데이터 수집 단계의 몇 가지 작업은 병렬로 실행해도 된다. 예를 들어 엔맵 스캔과 오픈VAS 스캔을 동시에 실행하거나 결과를 동시에 몽고DB로 가져오는 것도 가능하다. 경험이 많은 코딩 엔지니어라면 여러 프로세스를 모니터링하고 모든 프로세스가 작업을 마친 것을 확인하고 다음 단계로 넘어가는 식의 진행도 도전해볼 만한 일이다. 하지만 여기서는 쉽게 이해하고 만들 수 있는 간단한 스크립트에 집중해보기로 한다.

데이터 분석

다른 단계에 비해 데이터 분석 단계는 꽤 쉽다. 보고서를 생성하는 스크립트(11장에서 다룬 asset-report.py와 vuln-report.py)를 실행하고 나서 결과가 필요한 사람 모두에게 최종 결과를 전달하면 된다. 물론 이 단계에도 결과를 생성하는 보고서나 그 결과를 결합하는 방식에 복잡한 문제가 발생할 여지가 꽤 있기는 하다. 다른 툴을 써서 보고서를 더 만들어낼 수도 있고 데이터를 자체적으로 분석할 수도 있다. 만들어내는 보고서의 종류와 수는 축적한 데이터와 분석 목적에 따라 결정될 것이다.

데이터베이스 유지 보수

10장에서 다뤘던 데이터베이스 유지 보수는 고수준 취약점 관리 절차에 속하는 부분은 아니지만 중요하다. 이 부분도 꾸준히 수행해야 하는 별도 절차이기 때문에 자동화 스크립트에 만들어 넣기로 한다.

스크립트 기획

자동화 스크립트라고 해서 복잡할 필요는 없다. 해야 할 일이라고는 지금까지 수동으로 실행해왔던 모든 단계를 실행하고 나중에 조사할 수 있게 결과를 저장하는 것이 전부다. 작업 목록은 다음과 같이 단순하다. 데이터를 수집한 후 분석하는 것이 주 작업이고, 그 과정에서 스캔을 실행하고 데이터를 불러오고 보고서를 실행하고 데이터베이스 유지 보수 작업을 처리한다. 그렇지만 몇 가지 세부적인 사항을 미리 알아두는 것이 좋다.

- **작업 순서:** 데이터를 쌓으려면 그 전에 데이터를 수집해야 하고, 보고서를 생성하려면 그 전에 데이터를 쌓아야 하는 것이 당연한 이치다. 하지만 이쪽의 출력에 따라 저쪽의 입력이 달라지게끔 스캔 실행 방식을 변형한 것이 아니라면 스캔을 굳이 순차적으로 실행할 필요는 없다. 예를 들어 엔맵 스캔에서 '살아있음live'으로 표시된 IP 주소만 오픈VAS 스크립트 단계에서 스캔하게 해서 시간을 절약하기로 정했다면 오픈VAS를 시작하기 전에 엔맵이 끝나야 한다.
- **짧은 부 스크립트로 나눠 만들 것인가 커맨드라인에서 직접 호출할 것인가:** 데이터베이스 삽입 절차는 꽤나 복잡해서 별도의 자체 스크립트가 필요하다. 그렇지만 명령 하나만 사용하면 엔맵을 작동시킬 수 있기 때문에 엔맵 명령을 주 스크립트에 곧바로 넣어도 된다. 그러나 그런 작동 명령을 짤막한 자체 스크립트로 포장wrap해 주 스크립트를 더 깔끔하게 읽기 좋게 만들고 일관성 있게 유지할 수 있다. 12장 뒷부분의 '엔맵과 오픈VAS 실행' 절에서 엔맵 자동화가 오픈VAS 자동화와 어떻게 다른지 살펴보고 어느 쪽이 나을지 결정한다.
- **결과물 전달:** asset-report.py와 vuln-report.py를 실행하는 스크립트는 보고서를 생성하는데, 보고서가 손에 들어오면 그걸로 뭘 할지 정해야 한다. 사내 공유 폴더에 저장할 수도 있고, 웹 폼을 통해 안전한 장소에

업로드할 수도 있으며, 분석가 자신에게 그냥 이메일로 보내도 된다. 어떤 방법으로 전달하기로 선택하든 보고서가 쌓이고 있다는 것을 잊어버리지 않을 만한 곳에 보고서가 잘 보관되는지 확인하자.

- **체계적인 환경 유지:** 스캔하면서 만들어지는 임시 파일은 삭제하든지 저장하든지 하자. 저장하기로 할 경우 스크립트를 실행할 때마다 새로운 스캔 결과로 덮어쓰지 않는 방식으로 저장해야 한다. 업무 환경을 체계적으로 잘 정리해 유지하는 사람이라면 오래 전 스캔 결과를 직접 봐야 할 필요가 있을 때 데이터베이스를 통하지 않고도 예전 스캔 결과를 쉽게 찾아볼 수 있다.
- **일정으로 걸려있는 다른 작업과 동시에 실행되지 않아야 함:** 시스템 업데이트(7장)나 데이터베이스 정리(10장) 작업을 하고 있는 동안에는 데이터 수집, 보고서 작성, 업데이트, 유지 보수 작업이 일정으로 실행되지 않게 한다. 이런 작업은 서로 충돌하지 않을 때 수행해야 불완전한 결과나 부정확한 결과를 피할 수 있다.

이런 고려 사항을 염두에 두고 automation.sh 스크립트의 윤곽을 제안해본다. 설계에서 결정할 각각의 사안을 어떻게 처리했는지 설명하면 다음과 같다.

1. 데이터베이스 정리 스크립트를 실행해 1개월 이상 지난 오래된 데이터를 삭제한다(db-clean.py).
2. 미리 정한 네트워크 영역에서 엔맵 스캔을 실행한다. 결과를 시간이 찍힌 XML 파일로 저장한다.
3. 앞서 엔맵으로 스캔한 결과를 데이터베이스로 불러온다(nmap-insert.py).
4. 미리 정한 네트워크 영역에서 오픈VAS 스캔을 실행한다. 결과는 시간이 찍힌 XML 파일로 저장한다.
5. 앞에서 오픈VAS로 스캔한 결과를 데이터베이스로 불러온다(openvas-insert.py).

6. 보고서 작성 스크립트를 실행한다. 결과를 시간이 찍힌 CSV 파일로 저장한다.

스크립트 조립

스크립트가 밟아나가야 하는 단계와 순서를 알았으니 스크립트를 만들 준비가 됐다. 조립을 하고 나서 스크립트를 실행할 주기를 정하면 제대로 동작하는 취약점 관리 시스템이 탄생한다.

하지만 스크립트 코드를 들여다보기 전에 먼저 내가 설계할 때 결정한 몇 가지 내용을 강조하고자 한다. 앞 절에서 개괄적으로 윤곽을 제시했던 우려 사항과 그렇게 결정한 이유를 염두에 두고 살펴보자.

엔맵과 오픈VAS 실행

엔맵에서는 필요한 매개변수를 붙여 커맨드라인에서 툴을 실행하는 것이 해야 할 일의 전부일 정도로 아주 직관적이다. 그런 이유가 있어서 엔맵을 직접 실행하는 automation.sh를 설정하고 nmap-insert.py를 실행해 엔맵의 XML 출력을 데이터베이스에 저장한다.

오픈VAS는 더 복잡하다. 하나의 omp 명령으로 스캔을 시작하고 스캔이 끝나기를 기다려야 하는데, 이때 omp 명령을 하나 더 실행해 프로세스를 감시한다. 그러고 나서 세 번째 omp 명령을 실행해 XML 출력을 생성한다. 이 모든 단계를 직접 자동화 스크립트에 포함시키는 것도 가능하다. 하지만 오픈VAS 명령들을 각자의 스크립트로 분해하는 것이 더 모듈화된 방식으로 유지 보수하기 좋고 읽기도 편하다. 따라서 automation.sh 스크립트가 오픈VAS 스크립트(run-openvas.sh)를 실행하고 완료되기를 기다렸다가 결과물인 XML 파일을 데이터베이스로 가져오는 방식으로 구성한다.

스크립트를 일정으로 실행

스크립트를 언제 실행할지 정밀하게 제어하려면 시스템의 크론탭crontab을 직접 편집한다. 루트 권한으로 /etc/crontab을 열어 맨 마지막에 다음 내용을 추가한다. 경로 부분은 automation.sh의 실제 경로에 맞게 바꿔 넣으면 된다.

```
4 0 * * 7 root </path/to/automation.sh>
```

이 행의 의미는 자동화 스크립트가 일요일마다 시스템 시간 오전 12:04에 실행되도록 일정을 만드는 것이다. 자동화 스크립트나 그것을 참조하는 심볼릭 링크symlink를 /etc/cron.weekly 또는 선호하는 스캔 주기에 가장 적합한 디렉터리에 넣어도 된다.

리스트 7-4에 소개했던 시스템 업데이트 스크립트를 실행할 때에도 크론을 사용하고 있기 때문에 시스템 업데이트와 자동화라는 두 가지의 스크립트가 동시에 실행되게 하지 않는 것을 꼭 확인하자. 대부분의 시스템은 /etc/cron.xxxx 디렉터리에 있는 항목을 알파벳순으로 실행한다. 하지만 스케줄링 목적으로 스크립트를 여기에 넣기 전에 각자의 환경에서도 정말로 알파벳순으로 실행되는지 확인해보는 편을 권장한다. 스크립트를 크론탭에 직접 넣을 생각이면 업데이트와 자동화 스크립트 사이에 충분히 간격을 띄우기 바란다. 아예 다른 날짜에 실행하는 것이 이상적이다.

스크립트 분석

리스트 12-2의 automation.sh와 리스트 12-3의 run-openvas.sh이 실행하게 될 코드다. 예약 일정으로 걸기 전에 실행 가능한 파일로 설정하는 것을 잊지 말자(chmod +x 파일명으로 실행하면 된다).

리스트 12-2: automation.sh 스크립트

```
  #!/bin/bash
❶ TS='date +%Y%m%d'
  SCRIPTS=/path/to/scripts
  OUTPUT=/path/to/output
  RANGE="10.0.0.0/24"
  LOG=/path/to/output-$TS.log
  date > ${LOG}
❷ echo "데이터베이스 정리 스크립트를 실행함" >> $LOG
  $SCRIPTS/db-clean.py
❸ nmap -A -O -oX $OUTPUT/nmap-$TS.xml $RANGE >> $LOG
❹ $SCRIPTS/nmap-insert.py $OUTPUT/nmap-$TS.xml >> $LOG
❺ $SCRIPTS/run-openvas.sh >> $LOG
❻ $SCRIPTS/openvas-insert.py $OUTPUT/openvas-$TS.xml >> $LOG
  $SCRIPTS/asset-report.py >> $LOG
  mv $SCRIPTS/asset-report.csv $OUTPUT/asset-report-$TS.csv
  $SCRIPTS/vuln-report.py >> $LOG
  mv $SCRIPTS/vuln-report.csv $OUTPUT/vuln-report-$TS.csv
  echo "완료함." >> $LOG
```

XML과 CSV 출력 파일에 타임스탬프를 기록하고자 현재 날짜를 YYYYMMDD 형식으로 TS 변수❶에 저장한다. 그다음에는 SCRIPTS와 OUTPUT 변수를 사용해서 스크립트 폴더와 출력 폴더의 경로를 각각 저장한다. RANGE에는 엔맵으로 스캔하고자 하는 네트워크 영역을 설정한다(오픈VAS는 타깃을 설정하는 방식으로 다르게 구성하며 여기서 지정한 영역으로 제한되지 않는다는 점을 잊지 말자). LOG 변수는 로그 파일 위치를 가리키게 지정했고 현재 타임스탬프가 태그되게 했다. 이

파일은 각 명령의 STDOUT 출력을 보관해 나중에 검토할 수 있게 한다. 모든 로그와 출력 파일은 타임스탬프가 찍히게 하므로 나중에 문제 상황이 닥치거나 추가 분석을 실시해야 할 필요가 있을 경우에 스크립트 출력으로 다시 돌아가 살펴보기 쉽다.

데이터베이스 정리 스크립트❷를 실행해 데이터베이스 내에 오래된 데이터가 절대로 남아있지 않게 한다. 이 스크립트는 엔맵을 곧바로 불러 실행❸하지만 오픈VAS는 리스트 12-3에서 살펴봤던 스크립트를 사용해 실행❺한다. 데이터베이스 삽입 스크립트❹❻를 실행한 다음에는 자산 보고서 작성 스크립트와 취약점 보고서 작성 스크립트를 실행하고 그 출력 파일을 OUTPUT 디렉터리로 옮긴다. 그러고 나서 스크립트가 실행을 완료했음을 알 수 있게 "완료함."이라는 행을 LOG에 추가한다.

리스트 12-3에 run-openvas.sh의 상세한 내용을 표시했다.

리스트 12-3: 오픈VAS 스캔을 실행하는 래퍼 스크립트(wrapper script)

```
  #!/bin/bash
❶ OUTPUT=/path/to/output
  TS='date +%Y%m%d'
❷ TASKID=taskid
  OMPCONFIG="-c /path/to/omp.config"
❸ REPORTID=' omp $OMPCONFIG --start-task $TASKID |
  xmllint --xpath '/start_task_response/report_id/text()' -'
❹ while true; do
    sleep 120
  ❺ STATUS='omp $OMPCONFIG -R $TASKID |
        xmllint --xpath 'get_tasks_response/task/status/text()' -'
    if [ $STATUS = "Done" ]; then
    ❻ omp $OMPCONFIG -X '<get_reports report_id="'$REPORTID'"/>'|
          xmllint --format - > $OUTPUT/openvas-$TS.xml
      break
    fi
```

```
done
```

이 스크립트는 그린본 웹 GUI나 커맨드라인을 통해(8장 참고) 이미 작업을 만들어놓은 것으로 간주한다. 각 스캔 때마다 같은 작업을 재사용함으로써 웹 GUI에 보고서 히스토리가 쌓인다. TASKID 변수에는 작업별 전역 고유 식별자(GUID, Globally Unique IDentifier)를 할당하고(이 값은 커맨드라인 XML 결과에서 가져오거나 웹 GUI에서 가져옴)❷ OMPCONFIG에는 오픈VAS 권한 계정이 있는 설정 파일의 경로를 지정한다. 그러고 나서 omp를 실행해 지정한 작업을 시작한다❸.

omp 명령은 어마어마한 양의 XML을 쏟아내는데, 여기서는 XML 툴의 맥가이버 칼이라 할 수 있는 xmllint로 파싱해볼 것이다. --xpath 플래그는 특정 위치에서 데이터를 반환하라는 뜻이며, start_task_response 태그 안에 report_id 태그의 텍스트 내용이 그 경로다. 결괏값인 보고서 ID를 저장했다가 나중에 스캔 보고서를 가져올 때 사용한다❻.

스크립트의 나머지 부분은 간단한 루프 구조다❹. 2분을 기다렸다가 다시 xmllint를 사용해 작업의 현재 상태를 확인한다❺. 현재 상태가 Done으로 바뀌면 최종 보고서를 생성하고❻ 빠져나온다. 이 지점에서 보고서는 미리 설정한 출력 결과물 폴더에 만들어지며❶ 자동화 스크립트의 나머지 부분은 앞서 리스트 12-2에서 설명한 것과 마찬가지로 실행된다.

기능 변경과 확장

여러 대의 스캐너를 사용하고 있으면서 스캐닝 스크립트와 데이터베이스 삽입 스크립트를 자체적으로 구현해 만들었다면 스크립트가 실행되는 순서와 그 결과를 데이터베이스에 입력하는 순서를 생각해볼 필요가 있다. 스크립트 실행으로 데이터베이스에 이미 존재하던 결과를 덮어쓰게 설계하는 경우 이런 문제를 특히 더 고려해야 한다.

엔맵과 취약점 스캔을 분리해 실행하고자 하거나 서로 다른 주기로 여러 개의 네트워크 세그먼트를 스캔하고자 한다면 각자 주기를 정해 분리한 별개의 스크립트들로 실행하기 바란다. 또한 하나의 스캔이 아직 진행 중이거나 스캔 결과를 데이터베이스에 삽입하는 도중에 보고서 작성이 실행되지 않도록 보고서 생성 시간을 맞춰야 한다.

매번 새로 스캔을 실행할 때마다 데이터 세트에서 오래된 결과를 삭제하는 것을 원치 않으면 automation.sh에서 호출하지 말고 db-clean.py를 일정으로 예약해 다른 주기로 실행한다.

추가로 업데이트 스크립트와 데이터 수집/보고 스크립트가 동시에 실행되지 않는 편을 선호한다면 먼저 시스템을 전체 업데이트하고 그런 다음 스캔 수행과 결과 보고서 작성을 하는 식으로 두 가지를 결합해도 된다. 다만 이렇게 하면 스크립트의 전체 실행 시간은 늘어날 것이란 점에 주의하자.

요약

12장에서는 스캔과 기본 보고서 생성을 자동화해 시간을 많이 잡아먹는 잡무에 분석가가 시달리지 않을 방안을 제공했다. 여기까지 충실하게 따라왔으면 기본적인 취약점 관리 시스템의 얼개는 만들어졌다. 이 시스템은 구할 수 있는 가장 최신 데이터를 기반으로 기업 환경을 주기적으로 스캔하고 보고서를 생성해 저장한다.

이제 취약점 관리 절차를 상당히 이해하게 됐으니 기본을 넘어 확장해볼 차례다. 13장에서는 스캔 데이터에서 생성할 수 있는 더 복잡한 보고서를 살펴본다. 그러고 나서 14장에서 다른 데이터 출처도 함께 아우르는 기본 API를 만들어 다른 여러 툴을 이 취약점 분석 시스템과 통합할 수 있게 하는 방안을 살펴본다.

13

보고서 작성 고급화

자체적인 취약점 관리 시스템의 스캐너, 데이터베이스 입력기, 기본 보고서와 같은 모든 부분을 조립하는 지루한 작업을 마쳤으니 더 복잡한 보고서를 만들기 시작해도 되겠다. 지금까지는 취약점과 호스트에 대해 간단한 CSV 표를 만들어왔다. 13장에서는 자산과 취약점에 관한 더 상세한 내용으로 보고서를 확장해본다. 기업 내의 데이터 수집만으로는 부족한 부분을 채우고자 익스플로잇 데이터베이스[Exploit Database]에서 가져온 공격 가능한 취약점 목록 같은 추가 데이터 소스도 통합해본다.

자산 상세 보고서

시스템 정보, 취약점 개수, 취약점의 CVE ID 같은 정보를 포함했던 기본 자산 보고서를 확장해서 다음과 같이 세 가지를 개선해본다.

- 호스트의 일부 그룹만 IP 주소로 선택해 보고하는 옵션을 추가한다.
- 이용할 수 있는 모든 호스트 특성 데이터에 호스트와 연관된 각 취약점의 오픈VAS, cve-서치 데이터를 더해 보고서 내용을 풍부하게 한다.
- 확장된 정보들은 간단한 표로 그리기에는 적합하지 않기 때문에 보고서를 HTML 형식으로 출력한다.

보고서에 포함할 호스트를 선택하는 기능을 구현하고자 주어진 네트워크 영역으로 필터링하는 로직을 스크립트에 넣는다.

각 호스트에 대해 수집하는 정보와 형식은 다음과 같다.

IP 주소

데이터베이스에서 각 호스트의 고유 식별자 역할을 한다.

호스트 이름

특히 넷바이오스NetBIOS를 사용하는 윈도우 기반 네트워크 환경에서는 호스트 이름이 각 호스트를 식별하기 더 쉬운 방법이다.

MAC 정보

스캐너가 호스트의 MAC을 수집할 수 있어야만 이 정보가 의미 있지만 조사 대상인 호스트를 고유하게 식별할 수 있는 방법일 뿐만 아니라 네트워크 하드웨어까지도 알 수 있는 방법이기도 하다.

탐지된 OS(여러 개일 경우 가장 정확도가 높은 것으로 선택함)

깔려 있는 OS로 호스트를 정렬하는 데 도움이 될 수도 있고 OS별 취약점 동향을 볼 수 있는 정보도 된다.

열려있는 포트(프로토콜과 포트 번호로 정렬함)와 탐지된 서비스

어떤 포트가 열려있는지 알기만 해도 보안 팀에게는 아주 유용한 정보가 될 수 있다.

호스트와 관련된 취약점

다음에 나열한 상세 사항을 포함해 호스트의 알려진 취약점을 모두 한데 모아놓은 정보다. 이 모든 정보는 오픈VAS 결과에서 곧바로 끌어온다.

- OID
- 오픈VAS 이름
- 오픈VAS 요약
- 오픈VAS CVSS 점수
- 오픈VAS CVSS 문자열
- 관련 CVE

실행 결과로 만들어지는 HTML 문서는 그림 13-1처럼 생겼다.

Asset report for 10.0.0.0/24

10.0.0.1

Hostname(s):
Detected OS: OpenWrt Chaos Calmer 15.05 (Linux 3.18) or Designated Driver (Linux 4.1) (cpe:/o:linux:linux_kernel:3.18)
MAC address: 62:B4:F7:F0:4D:78 (None)

Open TCP Ports and Services

Port	Service
53	domain

Known Vulnerabilities

TCP timestamps

OID: *1.3.6.1.4.1.25623.1.0.80091*

Summary	The remote host implements TCP timestamps and therefore allows to compute the uptime.
Impact	A side effect of this feature is that the uptime of the remote host can sometimes be computed.
CVSS	2.6
CVSS Base Vector	AV:N/AC:H/Au:N/C:P/I:N/A:N

그림 13-1: 10.0.0.0/24 영역 내의 자산에 대한 보고서 예제

자산 기본 보고서와는 달리 이번 보고서는 호스트마다 상세 정보를 제공하며 스프레드시트의 표 구조가 아니다. 그림에서 표 테두리를 표시하지 않아 볼 수 없지만 'Open TCP Ports and Services'와 'Known Vulnerabilities' 섹션은 표로 만들어져 있다.

스크립트 기획

요약형 자산 보고서(11장의 리스트 11-3)와 마찬가지로 detailed-assets.py에서는 주로 몽고의 hosts 컬렉션에서 정보를 가져올 것이다. 하지만 각 호스트에 대해서는 오픈VAS가 그 호스트에 대해 발견한 모든 취약점에 대한 정보도 OID별로 알고 싶을 것인데, 이 정보는 vulnerabilities 컬렉션에서 끌어온다. 리스트 13-1에 이런 모든 정보를 한데 모으는 로직을 표시했다.

리스트 13-1: detailed-assets.py 의사코드

```
'hosts'에 있는 모든 개별 호스트를 가져옴
커맨드라인 매개변수로 IP 주소 영역이 전달된 경우 IP 영역에 따라 필터링함
IP 필터링 후 'hosts'에 있는 각 호스트별로:
  몽고 도큐먼트에서 기본 정보 수집
  호스트와 연관된 각 OID별로:
    'vulnerabilities' 컬렉션에서 검색
    수신한 도큐먼트에서 데이터 조립
  데이터 형식을 맞추고 보기 좋게 배열
```

만들어야 할 스크립트의 로직을 다 세웠으니 수행할 세부 사항을 생각해볼 차례다. 필터링할 IP 영역을 어떤 식으로 스크립트에 전달할 것인가? 네트워크 영역으로 필터링하는 것 외에 호스트를 검색하는 다른 방법도 필요한가?(이에 대해서는 '맞춤형 설정' 절에서 더 자세히 다룬다) 출력 결과물인 HTML 문서는 어떤 형식으로 만들고 싶은가?

리스트 13-2에서 yattag 라이브러리를 사용했는데, 이를 사용하면 표준 파이썬 구조와 관용문을 사용해 잘 다듬어진 양식으로 HTML 코드를 만들어준다. yattag 라이브러리는 모든 텍스트 문자열을 훑고 지나가며 안전한 HTML 코드로 자동 변환해주기도 한다. 예를 들어 <와 >를 <와 >로 바꾸고 다른 항목들도 그에 맞는 HTML 인코딩 부호로 변환해 웹 브라우저가 HTML 코드나 스크립트를 해석하는 일이 없게 한다. 수동으로 HTML 태그를 생성하는 경우에는 데이터베이

스에서 가져온 모든 문자열이 결과 파일에 포함되기 전에 HTML 형태로 적절히 변환됐는지 반드시 확인해야 한다.

이런 로직을 구현한 예제 스크립트를 살펴보면서 저자가 선택한 여러 설계 방식도 알아볼 수 있다. 코드를 보면서 양식(표시되는 HTML)과 기능(데이터베이스에서 추출한 특정 필드)을 목적에 맞게 바꿔보는 계기가 될 만한 영감을 얻기 바란다.

스크립트 분석

리스트 13-2에 표시한 detailed-assets.py 스크립트가 상당히 긴 편이니 부분별로 잘라 살펴보자. 먼저 스크립트의 도입부와 표 설정 부분을 살펴보자. 중요한 라이브러리를 로드하고 **main()** 함수로 스크립트를 시작한다.

리스트 13-2: detailed-assets.py 스크립트의 첫 번째 부분

```
#!/usr/bin/env python3

from pymongo import MongoClient
from operator import itemgetter
❶ import datetime, sys, ipaddress
from yattag import Doc, indent

client = MongoClient('mongodb://localhost:27017')
db = client['vulnmgt']
outputFile = "detailed-asset-report.html"

def main():
❷ if len(sys.argv) > 1:
    network = sys.argv[1]
  else:
    network = '0.0.0.0/0'
  networkObj = ipaddress.ip_network(network)
```

```
❸ doc, tag, text, line = Doc().ttl()
❹ with tag('html'):
    with tag('head'):
        line('title', 'Asset report for ' + network)
```

파이썬 3에 있는 ipaddress 라이브러리를 불러오고❶ pip를 통해 설치돼 있는 yattag에서 Doc와 indent 함수를 호출한다. 아무 매개변수도 없이 스크립트를 실행하면 어떤 네트워크 영역에 있는 것이든 모든 호스트를 보고한다. 매개변수를 전달해 실행하면 클래스 없는 라우팅, 즉 사이더(CIDR, Classless InterDomain Routing) 표기법을 사용한 IP 주소 영역으로 간주해 매개변수를 해석한다❷.

yattag 구조를 초기화하면 4개의 객체(doc, tag, text, line)❸가 만들어지고 스크립트의 뒷부분에서 각각 문서(document), 태그(tag), 텍스트 블록(text block), 한 줄짜리 짧은 태그(short one-line tag)에 대한 HTML 구조를 제공하는 용도로 계속해서 사용된다. 이들 4가지 객체를 사용해 HTML의 많은 부분을 만들어냄으로써 전체 문서가 메모리에서 생성돼 유지되다가 스크립트의 마지막 단계에서야 파일로 써진다. 자산 수천 대나 수만 대에 대한 결과를 저장하는 HTML 문서들은 어마어마하게 크기 때문에 취약점 관리 시스템의 가용 메모리에 부담을 줄 수 있다는 점을 반드시 염두에 두기 바란다.

> **'WITH' 사용법**
>
> with 구조를 사용하면 설정과 해체 절차를 포함해 코드를 실행하면서도 복잡한 내용은 없애버리는 상태로 만들 수 있다. with function(): do things를 실행하면 실제로는 setupFunction(), do things, cleanupFunction()을 실행하게 된다.

with tag('tagname')❹ 구조는 HTML 태그 tagname 다음에 따라오는 들여 쓰기된 코드 블록 내에 생성된 모든 출력을 캡슐화해 요약한다는 뜻이다. with 구조는 호출될 때 태그를 작성하고 블록이 끝날 때 태그를 닫는다. body나 html처럼 넓은 범위에 걸치는 태그 내에서는 스크립트 대부분이 with 블록 범위에서 실행된다.

다음 간단한 예를 생각해보자. 리스트 13-3에 보이는 것처럼 간단한 HTML 문서를 만들고 싶은 경우라고 상상하자.

리스트 13-3: 아주 간단한 HTML

```
<html>
  <head>
    <title>문서 제목입니다.</title>
  </head>
  <body>
    <h1>1단계 제목입니다.</h1>
    <p>문단 내 텍스트 부분입니다.</p>
  </body>
</html>
```

리스트 13-4에 있는 파이썬 코드를 쓰면 yattag 라이브러리를 사용해 위 코드를 생성할 수 있다. 해야 할 일이라곤 개별 태그 항목(title, h1, p)을 상위 with() 블록 안에 넣는 것뿐이라는 점에 주목하자.

리스트 13-4: yattag 예제

```
from yattag import Doc
doc, tag, text, line = Doc().ttl()
with tag('html'):
  with tag('head'):
    line('title', '문서 제목입니다.')
  with tag('body'):
    line('h1', '1단계 제목입니다.')
    line('p', '문단 내 텍스트 부분입니다.')
```

스크립트의 나머지 대부분은 html 태그의 맥락 안에서 돌아간다. 다음 코드 부분(리스트 13-5)에서는 각 호스트에 대한 기본 정보를 추출해서 현재 작업 중인 HTML 문서에 넣는 일을 한다.

리스트 13-5: detailed-assets.py 스크립트의 두 번째 부분

```
❶ with tag('body'):
    line('h1', 'Asset report for ' + network)
    iplist = db.hosts.distinct("ip")
  ❷ iplist.sort(key=ipaddress.ip_address)
    for ip in iplist:
      ❸ if ipaddress.ip_address(ip) not in networkObj:
            continue
        details = db.hosts.find_one({'ip':ip})
        osList = details['os']
      ❹ if osList != []:
            osList.sort(key=itemgetter('accuracy'))
            os = osList[0]['osname']
            cpe = osList[0]['cpe'][0]
        else:
            os = "Unknown"
            cpe = "None"
        hostnameString = ""
      ❺ if details['hostnames'] != []:
            for name in details['hostnames']:
                hostnameString += name + ', '

        line('h2', ip)
        line('b', 'Hostname(s): ')
        text(hostnameString)
        doc.stag('br')
        line('b', 'Detected OS: ')
        text(os + " (" + str(cpe) + ")")
        doc.stag('br')
        line('b', 'MAC address: ')
```

```
if all (k in details['mac'] for k in ('addr', 'vendor')):
  text("{} ({})".format(details['mac']['addr'],
  details['mac']['vendor']))

openTCPPorts = []
openUDPPorts = []
❻ for portService in details['ports']:
  if portService['proto'] == "tcp":
    openTCPPorts.append([int(portService['port']),
    portService['service']])
  elif portService['proto'] == "udp":
    openUDPPorts.append([int(portService['port']),
    portService['service']])

openTCPPorts.sort()
openUDPPorts.sort()
if len(openTCPPorts) > 0:
  line('h3', 'Open TCP Ports and Services')
  with tag('table'):
    with tag('tr'):
      line('td', 'Port')
      line('td', 'Service')
    for port, service in openTCPPorts:
      with tag('tr'):
        line('td', port)
        line('td', service)

if len(openUDPPorts) > 0:
  line('h3', 'Open UDP Ports and Services')
  with tag('table'):
    with tag('tr'):
      line('td', 'Port')
      line('td', 'Service')
    for port, service in openUDPPorts:
      with tag('tr'):
        line('td', port)
```

```
line('td', service)
```

HTML body 블록에 대한 with 태그는 html 블록 안에 중첩돼 들어있다❶. 데이터베이스에서 호스트 목록을 추출하고 ipaddress 라이브러리를 사용해 소트한다❷. CSV와는 달리 HTML은 쉽게 정렬sort할 수 없기 때문에 이 과정이 필수적이다. ipaddress.ip_address가 정렬 가능한 필드지만 ipaddress 라이브러리를 사용하고 있지 않은 경우에는 점과 10진수로 구성된 IP 주소 표시 형식을 다루기 위한 맞춤형 정렬 함수를 작성할 필요가 있다.

스크립트의 주가 되는 부분은 IP 주소를 기준으로 순환하는 구조다. 먼저 각 호스트가 주어진 IP 영역 내에 들어있는지 확인한다❸. 영역에 들어가 있으면 데이터베이스에서 가져온 호스트 상세 정보로 HTML 블록을 생성한다. OS 탐지 결과는 여러 가지로 나올 수 있기 때문에 스크립트는 먼저 정확도 순으로 항목들을 정렬하고 나서 첫 번째 결과를 보고한다❹(100% 정확도로 추측되는 것이 여러 개 있을 수도 있는데, 그냥 재량껏 걸러듣기 바란다). 다음으로 모든 관련된 호스트명 목록을 작성하고❺ TCP와 UDP 둘 다에 대해 열려있는 포트를 수집하고❻ 각 프로토콜별로 열려 있는 포트를 표로 만들어 출력한다.

리스트 13-6은 주요 출력 기능의 마지막 부분이다. 각 호스트에 대해 취약점 목록이 호스트와 연관 지어 표시되는데, 각 취약점의 기본적인 상세 정보도 포함된다.

리스트 13-6: detailed-assets.py 스크립트의 세 번째 부분

```
❶ if 'oids' in details:
     line('h3', 'Known Vulnerabilities')
     for oidItem in details['oids']:
       oidObj = db.vulnerabilities.find_one({'oid':
         oidItem['oid']})
```

```
            line('h4', oidObj['name'])
            with tag('p'):
              text('OID: ')
              line('i', oidObj['oid'])
            with tag('table'):
              with tag('tr'):
                line('td', 'Summary')
              ❷ if 'summary' in oidObj:
                  line('td', oidObj['summary'])
                else:
                  line('td', "")
              with tag('tr'):
                line('td', 'Impact')
                if 'impact' in oidObj:
                  line('td', oidObj['impact'])
                else:
                  line('td', "")
              with tag('tr'):
                line('td', 'CVSS')
                line('td', oidObj['cvss'])
              with tag('tr'):
                line('td', 'CVSS Base Vector')
                line('td', oidObj['cvss_base_vector'])

          oidCves = db.vulnerabilities.find_one({'oid':
          oidItem['oid']})['cve']
          if oidCves != ['NOCVE']:
            line('h5', 'Associated CVE(s):')
            with tag('ul'):
              for cve in oidCves:
                line('li', cve)
        doc.stag('hr')

❸ with open(outputFile, 'w') as htmlOut:
    htmlOut.write(indent(doc.getvalue()))
```

```
        htmlOut.close()
main()
```

먼저 해당 호스트에 연관된 OID가 있는지 확인하고❶ OID로 순환하면서 상세 정보를 모은다. 우리가 보고서에 넣으려고 하는 항목 중 많은 부분이 오픈VAS 보고서에서 선택 사항이기 때문에 주어진 태그가 존재하는지 확인하고 나서 삽입할 필요가 있다❷. 일단 HTML이 완전히 생성되면 `with` 태그를 또 한 번 사용해 전체 문서를 출력 파일로 쓰고❸ 빠져나간다. `indent` 기능 덕분에 출력물을 더 읽기 좋은 모양으로 만들어준다. 그림 13-1에 보여줬던 보고서가 이 코드로 생성한 결과물이다(HTML 문서를 꾸미는 데 시간을 쓸 수 있는 사람이라면 지금보다 좀 더 예쁘게 만들 수 있으리라 기대한다).

기능 변경과 확장

detailed-assets.py가 생성해내는 일종의 구조화된 데이터를 워드 문서나 PDF로 만들거나 JSON 구조로 만들어 다른 시스템에 전송해 추가 분석을 하게 하는 것도 가능하다. 자기 자신을 괴롭히는 취미가 있다면 CSV 표로 구조화할 수도 있다. 하지만 이와 같이 중첩된 데이터를 CSV로 표현하는 것은 독자 여러분의 연습문제로 남겨둔다.

IP 범위로 필터링하는 대신 `hostnames`나 `os.cpe`처럼 `host` 도큐먼트에 들어있는 어떤 항목으로든 필터링할 수 있다. 커맨드라인에 필터링 옵션을 더 추가해도 되고 상세 자산 보고서를 만들 때 항상 써야 하는 필터로 확신하는 것이 있으면 그런 필터를 스크립트 안에 직접 만들어 넣어도 된다.

파이썬 라이브러리를 이것저것 설치하지 않는 편을 선호하는 경우라면 문자열을 구성하고 출력 파일에 쓰는 방식으로 HTML 태그를 수동으로 만들어넣어도 된다. 그렇게 하려면 몽고에서 받은 모든 데이터를 HTML 구문상 안전하게 만들어야 하는데, 특히 자유롭게 기입하는 양식 형태의 텍스트 항목에 주의할 필요가 있다.

워크스테이션과 서버를 IP 주소보다는 호스트 이름으로 부르는 경우가 더 흔한 윈도우로만 구성된 환경에서는 IP 주소 대신 호스트명으로 호스트를 식별하고 정렬해도 된다.

detailed-assets.py 스크립트는 전체 HTML 문서를 메모리에 생성하고 마지막 단계에 가서야 파일로 쓴다. 데이터 세트가 아주 큰 경우나 취약점 관리 시스템에 RAM 용량이 제한된 경우라면 조금씩 단편적으로 파일로 쓰도록 스크립트를 수정해 RAM 사용량을 줄일 수 있다. HTML 태그 중 여는 태그를 먼저 출력하고 나서 한 번에 하나의 호스트 레코드를 출력하는 것이 그런 방식이다.

오픈VAS 데이터를 사용하는 것에 추가로 CVE와 연관된 취약점에 대해 cve-서치 데이터베이스에서 데이터를 끌어오도록 스크립트를 확장할 수도 있다. 이와 같은 데이터베이스 사용법은 다음 스크립트에서 알아본다.

취약점 상세 보고서

이번 스크립트는 리스트 11-5에 나왔던 간단한 취약점 보고서를 오픈VAS와 cve-서치 데이터베이스에 있는 상세 취약점 정보로 확장하고 정보를 모두 한데 모아 가독성 좋은 HTML 보고서 하나로 취합해 작성한다. IP 범위 필터를 커맨드라인 인수로 추가해 호스트의 일부 계열에 대한 취약점을 볼 수 있게 해준다. 그렇지만 보고서에 나타나는 유일한 호스트 정보는 각 취약점에 의해 영향을 받는 IP 주소의 목록과 그 개수뿐이다. 그리고 CVE ID가 없는 취약점은 보고서에서 제외하는 필터도 추가해볼 것이다. CVE가 없는 모든 취약점은 상세히 설명할 정도로 심각하지 않은 것으로 간주하고자 한다. 데이터베이스에 있는 모든 취약점을 보고 싶으면 이 필터를 제거하기만 하면 된다.

각 취약점에 대해 수집하고 형식을 정리할 정보는 다음과 같다.

CVE

취약점의 CVE ID

Summary

취약점의 간략한 설명

CWE

일반 약점 명명법CWE, Common Weakness Enumeration 분류와 온라인 CWE 데이터베이스의 해당 분류로 가는 링크

Published date

취약점이 최초로 공개됐던 날짜

Last update time

취약점 정보가 가장 마지막으로 수정된 시간

CVSS score

전체적인 취약점 심각성 정도를 0에서 10으로 수치화한 점수

CVSS details

전체 CVSS 점수를 구성하는 각 구성 요소에 대한 개별적인 상세 정보로서 각 요소에는 '없음none, 낮음low, 중간medium, 높음high, 심각critical'의 척도가 매겨짐

- 기밀성 영향
- 무결성 영향
- 가용성 영향
- 접근 벡터
- 접근 복잡성
- 인증 필요 여부

References

보고서, 패치, 분석 등 외부 자료에 대한 링크

List of affected hosts

실행 환경 내에서 해당 취약점이 영향을 미치는 호스트의 목록으로, IP 주소로 나열됨

Count of affected hosts

실행 환경 내에서 해당 취약점이 있는 호스트의 수

CVE와 마찬가지로 MITRE 사가 CWE를 관리하며 취약점의 방대한 분류 체계를 제공하고 있다(예를 들어 사용하고 있는 어떤 소프트웨어에 있는 하나의 취약점이 'CWE-426: 신뢰할 수 없는 검색 경로'라고 분류됐다면 CWE-426를 검색해 해당 계열의 취약점이 어떻게 동작하는지 알아볼 수 있다).

CVE에 연결된 참고 문서의 목록도 포함했는데, 여기에는 패치나 완화 조치 정보, 공격에 대한 정보, 타사의 취약점 보고서가 포함될 수 있으며 분석가가 속한 기업이 취약점을 어떻게 해결할 것인지 알려주는 중요한 맥락을 제공해 준다.

출력물은 그림 13-2와 비슷하게 만들어진다. 취약점 순으로 나열되며 중요한 상세 정보는 HTML 표 형태로 출력된다.

Vulnerability report for 10.0.0.0/24

CVE-2014-3120

Affected hosts: 1

Summary	The default configuration in Elasticsearch before 1.2 enables dynam MVEL expressions and Java code via the source parameter to _searc the user does not run Elasticsearch in its own independent virtual ma
CWE	CWE-284 (Improper Access Control)
Published	2014-07-28
Modified	2016-12-06
CVSS	6.8
Impacts	
Confidentiality	PARTIAL
Integrity	PARTIAL
Availability	PARTIAL
Access	
Vector	NETWORK
Complexity	MEDIUM
Authentication	NONE

References

http://bouk.co/blog/elasticsearch-rce/
http://www.exploit-db.com/exploits/33370
http://www.rapid7.com/db/modules/exploit/multi/elasticsearch/script_mvel_rce
http://www.securityfocus.com/bid/67731

그림 13-2: detailed-vulns.py의 출력 예

스크립트 기획

detailed-vulns.py는 특정 네트워크 영역 안에 있는 호스트에서 발견된 취약점을 보고하도록 설계하고 있기 때문에 맨 첫 단계는 그러한 호스트를 찾아내는 것이다. 그 목록을 손에 넣게 되면 이를 이용해 목록에 있는 하나 또는 그 이상의 호스트에 존재하는 모든 취약점을 찾는다. 그런 다음에는 취약점 목록을 사용해 연관된 CVE가 있는 취약점 각각에 대한 상세한 내용을 끌어온다. 그렇지 못한 나머지 취약점은 무시한다. 로직이 어떻게 만들어질 것인지 리스트 13-7에 표시했다.

리스트 13-7: detailed-vulns.py 의사코드

```
'hosts'에 있는 모든 개별 호스트를 가져옴
커맨드라인 매개변수로 IP 주소 영역이 전달된 경우 IP 영역에 따라 필터링함
IP 필터링 후 'hosts'에 있는 각 호스트별로:
```

```
    OID 목록을 수집해, OID 목록에 추가
  OID 목록에 있는 각 OID별로:
    CVE가 있는지 확인; 없으면 다음 OID로 넘어감
    cvedb 데이터베이스에 있는 관련 CVE에서 데이터 수집
    데이터 형식을 맞추고 보기 좋게 배열
```

앞 절에 나왔던 detailed-assets.py와 마찬가지로 리스트 13-8은 **yattag**를 사용해 보고서를 HTML 형태로 꾸며 출력한다. 앞에서 살펴봤던 스크립트와 구조가 유사하므로 다음 절에 전체 스크립트를 바로 제공하고 몇 가지 중요한 사항만 짚고 넘어가기로 하겠다.

스크립트 분석

detailed-vulns.py 스크립트 전체를 리스트 13-8에서 살펴보자.

리스트 13-8: detailed-vulns.py 스크립트 코드

```
#!/usr/bin/env python3
from pymongo import MongoClient
import datetime, sys, ipaddress
from yattag import Doc, indent

client = MongoClient('mongodb://localhost:27017')
db = client['vulnmgt']
cvedb = client['cvedb']
outputFile = "detailed-vuln-report.html"

def main():
  if len(sys.argv) > 1:
    network = sys.argv[1]
  else:
    network = '0.0.0.0/0'
```

```
    networkObj = ipaddress.ip_network(network)
    hostCveMap = {}
    hostList = db.hosts.find({'oids': {'$exists' : 'true'}})
❶  for host in hostList:
        ip = host['ip']
        if ipaddress.ip_address(ip) not in networkObj:
            continue
        for oidItem in host['oids']:
            cveList = db.vulnerabilities.find_one({'oid':
            oidItem['oid']})['cve']
            for cve in cveList:
            ❷ if cve == "NOCVE":
                    continue
            ❸ if cve in hostCveMap.keys():
                    if ip not in hostCveMap[cve]:
                        hostCveMap[cve].append(ip)
                else:
                    hostCveMap[cve] = [ ip ]
    doc, tag, text, line = Doc().ttl()

    with tag('html'):
        with tag('head'):
            line('title', 'Vulnerability report for ' + network)
        with tag('body'):
            line('h1', 'Vulnerability report for ' + network)
        ❹ for cve in sorted(hostCveMap.keys()):
                cvedetails = cvedb.cves.find_one({'id': cve})
                affectedHosts = len(hostCveMap[cve])
                listOfHosts = hostCveMap[cve]
                line('h2', cve)
                line('b', 'Affected hosts: ')
                text(affectedHosts)
                doc.stag('br')
                if (cvedetails):
                    with tag('table'):
```

```
with tag('tr'):
  line('td', 'Summary')
  line('td', cvedetails['summary'])
with tag('tr'):
  line('td', 'CWE')
  with tag('td'):
    id = 'Unknown'
      if cvedetails['cwe'] != 'Unknown':
        id=cvedetails['cwe'].split('-')[1]
    ❺ with tag('a',
      href="https://cwe.mitre.org/data/"\
          "definitions/"+id):
        text(cvedetails['cwe'])
        cweDetails = cvedb.cwe.find_one({'id': id})
        if cweDetails:
          text("(" + cweDetails['name'] + ")")
        else:
          text("(no title)")
with tag('tr'):
  line('td', 'Published')
  line('td',
    cvedetails['Published'].strftime("%Y-%m-%d"))
with tag('tr'):
  line('td', 'Modified')
  line('td',
    cvedetails['Modified'].strftime("%Y-%m-%d"))
with tag('tr'):
  line('td', 'CVSS')
  line('td', cvedetails['cvss'] or 'Unknown')
with tag('tr'):
  with tag('td'):
    line('b', 'Impacts')
if 'impact' in cvedetails:
  with tag('tr'):
    line('td', "Confidentiality")
```

```
                line('td', cvedetails['impact']
                ['confidentiality'])
            with tag('tr'):
                line('td', "Integrity")
                line('td', cvedetails['impact']['integrity'])
            with tag('tr'):
                line('td', "Availability")
                line('td', cvedetails['impact']
                ['availability'])
        with tag('tr'):
            with tag('td'):
                line('b', 'Access')
        if 'access' in cvedetails:
            with tag('tr'):
                line('td', "Vector")
                line('td', cvedetails['access']['vector'])
            with tag('tr'):
                line('td', "Complexity")
                line('td', cvedetails['access']['complexity'])
            with tag('tr'):
                line('td', "Authentication")
                line('td', cvedetails['access']
                ['authentication'])
        with tag('tr'):
            with tag('td'):
                line('b', "References")
        for reference in cvedetails['references']:
            with tag('tr'):
                with tag('td'):
                    with tag('a', href=reference):
                        text(reference)
else:
    line('i', "Details unknown -- update your CVE database")
    doc.stag('br')
```

```
            line('b', "Affected hosts:")
            doc.stag('br')
            for host in sorted(listOfHosts):
                text(host)
                doc.stag('br')
    with open(outputFile, 'w') as htmlOut:
        htmlOut.write(indent(doc.getvalue()))
        htmlOut.close()

main()
```

첫 번째 주 순환문에서는 특정 호스트에서 취약점 목록을 CVE ID로 수집한다❶. 취약점에 할당된 CVE가 없으면 다음으로 넘어간다❷. 첫 순환을 하는 동안 각 CVE에 대한 호스트 맵(CVE ID를 키로 하는 딕셔너리 구조로, IP 주소 목록에 매핑된다)을 만들어❸ 각 취약점의 영향을 받는 호스트 목록을 알아야 할 순간이 오면 이때 만들어놓은 정보를 써먹게 된다. 취약점 전체 집합을 루프로 돌며 훑고❹ 각 취약점에 대해 취약점 상세 정보를 담고 있는 상당한 분량의 HTML 코드를 생성한다(detailed-assets.py에서 했던 것과 동일한 방식). 취약점 상세 정보는 CWE 정보와 CVE 참고 문헌에 대한 링크를 포함하고 있기 때문에 HTML a 태그를 href 속성과 함께 사용해 출력 보고서 내의 링크를 생성할 필요가 있다❺.

기능 변경과 확장

IP 주소 외에 필터를 추가하는 방안이나 보고서가 클 경우 파일로 출력해가며 작업하는 것처럼 detailed-assets.py에서 제안했던 여러 의견은 이번 스크립트를 원하는 대로 바꿀 때에도 마찬가지로 유용하게 쓸 수 있다.

예를 들어 호스트명, 호스트에서 발견된 전체 취약점, OS 탐지 사항처럼 더 많은 호스트 정보를 포함하고 싶을 수도 있다.

CVE ID가 있는 취약점만 나열하지 않고 발견된 모든 취약점에 대해 보고서를 만들려면 오픈VAS 보고서에서 데이터를 가져와 cve-서치 데이터베이스에는 데이터가 없던 부분을 채워줘야 한다.

게다가 CVE ID를 오래된 것부터 최신 것 순으로 정렬하는 대신 최신 것부터 오래된 것 순으로 정렬하거나 전체 CVSS 점수 같이 완전히 다른 기준으로 정렬해볼 수도 있다.

공격 가능한 취약점 보고서

더 복잡한 보고서를 만들어냈으니 외부에 있는 취약점 정보까지 가져와 기존 보고서를 더 풍성하게 만들어보자. 이번 예제에서는 공개돼 있는 공격 방법을 모아놓은 익스플로잇 데이터베이스(https://exploit-db.com/)를 사용해 여기에 있는 한층 높은 차원의 상세 정보와 대응 가능성 정보를 상세 취약점 보고서에 합치는 작업을 해본다.

준비

익스플로잇 데이터베이스에 나오는 정보에 따라 취약점을 필터링하고자 무료 커맨드라인 툴인 `cve_searchsploit`(https://github.com/andreafioraldi/cve_searchsploit/에서 다운로드 가능)을 사용해 익스플로잇 데이터베이스를 검색하려고 한다. 툴에는 exploitdb_mapping_cve.json이라는 JSON 파일이 들어있는데, 이 파일은 CVE ID를 해당 CVE에 적용되는 공격 방법 목록으로 곧바로 매핑한다. 이 정보가 우리 취약점 보고서에 공격 가능성 필터를 추가하고자 필요한 바로 그 데이터다.

`cve_searchsploit`을 설치하려면 다음 명령을 실행한다.

```
$ git clone https://github.com/andreafioraldi/cve_searchsploit.git
```

위의 행은 현재 디렉터리의 하위 디렉터리 cve_searchsploit/에 툴을 설치한다. 일단 툴을 여기에 설치했으면 업데이트해주는 스크립트(리스트 7-4)에도 해당 디렉터리 안에서 JSON 파일을 새로 받아 매핑을 최신으로 유지하게 해주는 `git fetch; git checkout origin/master -- cve_searchsploit/exploitdb_mapping_cve.json`을 주기적으로 실행하는 명령을 추가하는 것도 잊지 말자.

참고 CVE 데이터베이스의 References 부분에도 익스플로잇 데이터베이스 링크가 일부 포함된다. 그러나 References에 있는 링크보다 exploitdb_mapping_cve.json에 있는 매핑이 훨씬 더 종합적이고 상세하다. cve_searchsploit을 사용하는 것은 외부 데이터 소스를 우리 취약점 관리 시스템에 통합하는 좋은 예라고 본다.

이전 스크립트 수정

exploitable-vulns.py는 익스플로잇 데이터베이스에도 알려진 공격이 등록돼 있는 취약점에 대해 보고하는 목적일 뿐 근본적으로는 detailed-vulns.py에 필터를 하나 더 넣은 것이므로, 수정이 필요한 부분은 극히 적다. exploitdb_mapping_cve.json에서 CVE와 공격을 연결 짓는 매핑을 불러오지만 주어진 어떤 취약점에 대해 보고서를 출력하기 전에 그 취약점이 매핑에 존재하는지 먼저 확인해야 한다. 그러고 나서 원래의 보고서에 영역을 추가하고 익스플로잇 데이터베이스에도 존재하는 공격 방법에 대한 링크를 채워 넣는다. detailed-vulns.py에서 바뀐 부분 위주로 리스트 13-9에 표시했다. 전체 스크립트는 https://github.com/magnua/practicalvm/에서 볼 수 있다.

리스트 13-9: exploitable-vulns.py 스크립트 코드 중 발췌

```
#!/usr/bin/env python3
--다른 imports문 생략--
❶ import datetime, sys, ipaddress, json
--다른 글로벌 변수 생략--
cveToExploitdbMap =
"/home/andy/cve_searchsploit/cve_searchsploit/exploitdb_"\
"mapping_cve.json"

def main():
--네트워크 선택 부분 생략--
❷ with open(cveToExploitdbMap) as mapfile:
    exploitMap = json.load(mapfile)
--호스트 검색 생략--
  for host in hostList:
--CVE 검색 생략--
    for cve in cveList:
      if cve == "NOCVE":
        continue
    ❸ if cve not in exploitMap:
        continue
--CVE와 호스트 매핑 생략--
  doc, tag, text, line = Doc().ttl()
  with tag('html'):
    with tag('head'):
      line('title', 'Exploitable vulnerability report for ' + network)
    with tag('body'):
      line('h1', 'Exploitable vulnerability report for ' + network)
      for cve in sorted(hostCveMap.keys()):
--대부분의 HTML 생성 부분 생략--
        line('b', "ExploitDB links")
        doc.stag('br')
      ❹ for exploitID in exploitMap[cve]:
          with tag('a',
          href="https://www.exploit-db.com/exploits/"+exploitID):
```

```
                text("https://www.exploit-db.com/exploits/"+exploitID)
            doc.stag('br')
    with open(outputFile, 'w') as htmlOut:
        htmlOut.write(indent(doc.getvalue()))
        htmlOut.close()

main()
```

우선 exploitdb_mapping_cve.json을 파싱하고자 필요한 JSON 라이브러리를 읽어들인다❶. 다음으로 exploitdb_mapping_cve.json을 메모리로 로딩하고 with 구조를 사용해 JSON 데이터를 파이썬 딕셔너리로 변환한다❷. 이 매핑에 들어있지 않은 취약점은 버리고❸ 공격 방법 목록을 익스플로잇 데이터베이스 내에 당되는 각자의 페이지로 바로 가는 링크로 변환한다❹.

기능 변경과 확장

detailed-vulns.py에서 했던 모든 제안 아이디어는 exploitable-vulns.py에도 그대로 유효하다.

익스플로잇 데이터베이스는 그저 하나의 공개된 공격 방법 목록일 뿐이다. 다른 것으로 메타스플로잇이 있는데, 이에 대해서는 14장에서 간략하게 다룬. exploitable-vulns.py에 있는 적당한 쿼리문을 실행해 취약점 매핑을 로컬 데이터베이스에서 가져올 수 있다.

다른 취약점 항목에 대해서도 매칭되는 외부 데이터 소스가 있기만 하면 공격 가능성 필터와 유사한 필터를 작성하는 것이 가능하다. 예를 들어 상용으로 판매되는 취약점 정보 데이터를 불러들여 APT 공격자가 활발하게 공격 중인 것으로 알려진 취약점에 대해서만 보고서를 만들 수도 있다.

요약

더 복잡한 새로운 보고서들을 여러 가지 만들어 실험도 해보고 원하는 대로 바꿀 수 있게 됐다. 이렇게 만든 코드들을 자동화 스크립트(리스트 12-2)에 넣어서 정기적으로 실행해 항상 최신으로 업데이트된 보고서를 유지하는 것도 잊지 말자.

여기까지 잘 따라왔으면 여러분의 취약점 관리 시스템은 대개 완성됐으며 분석가 여러분이 속한 조직에서 유용한 취약점 정보 보고서를 정기적으로 생산해내고 있기를 희망해본다.

14장에서는 기본적인 애플리케이션 프로그래밍 인터페이스API, Application Programming Interface로 다른 툴과 시스템 통합하는 방법, 자동화된 공격 방법과 각 기업에서의 활용 가능성, 클라우드 환경에서 취약점 관리 시스템 고려 사항을 살펴본다.

14

고급 주제

이제 전체 기능이 완전히 작동하고 자동화된 취약점 관리 시스템을 보유하게 됐다. 하지만 이 시스템을 만드는 프로젝트는 실제로는 영원히 끝나지 않는다. 14장에서는 간단한 통합 API, 알려진 취약점에 대해 자동화된 침투 테스트, 클라우드 환경 같은 주제를 포함해 시스템을 개선하는 다양한 아이디어를 살펴본다. 첫 번째 스크립트만 직접 해보는 연습 주제고 나머지는 추가로 해볼 만한 내용이나 가능성을 다뤄보고 상세히 구현하는 것은 독자의 몫으로 남겨둔다.

간단한 REST API 작성

직접 만든 취약점 관리 시스템에서 다른 툴로 데이터를 가져가려 하거나 취약점 관리 시스템을 타사 자동화 제품이나 오케스트레이션 제품에 통합하려 한다면 주기적으로 데이터베이스를 덤프하거나, 다른 툴이 소화할 수 있는 형태로 보고서를 출력하거나, API를 작성하는 방법이 있다. 데이터를 받는 쪽 툴이 API 통합을 지원하는 경우에는 API를 사용하는 것이 좋은 해결책이다. 이번 절에서는 간단한 **표현형 상태 전송**REST, REpresentational State Transfer API를 처음부터 만드는 과정을 살펴본다. 그에 앞서 먼저 REST API가 무엇인지부터 알아보자.

API와 REST 소개

프로그램의 인터페이스(프로그램을 사용해 접근하는 시스템 구성 요소 간에 공유되는 경계 접점)는 프로그램들이 다른 프로그램이나 호스트 운영체제와 서로 상호작용할 수 있는 일관된 방법을 제공한다. API를 사용하는 경우에는 내가 통신하고 있는 상대방 애플리케이션의 내부 동작은 이해할 필요가 없다. 내 프로그램이 '이 메시지'를 정해진 '그 곳'에 쓰면 수신하는 시스템이 그것을 이해하고 '그 형식'으로 응답한다는 것만 알면 된다. 인터페이스 뒤에서 기반이 되는 하부구조가 어떻게 변하든 간에 일관적으로 유지되는 인터페이스 뒤의 내부 동작을 추상화하는 것은 소프트웨어 개발과 상호 연동을 획기적으로 간단하게 만들어준다. 서로 통신하는 용어를 공통으로 유지하면서 프로그램이 독립적으로 진화하는 것이 가능하기 때문이다.

REST는 자신이 구체적인 사항을 모르는 데이터베이스나 다른 임의의 저장 시스템에서 자료를 가져오고 자료를 기록하는 방식으로 인터넷을 통해 통신하는 API 군을 정의한다. 완전한 REST API라면 레코드를 생성하고 읽고 수정하고 삭제하는(Creating, Reading, Updating, Deleting의 머리글자를 따서 보통 CRUD라고 부름) 모든 데이터베이스 조작 방법을 지원한다. **POST**, **GET**, **PUT**(혹은 **PATCH**), **DELETE**라는 HTTP 메서드가 각각 CRUD에 상응하는 명령을 수행한다. 이를 표 14-1에 정리했다.

표 14-1: CRUD 명령에 매핑한 HTTP 메서드

메서드	명령
GET	레코드(또는 여러 개의 레코드에 대한 정보)의 내용을 가져온다(읽는다).
POST	새 레코드를 생성한다.
PUT/PATCH	이미 존재하는 레코드를 수정하거나 아직 존재하지 않으면 새로 생성한다.
DELETE	기존의 레코드를 삭제한다.

API를 사용하려면 클라이언트는 동작 대상인 레코드나 레코드들을 지칭하는 URL(기술적으로는 통합 자원 식별자[URI, Universal Resource Indicator])에 적합한 메서드를 이용해 HTTP 요청을 보낸다. 예를 들면 http://rest-server/names/에 GET 요청을 보내 REST API에게 이름의 목록(대개 XML이나 JSON 형식)을 답으로 보내달라고 말한다. http://rest-server/names/andrew-magnusson/에 보내는 GET 요청은 'Andrew Magnusson'이라는 이름의 레코드에 대해 더 많은 정보를 답으로 준다. 같은 주소에 보내는 DELETE 요청은 원격 시스템에게 이 이름의 레코드를 지워달라고 말하게 된다.

표준 웹 URL의 주소와는 다르게 URI에 있는 주소는 어떤 변함없는 웹 위치를 가리키는 것이 아니다. 서버 측에서 실행하고 있는 프로그램에 대한 인터페이스인 API 엔드포인트를 가리키는 것이 URI 주소며, REST 클라이언트는 CRUD 동작을 수행해 달라는 적절한 HTTP 메서드를 보내고자 이를 이용한다.

API 구조 설계

취약점 관리 API가 무엇을 해야 하는지 생각해보자. 얼마나 많은 CRUD 동작을 지원할 계획인가? simple-api.py에서는, 가장 간단하고 안전한 메서드인 GET(기존의 레코드 읽기)만 구현한다. GET 메서드로 클라이언트가 할 수 있는 일이라고는 데이터베이스에 이미 있던 데이터를 요청하는 것뿐이다. 우리 취약점 관리

시스템은 내부적으로 스스로 업데이트하기 때문에 외부 시스템이 데이터베이스에 변경을 일으킬 필요가 없다. 외부 시스템(특히 자동화나 오케스트레이션 루틴)이 취약점 데이터베이스를 수정하게 하고 싶으면 POST, PUT/PATCH, DELETE 메서드를 구현하면 된다.

API 클라이언트가 어떤 데이터에 접근할 수 있어야 하는지도 고려해야 한다. 여러분의 취약점 관리 데이터베이스에는 호스트 목록과 연관 상세 정보, 발견된 취약점 목록과 각각의 상세 정보, cve-서치가 제공하는 CVE 데이터베이스가 미러링된 정보가 들어있다. CVE 데이터베이스의 콘텐츠는 공개적으로 받을 수 있는 것이니 굳이 우리 API로 제공할 필요는 없다. 다른 툴에서 이 정보가 필요하면 우리 API에 쿼리를 보내는 것보다 더 쉽게 구할 수 있는 방법이 있다. 하지만 우리 회사의 네트워크에 특정돼 있는 호스트와 취약점 정보는 API로 노출하는 것이 타당하다. 그중 대부분의 정보는 취약점 분석 시스템 외에는 어느 곳에서도 구할 수 없을 가능성이 높기 때문이다.

simple-api.py는 `hosts` 컬렉션과 `vulnerabilities` 컬렉션에 대해 4개의 엔드포인트를 구현하며 `GET` 메서드를 통해서만 접근할 수 있다. 표 14-2에서 각 엔드포인트를 상세히 나열했다.

표 14-2: API 엔드포인트와 기능

엔드포인트	동작
`/hosts/`	데이터베이스에 있는 IP 주소의 목록을 JSON 형식으로 응답한다.
`/hosts/<ip address>`	제공된 IP 주소에 대한 호스트 상세 정보를 JSON 형식으로 응답한다(해당 호스트가 취약한 CVE의 목록 포함).
`/vulnerabilities/`	취약점 데이터베이스에 있는 CVE ID의 목록을 JSON 형식으로 응답한다. 즉, 시스템 내의 호스트들에 현재 영향을 주는 CVE 집합에 해당한다.
`/vulnerabilities/<CVE ID>`	제공된 CVE ID에 대한 상세 정보를 JSON 형식으로 응답한다(해당 취약점에 취약한 IP 주소의 목록 포함).

API를 제공하고 있는 서버가 이 표에 없는 다른 URI 경로를 요청받는 경우 스크립트는 {'error': 'error message'} 형식의 키-값 쌍을 포함하는 JSON 문서와 HTTP 상태 코드를 응답으로 돌려준다. HTTP 상태 코드 2xx는 성공을 나타내고 4xx 계열은 다양한 오류를 가리킨다(404 '페이지를 찾을 수 없음'과 같은 예). 순전히 엉뚱한 이유로 이 책에서는 모든 오류가 발생할 때 코드 418을 되돌려주는 것으로 정했고, 이 코드는 HTTP에서 비공식적으로 의미하기를(저자가 꾸며낸 얘기가 절대 아님!) "나는 차를 우려내는 찻주전자에요."라는 뜻이다. 분석가 여러분이 자신의 스크립트를 만들 때에는 다른 오류 코드를 마음대로 써도 된다.

API 구현

전체 API를 하나의 main() 함수에 만들어 넣지 않고 스크립트를 논리적인 함수로 쪼개볼 생각이다.

main() 서버 인스턴스를 시작하고 모든 요청은 SimpleRequestHandler을 통해 처리하라고 파이썬에게 알려준다.

SimpleRequestHandler **http.server.BaseHTTPRequestHandler** 클래스에서 상속해 새로 만든 맞춤형 클래스며 GET 요청에 대해 요청 URI를 파싱하는 do_GET 함수를 재정의override한다. 이 함수는 몽고DB에 데이터를 요청하고 파싱하는 작업을 처리하는 데이터베이스 검색 함수에 제어권을 넘기거나 오류를 반환한다. do_POST와 do_PUT처럼 다른 HTTP 메서드 처리기는 지원되지 않기 때문에 이런 요청에 대해서는 오류를 반환한다.

데이터베이스 검색 함수 이 함수에는 4가지 종류가 있는데, 각 엔드포인트별로 하나씩 해당된다. 각 함수는 몽고DB 쿼리를 수행하고 SimpleRequestHandler에게 결과 데이터를 JSON 문서로 반환하거나 오류가 발생할 때 응답 코드도 반환한다.

리스트 14-1에서 파이썬 헤더와 main() 함수부터 시작해 각 부분을 순서대로 살펴볼 것이다.

리스트 14-1: simple-api.py 스크립트 코드의 첫 번째 부분

```
#!/usr/bin/env python3

❶ import http.server, socketserver, json, re, ipaddress
from bson.json_util import dumps
from pymongo import MongoClient
from io import BytesIO

client = MongoClient('mongodb://localhost:27017')
db = client['vulnmgt']
❷ PORT=8000
ERRORCODE=418 # I'm a teapot

--functions and object definitions are in Listings 14-2 and 14-3--

❸ def main():
    Handler = SimpleRequestHandler
    with socketserver.TCPServer(("", PORT), Handler) as httpd:
        httpd.serve_forever()

main()
```

기본적인 HTTP 서버 기능을 위해 http.server와 socketserver를 불러오고 몽고의 응답을 깨끗한 JSON으로 변환하는 BSON 덤프 유틸리티를 위해 bson.json_util을 불러오고 서버 응답을 만들어내고자 BytesIO도 불러왔다❶. 서버 응답이 단순한 ASCII 형태가 아니라 바이트 형식이어야 하기 때문이다. 전역 변수 PORT와 ERRORCODE❷로는 서버의 대기 포트와 반환할 오류 코드 기본값을 각각 정의한다.

스크립트를 시작하면❸ TCPServer 인스턴스를 만들고 설정한 포트를 열어서 대기한다. SimpleRequestHandler에 처리를 위임하고 serve_forever로 작동시켰기

때문에 프로세스가 죽을 때까지 계속해서 요청을 처리한다.

GET을 통해 요청이 들어오면 리스트 14-2에 나오는 SimpleRequestHandler의 do_GET 메서드가 동작하기 시작한다.

리스트 14-2: simple-api.py 스크립트 코드의 두 번째 부분

```
class SimpleRequestHandler(http.server.BaseHTTPRequestHandler):
  def do_GET(self):
  ❶ response = BytesIO()
  ❷ splitPath = self.path.split('/')
    if (splitPath[1] == 'vulnerabilities'):
      if(len(splitPath) == 2 or (len(splitPath) == 3 and splitPath[2]
      == '')):
        self.send_response(200)
      ❸ response.write(listVulns().encode())
      elif(len(splitPath) == 3):
      ❹ code, details = getVulnDetails(splitPath[2])
        self.send_response(code)
        response.write(details.encode())
      else:
      ❺ self.send_response(ERRORCODE)
        response.write(json.dumps([{'error': 'did you mean '\
        'vulnerabilities/?'}]).encode())
    elif (splitPath[1] == 'hosts'):
      if(len(splitPath) == 2 or (len(splitPath) == 3 and splitPath[2]
      == '')):
        self.send_response(200)
      ❻ response.write(listHosts().encode())
      elif(len(splitPath) == 3):
      ❼ code, details = getHostDetails(splitPath[2])
        self.send_response(code)
        response.write(details.encode())
      else:
        self.send_response(ERRORCODE)
```

```
        response.write(json.dumps([{'error': 'did you mean '\
        'hosts/?'}]).encode())
    else:
      self.send_response(ERRORCODE)
      response.write(json.dumps([{'error': 'unrecognized path '
      + self.path}]).encode())
    self.end_headers()
❽ self.wfile.write(response.getvalue())
```

요청을 받은 경로가 지원하는 4가지 엔드포인트 중 하나에 해당되는지 알아내고자 요청받은 URI를 먼저 구성 요소 단위로 분리한다. 이렇게 파싱하려면 /(순방향 슬래시)를 구분자로 사용해 경로를 배열로 잘라낸다❷. 이렇게 잘라낸 배열의 첫 번째 값은 비어있기 때문에(첫 번째 슬래시 앞에는 빈 문자열임) 두 번째와 세 번째 값들이 정확한 데이터베이스 검색 함수를 가리키며❸❹❻❼ 그 함수들의 반환값들을 응답의 바디body로 사용한다. 매칭되는 함수가 없으면 오류를 응답으로 반환한다. http.server에서 응답을 만들려면 3단계가 필요하다(오류가 하나라도 발생하면 4단계가 필요).

1. 헤더를 전송한다(별도로 전송할 필요는 없고 send_response로 응답 코드를 보내면 내부적으로 처리된다).
2. end_headers()로 헤더를 종료한다.
3. ERRORCODE를 사용해 필요한 오류를 발생시킨다❺.
4. wfile.write로 실제 응답 데이터를 전송하는데❽, 이렇게 하면 response 변수에서 바이트스트림을 가져간다. 이 변수는 BytesIO 객체로 인스턴스화되며❶ response.write를 통해 변수에 데이터를 덧붙이는 방식으로 만들어진다. 이렇게 하면 적절한 바이트 형식으로 자동 변환한다.

여기에 추가로 리스트 14-3에 보인 것과 같이 listHosts, listVulns, getHostDetails, getVulnDetails라는 4개의 데이터베이스 함수가 있다.

리스트 14-3: simple-api.py 스크립트 코드의 세 번째 부분

```
def listHosts():
❶ results = db.hosts.distinct('ip')
  count = len(results)
  response = [{'count': count, 'iplist': results}]
❷ return json.dumps(response)

def listVulns():
  results = db.vulnerabilities.distinct('cve')
  if 'NOCVE' in results:
    results.remove('NOCVE') # 이런 데이터에는 관심 없음
  count = len(results)
  response = [{'count': count, 'cvelist': results}]
  return json.dumps(response)

def getHostDetails(hostid):
  code = 200
  try:
  ❸ ipaddress.ip_address(hostid)
  ❹ response = db.hosts.find_one({'ip': hostid})
    if response:
      cveList = []
    ❺ oids = db.hosts.distinct('oids.oid', {'ip': hostid})
      for oid in oids:
        oidInfo = db.vulnerabilities.find_one({'oid': oid})
        if 'cve' in oidInfo.keys():
          cveList += oidInfo['cve']
      cveList = sorted(set(cveList)) # 소트하고 중복 제거함
      if 'NOCVE' in cveList:
        cveList.remove('NOCVE') # NOCVE 삭제
    ❻ response['cves'] = cveList
    else:
      response = [{'error': 'IP ' + hostid + ' not found'}]
      code = ERRORCODE
  except ValueError as e:
```

```
        response= [{'error': str(e)}]
        code = ERRORCODE
    return code, dumps(response)

def getVulnDetails(cveid):
    code = 200
  ❼ if (re.fullmatch('CVE-\d{4}-\d{4,}', cveid)):
      ❽ response = db.vulnerabilities.find_one({'cve': cveid})
        if response: # cve가 존재함
            oid = response['oid']
          ❾ result = db.hosts.distinct('ip', {'oids.oid': oid})
            response['affectedhosts'] = result
        else:
            response = [{'error': 'no hosts affected by ' + cveid}]
            code = ERRORCODE
    else:
        response = [{'error': cveid + ' is not a valid CVE ID'}]
        code = ERRORCODE
    return code, dumps(response)
```

처음에 나오는 데이터베이스 함수 2개는 몽고를 쿼리해 완결되고 중복이 제거된 IP 주소 목록(`listHosts`)을 구하거나❶ CVE ID 목록(`listVulns`)을 구해서 JSON 구조로 되돌려 보낸다❷.

`details`로 끝나는 함수 2개는 우선 입력값이 제대로 만들어진 IP 주소❸나 CVE ID❼인지 검증하고 그렇지 못할 경우 오류를 되돌려 보낸다. 그런 다음에는 하나의 특정 호스트❹나 취약점❽에 대한 상세 정보를 끌어온다. 그러고 나서 취약점에 대해서는 관련된 호스트들의 목록❾을, 호스트에 대해서는 취약점들의 목록❺을 추출하는 두 번째 쿼리를 실행한다. 수집되고 나면 이 데이터는 JSON 구조에 삽입되고❻ `SimpleRequestHandler`에 반환돼 최종적으로 클라이언트에 전달된다.

API 실행

simple-api.py 스크립트를 완성해 테스트했으면 서버에서 항상 실행되게 설정해보자. 이 작업을 하는 절차는 OS가 사용하는 서비스 관리 시스템에 따라 달라진다. 리눅스에서 가장 흔하게 사용하는 관리 시스템은 systemd, SysV-style init, upstart며, 여기서는 systemd로 설정하는 방법을 살펴본다.

systemd 스크립트 저장 위치(우분투에서는 /lib/systemd/system)에 simple-api.service라는 서비스 파일을 만들어 새로운 systemd 서비스를 추가한다. 리스트 14-4에 서비스 파일 내용을 표시했다.

리스트 14-4: simple-api.py용 서비스 설정

```
[Unit]
Description=systemd script for simple-api.py
DefaultDependencies=no
Wants=network-pre.target

[Service]
Type=simple
RemainAfterExit=false
ExecStart=/path/to/scripts/simple-api.py
ExecStop=/usr/bin/killall simple-api
TimeoutStopSec=30s

[Install]
WantedBy=multi-user.target
```

이제 chmod +x를 써서 simple-api.py를 실행 가능한 상태로 만들고, 리스트 14-5에 있는 명령을 루트 권한으로 실행해 서비스를 시작하고 잘 실행되는지 확인한다.

리스트 14-5: 서비스 시작하기

```
# systemctl enable simple-api.service
Created symlink
/etc/systemd/system/multi-user.target.wants/simple-api.service
→ /lib/systemd/system/simple-api.service.
# systemctl daemon-reload
# systemctl start simple-api
# systemctl status simple-api
  simple-api.service - SystemD script for simple-api.py
    Loaded: loaded (/lib/systemd/system/simple-api.service; enabled; vendor
    preset: enabled)
    Active: active (running) since Sun 2020-04-26 16:54:07 UTC; 1s ago
  Main PID: 1554 (python3)
     Tasks: 3 (limit: 4633)
    CGroup: /system.slice/simple-api.service
              1554 python3 /path/to/scripts/simple-api.py

Apr 28 16:54:07 practicalvm systemd[1]: Started systemd script for
simple-api.py.
```

먼저 systemctl enable은 simple-api.service를 systemd 구성에 추가한다. 다음에 systemctl daemon-reload와 systemctl start simple-api는 서비스를 시작한다. 그러고 나서 systemctl status simple-api는 서비스가 성공적으로 실행되고 있으면 리스트 14-5에 보이는 것처럼 그에 대한 응답을 출력한다. 여기까지 했으면 API가 올라오고 스크립트에서 설정했던 포트로 대기하고 있게 된다.

기능 변경과 확장

파이썬의 http.server 라이브러리는 외부 의존도를 최소한으로 줄여주고 코드가 기능하는 방식을 아주 깔끔하게 만들어준다. 그렇지만 API에 특화된 기능을 제공하지는 않으며 기본적인 HTTP 인증만 지원한다(파이썬의 저자는 실제 운영 환경에서는 이 기본 인증을 사용하지 말 것을 강력히 권장하니 유의하자). API를 의미 있게 확장하고 싶은 경우에는 플라스크Flask나 팔콘Falcon 같은 REST 프레임워크를 사용하면 코딩은 간단하게 하면서 API를 유지할 수 있다.

simple-api.py 스크립트는 기본 HTTP 인증마저도 구현하지 않은 상태다. 따라서 웹 서버에 접근을 엄격하게 제한하거나 스크립트에 인증 기능을 추가한 후 실 운영 환경에서 사용하는 것이 매우 중요하다.

스크립트는 /list 엔드포인트에서 호스트나 취약점 ID를 단순한 목록으로 반환한다. 13장의 고급형 보고서와 유사하게 각 호스트와 취약점에 대해 더 많은 정보를 반환하는 것도 가능하다.

많은 데이터를 한 번에 요청하는 방식으로 API를 사용하는 클라이언트가 있을 걸로 예상한다면 쿼리를 페이지 단위로 쪼갠 정보를 포함하는 옵션을 추가해 더 쉽고 더 효과적으로 구현할 수 있다. 예를 들어 http://api-server/hosts/list/?start=20&count=20이라는 요청을 받으면 20부터 40까지의 레코드를 반환하고 클라이언트는 한 번에 한 묶음씩 받는 식으로 전체 호스트 목록을 순환하면 된다.

스크립트와 systemd 서비스를 만들었는데, http.server에서 나오는 로그 메시지는 STDERR로 출력되고 systemd 로깅을 담당하는 journald가 캡처하지 못한다. 스크립트나 로그를 저장하는 서비스 정의를 수정해 누가 내 API를 사용하고 있는지 계속 지켜볼 수도 있다.

상세한 오류 메시지가 나오게 하면 공격자가 이 API를 탐침기로 활용해 어떤 정보가 있는지 알아낼 수 있게 된다. 모든 오류 메시지를 정확한 엔드포인트 규격에 대한 힌트를 주지 않는 일반적인 무난한 메시지로 교체해 API를 보호할 수 있다.

취약점 공격 자동화

취약점과 알려진 공격 방법을 포함해 시스템에 대한 정보를 알고 있으면(리스트 13-9 참고) 해당 취약점이 공격 가능한지 직접 확인할 수 있다. 공격이 가능하다면 취약점을 해결하거나 완화하는 우선순위를 정할 수도 있다. 공격이 가능하지 않다면 오탐false positive 결과일 수도 있고 기존의 완화 수단이 호스트를 보호한 덕분에 공격이 성공하지 못한 것일 수도 있다.

하지만 이 과정은 느릿느릿 진행되고 따분하다. 공격 코드를 찾아내야 하고, 그걸 실행할 시스템을 꾸며야 하고, 공격을 시도해 보고, 결과를 기록해야 한다. 지금까지의 과정 대부분을 이미 자동화했는데, 이러한 마지막 단계도 자동화해 보면 어떨까? 메타스플로잇 같은 툴은 커맨드라인을 통해 스크립트화할 수 있으니 공격 시도를 자동화하지 않을 이유가 없지 있을까?

장점과 단점

실은 취약점 공격을 자동화하지 않아야 할 아주 합당한 이유가 몇 가지 있긴 하다. 심지어 취약점 스캔 절차에도 위험이 없지 않다. 공격적으로 스캔을 하거나 외부 요인에 예민한 시스템을 스캔하면 오류를 일으키기도 하고 시스템 크래시를 일으킬 가능성도 상존한다. 공격을 수행하는 것은 한층 더 위험하다. 운영 서버에 크래시가 발생하기도 하고 중요한 데이터에 손상을 입히기도 하며, 드물기는 하지만 그 아래에서 돌아가는 하드웨어에 손상을 주기도 한다. 분석가가 완전하게 이해하지 못하는 공격 코드에는 백도어 기능이 들어있을지도 모르며 예상하지 못한 부수 효과가 나타나기도 한다. 내가 실행하고 있는 공격이 오로지 공격 가능성을 확인하는 기능만 한다고 확신할 경우에도 테스트 중인 시스템에 해를 입힐 수 있다.

많은 기업에서 업무 환경 내에 있는 어떤 시스템이 어떤 공격에 취약한지 알아내는 정도로는 리스크를 감수할 정도의 대가가 되지 못한다. 따라서 그런 회사들은 취약점 공격을 수동으로 수행하거나 최소한 부분적으로라도 수동으로 수행한다. 숙련된 침투 테스트 엔지니어가 잘 통제된 환경에서 공격을 시도하게 하는 것이 최선이다. 테스터는 메타스플로잇 같은 공격 프레임워크를 사용해 입력값을 다르게 바꿔가며 테스트를 반복 실행하는 작업이지만 실제 작동하는 공격을 찾을 때까지 다른 공격들을 시도하는 작업 같은 단조로운 단계를 자동화한다. 하지만 공격 효과를 모니터링하고 뭔가가 잘못되면 테스트를 멈출 준비가 돼 있는 사람이 항상 있어야 한다.

어떤 기업은 IT 자산이 아주 많아서 중요 서비스에 이따금 크래시가 발생하는 정도의 리스크보다는 공격에 당하는 리스크가 훨씬 더 큰 위협 모델을 갖고 있기도 한다. 심각한 취약점 모두를 수동으로 공격하는 것이 실현 불가능한 경우에는 추가 정보를 확보하는 것만으로도 리스크를 대신할 수 있다. 그렇지만 이런 결정은 분석가가 쉽게 할 수 있는 것이 아니고 외부와 단절된 채로는 결코 할 수 없는 일이다. 자동화된 취약점 공격을 수행하기에 앞서 기업 내의 조직적인 지원이 필요하다(6장의 '조직의 지원을 구하는 방법' 절을 참고한다).

메타스플로잇 자동화

회사 시스템에 있는 취약점에 대해 어떤 공격이 존재하는지 알아냈으면 알아낸 공격을 취약한 호스트를 대상으로 실행할 차례다. 익스플로잇 데이터베이스Exploit Database가 있어도 "호스트 X에서 이 공격을 실행하라"는 스크립트를 만드는 간단한 방법은 없다. 공격 코드는 다양한 언어로 작성돼 있고, 어떤 코드는 실행하기 전에 컴파일부터 해야 하는 경우도 있으며, 공격의 효과성과 안전성 면에서 서로 다른 수준의 평가가 내려져 있기도 하다. 메타스플로잇은 통합형 침투 테스트 프레임워크로서 이런 문제를 풀어낸다. 메타스플로잇과 호환되는 모든 공격은 루비Ruby로 구현돼 있고 광범위하게 테스트돼 왔으며, 메타스플로잇 프레임워크Metasploit Framework를 통해 일관된 방식으로 실행된다. 게다가 더 좋은 점은 커맨드라인에서 메타스플로잇을 스크립트로 만들 수 있고 파이썬이나 그와 유사한 스크립트로 캡슐화할 수 있다는 것이다. 이번 절에서는 그와 같은 스크립트를 작성하는 요령을 알아보지만 구현 방법은 의욕적인 독자의 연습문제로 남겨둔다.

참고 리스트 13-9에 있는 exploitable-vulns.py 스크립트를 수정해 메타스플로잇 내부의 취약점-공격 매핑을 사용하면 이렇게 해서 공격 가능하다고 표시되는 시스템은 실제로 메타스플로잇 자동화 모듈을 갖춘 것으로 확신해도 된다. 이 데이터에 접근하는 방법과 파싱해서 매핑을 찾아내는 방법은 능력이 되는 독자들의 연습문제로 추가해두는 선에서 마치려고 한다.

리스트 14-6은 공격 자동화를 구현해볼 수 있는 스크립트의 전체 구조를 의사코드로 나타낸 것이다.

리스트 14-6: 메타스플로잇으로 공격을 자동화하는 의사코드

```
취약점이 있는 호스트의 목록으로 데이터베이스 쿼리
익스플로잇 DB, 메타스플로잇 등 공격 목록을 기준으로 취약점 매핑
결과: 호스트 목록과 각 호스트에 있는 공격 가능한 취약점
이 목록에 있는 각 호스트별로:
  해당 호스트에 있는 각 취약점별로:
    특정된 취약점에 해당하는 메타스플로잇 모듈 결정
    해당 호스트를 대상으로 메타스플로잇 모듈 시작
    데이터베이스 내 호스트 레코드에 성공/실패 기록
```

이미 갖고 있는 공격 목록을 대상으로 취약점을 매핑해 각 호스트에서 공격 가능한 취약점 목록을 얻어내는 것은 exploitable-vulns.py에서 해본 경험이 있으니 친숙할 것이다. 리스트 14-7의 루프는 각 호스트에서 공격 가능한 취약점 각각을 훑어내려 가면서 메타스플로잇 세션을 시작해 관련 메타스플로잇 모듈로 취약점 공격을 시도한다.

메타스플로잇 모듈은 CVE ID가 아니라 이름으로 참조하기 때문에 공격을 시도하고 있는 CVE를 정확한 모듈과 연결해줘야 한다. 메타스플로잇에서 공격 정보를 끌어오는 경우가 아니라면 리스트 14-7에 있는 것처럼 메타스플로잇 검색을 수동으로 파싱해 CVE ID와 메타스플로잇 모듈 이름을 연관 짓는 것도 가능하다.

리스트 14-7: 메타스플로잇 커맨드라인을 사용해 메타스플로잇 모듈 검색

```
$ msfconsole -qx 'search cve:CVE-2012-2019;quit'

Matching Modules
================

  # Name Disclosure Date Rank Check Description
  - ---- --------------- ---- ----- -----------
  1 exploit/windows/misc/hp_operations_agent_coda_34 2012-07-09 normal
  Yes HP Operations Agent Opcode coda.exe 0x34 Buffer Overflow
```

이 과정은 시간이 꽤 걸리는데, `msfconsole`을 시작하려면 수십 초가 소요될 수 있다는 점이 주요인이다. 이 코드를 `msfconsole`을 시작하는 것 하나와 실행 중인 콘솔 프로세스에 간단한 API를 통해 요청을 보내는 것 하나, 이렇게 두 개의 스크립트로 분리하는 것도 가능하다.

모듈 이름을 알아냈으면 공격을 시도하는 단계가 남아있다. `msfconsole -qx 'command1;command2;commandX;quit'`를 실행해 공격과 관련한 명령을 순차적으로 줄줄이 실행하고 나서 메타스플로잇을 닫는다. 대부분 모듈은 최상의 방식으로 동작하게 하려면 추가로 매개변수를 붙여줘야 한다. 모든 모듈을 기본 구성으로 실행해도 되고 더 널리 사용하는 모듈 일부만 별도로 매개변수를 저장해서 써도 된다. 공격이 성공했는지 알아보려면 메타스플로잇 출력을 보면 된다. 아니면 메타스플로잇이 데이터베이스를 사용하게 구성했을 경우 공격 시도를 한 뒤에 데이터베이스에서 성공/실패 정보를 끌어내도 된다.

여기까지 왔으면 자동화된 공격을 테스트해볼 수 있다. 그렇지만 그 전에 다음을 먼저 고려해보자.

- 자동화된 공격 테스트가 필요한가?
- 실 운영 시스템을 대상으로 하지 않고 실제 환경을 복제하게 구성된 테스트 환경을 대상으로 스크립트를 실행해도 될까?
- 이 테스트가 정말로 필요한가?

여전히 해야겠다는 확신이 든다면 야심차게 뛰어들어보자. 행운을 빈다.

시스템을 클라우드로 이식

이 책은 온프레미스로 워크스테이션과 서버를 운영하는 비교적 작은 기업에 초점을 두고 있다. 하지만 업무는 점차 클라우드 기반 운영을 추가하는 방향으로 가고 있으며 기업 전체 운영 환경을 클라우드로 옮기기도 한다. 신생 기업 대다수는 로컬 기반 시설을 완전히 없애고 비즈니스 기반 시설 전체를 클라우드 환경에 넣는 편을 선호한다. 이번 절에서는 클라우드 환경을 기존 취약점 관리 시스템에 추가할 때 필요한 고려 사항을 몇 가지 살펴본다.

클라우드 아키텍처

운영 중인 인프라스트럭처가 완전히 클라우드에 있는 경우에는 지금까지 만들어온 취약점 스캐닝 시스템 전체를 동일한 클라우드 환경에 배포하는 것이 합리적이다. 그렇게 하면 지연 시간도 최소화하고 이미 같은 환경에 있는 스캐너에서 다양한 클라우드 네트워크 세그먼트로 접속을 허가할 수도 있게 된다.

하지만 여러분이 속한 기업 환경에 클라우드와 온프레미스 인프라스트럭처가 섞여 있는 경우라면 몇 가지 다른 옵션을 생각해봐야 한다. 스캐닝 툴이 클라우드에 접속할 수 있게 클라우드 환경에 권한을 설정해도 된다. 아니면 클라우드 환경 내에 별도의 스캐너를 구성해 스캔 결과를 중앙 집중된 몽고DB로 전송하게 해도 된다. 로컬에 있는 스캐너에서 클라우드 환경을 스캔하는 것은 시간 지연을 유발하고(클라우드 네트워크에서 지리적으로 먼 경우 특히 더 그렇다) 보안 장치 도입도 필요해진다. 스캐너가 로컬 네트워크에서 바깥으로 내보내는 전송egress을 무제한 허용해야 하고 공중망 IP 주소에서 클라우드 환경으로 접속을 무제한 허용하는 것도 필요하다. 그렇지 않으면 대안으로 해당 접속은 로컬과 클라우드 환경 간에 안전하게 연결된 터널 트래픽을 이용하게 하는 가상 사설망VPN, Virtual Private Network을 통하게 구성할 수도 있다.

클라우드용 또는 자잘하게 세그먼트된 로컬 네트워크용으로 스캐너를 여러 대 설치하는 경우 서로 남의 데이터를 덮어쓰는 일이 생기지 않게 데이터베이스에 레코드를 삽입하는 것을 잘 조정할 필요도 있다. 데이터베이스 보고서 작성이나 레코드 삭제는 한 장소에서만 가능하게끔 강제해 데이터가 항상 일관되게 유지하는 것도 반드시 필요하다.

클라우드와 네트워크 영역

일정 영역에 있는 모든 IP 주소가 내 네트워크의 일부라는 것을 관리자가 알고 있는 온프레미스 네트워크와는 달리 클라우드 호스트나 서비스는 대개 여러 개의 IP 주소를 가진다. 같은 네트워크 내에서 접속하기 위한 사설 IP 주소 하나, 공용망 인터넷에서 접속하기 위한 IP 주소 하나는 최소한 갖고 있다. 사설 주소 공간 내에서는 클라우드 네트워크 분리로 인해 다른 클라우드 환경에 속하는 호스트를 스캔 대상으로 할 수 없다. 하지만 클라우드의 공용 IP 주소는 다른 많은 주소에 곧바로 인접해 있기에 공용 주소로는 접속이 차단된다는 보장이 없다.

클라우드 환경의 사설 IP 주소들만 스캔한다면 클라우드 바깥에 있는 호스트는 접속할 수 없다는 확신을 갖고 전체 네트워크 영역을 지정해도 된다. 클라우드 사설 네트워크 안에 있는 주소 영역을 스캔하려면 해당 영역 안에 스캐너를 두든지 VPN 같은 원격 접속 방법이 필요하다.

클라우드 서비스의 공용망 쪽 주소를 스캔하려면 네트워크 영역으로 지정하지 말고 호스트를 개별적으로 지정해야 뜻하지 않게 승인도 없이 다른 회사의 호스트를 스캔하는 것(다른 말로 공격)을 예방할 수 있다. 내부 주소를 통해 호스트를 더 안전하게 스캔할 수 있음에도 불구하고 내부 스캔과 궤를 맞춰 외부 접점에서 스캔을 진행하면 공용망 쪽 취약점을 이해하는 데 도움이 된다. 내부망 쪽 서비스에만 존재하는 취약점은 인터넷으로 활짝 열려 있는 포트에 존재하는 같은 취약점에 비해 훨씬 덜 심각할 가능성이 높다. 이와 같은 환경의 양쪽 상황을 모두 알면 전체적인 보안 준비 태세를 더 잘 이해할 수 있게 된다.

내부와 외부 스캔을 수행하는 경우 데이터베이스 내의 호스트 데이터 구조 몇 가지를 결정해야 한다. 이 책에서 소개한 스캐닝 스크립트와 보고서 작성 스크립트는 각 호스트를 IP 주소로 유일하게 식별한다. 하나의 호스트에 하나 이상의 IP 주소가 있으면 호스트를 유일하게 식별할 수 있는 다른 식별자를 골라 이 문제를 처리해야 한다. 그게 아니면 동일한 클라우드 시스템을 외부에서 볼 때와 내부에서 볼 때 별개의 호스트로 취급하는 방법도 있다. 어떤 방법을 선택하든 스크립트와 데이터베이스를 그에 맞게 적절히 수정해 해결하기 바란다.

구현할 때 다른 고려 사항

스캐닝과 보고서 작성을 완벽하게 다루려면 사용 중인 클라우드 환경을 완전히 이해하고 있어야 한다. 다음 질문을 고려해보자. 클라우드 환경이 대부분 같은 장소에 있는가, 아니면 분산돼 있는가? 프라이빗 클라우드 환경을 복수로 운영하고 있는가, 아니면 하나만 운영하고 있는가? 특정 서브넷으로 접속하는 것을 제한하는 내부 세그먼트 분리가 있는가? 이번 절에서는 클라우드 스캐닝 시스템을 설계할 때 반드시 염두에 둬야 할 클라우드 환경의 다양한 면을 다뤄본다.

클라우드 환경 분산

대부분의 기업은 아마존, 구글, 마이크로소프트 같은 여러 클라우드 서비스 제공 업체에 분산하는 형태로, 클라우드 환경을 복수로 운영한다. 소위 '간단한' 복수 클라우드 환경조차도 개발 클라우드 환경, 테스트 클라우드, 비즈니스에 매우 중요한 실제 서비스가 돌아가는 운영 클라우드 환경, 앞서 말한 세 가지로의 접근을 제어하는 관리 클라우드 같은 것들이 줄줄이 포함될 수 있다.

그 하부의 피어 연결로 이질적인 클라우드를 연결할 수도 있고 공용 인터넷망으로는 서로 통신하지 못하게 제한할 수도 있다. 단일한 클라우드 서비스 제공자가 호스트하는 복수의 클라우드 환경에서는 피어 처리를 해서 하나의 환경에 있는 서비스가 다른 것과 직접 통신할 수 있게 허용할 수 있다. 다수의 클라우드 환경을 전부 커버하기 가장 쉬운 곳에 스캐너를 두면 된다.

가상 시스템과 서비스

클라우드 환경은 모든 물리적 서비스가 가상 시스템으로 대체된다는 점만 제외하고는 전통적인 데이터센터와 상당히 비슷하다고 생각해도 된다. 하지만 클라우드 환경은 훨씬 더 유연하다. 주요 클라우드 공급사는 전부 맞춤형 가상 시스템뿐만 아니라 **서비스형 소프트웨어**SaaS, Software-as-a-Service도 제공한다. SaaS 환경에서는 그 하부 OS나 지원 소프트웨어에 대해 고민하거나 심지어 알 필요도 없이, 예를 들어 포스트그레SQL 서버를 등록할 수 있다. 업무상 목적과 취약점 관리 시스템 용도로 존재하는 유일한 것은 포스트그레SQL뿐이고 클라우드 서비스 제공자가 패치 적용, 구성, 하부 OS를 모두 관리한다.

현대식 클라우드 환경 대부분은 완전 가상 시스템, SaaS 서비스, 컨테이너화된 환경(다음 절에서 다룬다)이 섞여 있다. 이렇게 섞여있다는 점을 잘 알고 그에 적합하게 네트워크 설정을 선택해서 환경 전체에 흩어져 열려 있는 모든 포트를 스캐너가 접근할 수 있게 해야 한다.

컨테이너화된 서비스

기업들은 점차 신규 서비스를 런칭할 때 도커Docker나 쿠버네티스Kubernetes 같은 시스템을 써서 컨테이너 기반으로 배포하는 기술로 전향하고 있다. 컨테이너 전체를 소개하는 것은 이 책의 범위에서 벗어나지만, 컨테이너란 바깥세상과 뭐라도 한다면 특정 포트나 서비스만 노출되게끔 극도로 가볍게 만든 가상 시스템이라고 생각해도 된다. 특히 쿠버네티스 환경 같은 일부 경우에는 마이크로서비스 서로 간에 그리고 쿠버네티스 관리 시스템에게만 통신을 하는 다수의 마이크로서비스로 구성돼 있을 수도 있다. 따라서 외부에 있는 스캐너 관점에서는 거의 보이지도 않는다.

SaaS 시스템과 마찬가지로 컨테이너화된 환경은 이러한 환경에서 취약점 인지와 스캐닝에 분석가가 얼마나 책임을 가져야 하는지와 같은 문제를 제기한다. SaaS와는 달리 컨테이너화된 환경에 대해서는 환경 외부로 극히 제한된 서비스 세트만 노출시킨다고 할지라도 클라우드 서비스 이용 기업이 여전히 책임을 진다. 그러니 분석가는 개별 컨테이너가 취약한 서비스나 구식으로 오래 방치된 서비스를 실행하고 있지 않음을 점검할 필요가 있다. 우리가 이 책에서 지금까지 만들어 온 취약점 관리 시스템은 컨테이너화된 환경을 관리하는 데에는 그리 적합하지 않지만 공부해 온 원칙들은 이러한 배포 방식을 항상 최신으로 유지하는 정책을 설계하는 데에도 크게 쓰이게 될 것이다.

스캐너 접근 필요 사항

클라우드 환경에서 취약점을 정확하게 카탈로그로 만들려면 스캐너는 클라우드 환경 내에 있는 모든 가상 시스템과 서비스에 네트워크 접근이 필요하다.

네트워크 용어로 말하자면 이는 스캐너가 어디에 위치하고 있든 TCP 포트 전체 영역에 대해 스캔 대상이 되는 IP 주소 대역에 스캐너의 접근이 허용돼야 한다는 뜻이다. 하지만 SaaS 형태의 포스트그레SQL 데이터베이스는 어떻게 될까? 스캐너가 시스템에 대해 최대한의 정보를 알아내게 하려면 어떤 포트를 열어줘야 하는 걸까?

0부터 65535까지 모든 포트를 스캐너가 접근하게 허용할 수도 있다. 그러나 데이터베이스가 5432 포트에서만 접근을 제공하고 있는 점을 고려하면 SaaS 호스트 시스템에서는 시간과 노력을 절약하기 위해서라도 스캐너가 오직 그 포트로만 접속하게 허용하는 것이 맞다. 한편 반대로 포스트그레SQL 서비스만 노출하고 있는지 클라우드 서비스 제공자를 완전히 신뢰할 수 없는 경우라면 어떨까? 다른 어떤 서비스가 열려있는지 알아내는 가장 좋은 방법은 포트 전체를 종합적으로 스캔하는 것이라 할 수 있다.

요약

14장에서는 취약점 관리 시스템을 확장하는 방법을 알아봤다. 취약점 데이터베이스에 원격으로 쿼리할 수 있는 간단한 REST API를 만들어 이 취약점 관리 시스템을 기업 내에 있는 다른 보안 툴이나 오케스트레이션 툴과 통합할 수 있게 했다. 기업 환경 내에서 알려져 있는 취약점 공격을 자동화하는 경우의 장점과 단점을 고려해봤다. 취약점 관리 능력을 클라우드로 확장하는 방법도 알아봤다.

보안은 언제나 그렇듯 목표가 아니라 절차며, 지금까지 만들어 온 취약점 관리 시스템이라고 해서 다를 것이 없다. 마지막 장인 15장에서는 여태까지 성취한 것들을 돌아본다. 그러고 나서 독자 여러분이 다음에 도전해볼 만한 주제 몇 가지를 탐구한다. 예를 들면 **무신뢰 네트워크**zero-trust network처럼 최신 트렌드 관점에서 취약점 관리의 함축성을 조사해보고 싶을 수도 있고, 언젠가는 스스로 만들어왔던 툴을 대체할 상용 제품을 찾고 싶어질 수도 있겠다.

15

마무리

이 책을 쭉 읽어오면서 독자 여러분은 무료로 구할 수 있는 툴과 가져다 붙이기만 하면 되는 파이썬 코드를 사용해 아무것도 없던 상태에서 완전한 취약점 관리 시스템을 만들어냈다. 분석가인 독자들이 시스템을 만들면서 기업이 취약점을 관리하는 접근 방식을 바꿔놓았기 바란다. 이제 여러분이 이 책을 덮기 전에 우리가 함께 살펴봤던 것을 되돌아보고 향후 각자 시스템을 개선해볼 만한 거리가 있는지 짚어보려 한다.

되돌아보기

이 책을 처음 읽기 시작했을 때 뭘 얻고자 했는지 잠시 생각해보자. 어쩌면 중소기업의 IT 관리자인데 패치 적용 사이클을 시스템화할 필요가 있다고 깨달았을 수도 있다. 아니면 기업 내에서 취약점 관리 프로그램의 형식을 갖춰 제대로 만드는 임무를 부여받은 보안 분석가일지도 모르겠다. 예산이 아주 조금 주어졌거나 아예 없는 상태로 이 프로젝트에 필요한 하드웨어를 구하느라 창의적으로 머리를 짜내야 하는 사람일 가능성이 제일 높아 보인다. 겉으로 드러내 표현한 적은 없더라도 기업 환경에 있는 호스트와 그 시스템들의 취약점 상태를 종합적으로 꿰뚫어 보려는 것이 독자 여러분의 목표였을 것이다.

설계와 구현

이 책을 기획하고 저술하면서 취약점 관리 시스템에 가졌던 포부는 두 가지였다.

- 무료로 구할 수 있고 기성품으로 다 만들어져 있는 툴만 사용하자.
- 이해할 수 있고 확장할 수 있는 시스템을 만들자.

이해할 수 있고 확장할 수 있는 시스템을 만들었는지는 독자의 판단에 맡긴다. 하지만 시스템을 돌릴 하드웨어(물리적 시스템이든 가상 시스템이든) 외에는 비용을 들이지 않고 만들었다는 점은 틀림없다. 취약점 관리는 우수한 정보 보안 프로그램의 기반이기 때문이라는 점에서 이 목표는 나에게 특히 중요했다. 뿐만 아니라 보안 담당 인력이 없거나 몇 명 안 되는 기업에게 상용 취약점 관리 툴은 예산을 훨씬 벗어나는 경우가 흔하다.

이 책 내용 곳곳에서 제공된 스크립트와 기반이 되는 툴을 각자의 환경에 맞게 수정해 각자 조직에서 실행으로 옮길 수 있는 가장 좋은 데이터를 구하는 방법을 제안했다. 그렇게 수정하는 내용 외에도 스크립트 언어, 데이터베이스, 가장 편하게 느끼는 여러 툴을 익혀 사용했길 바란다. 이 시스템을 만들고 조정하는 과정에서 이제 여러분은 필요한 사항이 달라지고 취약점 환경이 진화할 때마다 직접 개선할 수 있을 정도로 친숙하게 이해하고 있는 강력한 툴을 갖게 됐다.

시스템 유지 보수

각자 automation.sh에서 취약점 관리 시스템 자동화를 어떻게 구성했는지에 따라 손을 대가며 할 작업이 거의 없거나 아예 없을 수도 있다. 시스템은 자기 할 일을 중단 없이 하고 분석가의 메일 수신함이나 공유 폴더에는 방금 새로 스캔한 데이터로 뽑아낸 각종 보고서들이 매주 차곡차곡 들어온다. 하지만 앞으로는 시스템의 존재를 잊어도 된다는 뜻이 전혀 아니다. 시스템 구성 요소를 관리하고 스캔과 보고서를 작성할 때 매개변수를 이리저리 바꿔가면서 업무의 기본이 되는 취약점 정보를 유지하고 향상시켜야 한다.

이 책에서 설명해왔던 시스템이 자동으로 OS 패키지와 툴을 업데이트하고 인터넷에서 CVE와 공격 데이터를 자동으로 가져오기는 하겠지만, 이러한 업데이트를 잘 살펴보기 바란다. 가까운 미래에 cve-툴이 NVD 저장소에 있는 정보로 자신을 업데이트할 수 없게 될 일이 생기리라고 보진 않는다. 그렇지만 익스플로잇 데이터베이스와 CVE 간 매핑 같은 타사 데이터에 대해서는 대체 수단을 찾아야 될 수도 있다. 이들 데이터 소스가 여전히 안정적이기는 하지만 이 책을 저술한 시점이나 여러분이 시스템을 만들었던 당시에는 쓸 수 없었던 새로운 데이터 공급처를 쓸 수 있게 될지도 모른다. 취약점 관리 분야의 최신 정보를 늘 습득하고 새로운 데이터 피드를 조사해서 새 데이터로 취약점 정보를 개선시킬 수 있는지 살펴봐야 한다.

시스템을 점차 확장하면서 기반 하드웨어도 확장할 필요가 생길 수 있다. 시스템이 완전히 가상화돼 있다면 리소스를 더 할당하기만 하면 될 정도로 간단하다. 하지만 물리적인 하드웨어를 사용하고 있는 경우 소매를 걷어붙이고 물리적인 업그레이드를 좀 해야 될 것이다. 물리적인 하드웨어는 이상이 생기고 노후화하기 마련이니 각 회사 인프라에 있는 다른 모든 서버와 마찬가지로 취약점 관리 시스템도 모니터링하고 관리해야 한다. 유지 보수를 절대 소홀히 하지 않기 바란다. 평소에 방치했다가는 이미 세계적으로 공격이 일어나고 있는 윈도우 서버 최신 제로데이 공격에 대해 CTO 이사가 여러분에게 물어보는 바로 그 순간 시스템이 죽어버리는 마법을 경험할지도 모른다.

취약점 관리 시스템의 일부 영역은 조만간 상용 취약점 관리 툴과 시스템이라는 전문 제품에 넘기는 편이 합리적일 수도 있다. 이미 받아오고 있던 값진 정보를 전혀 잃어버리지 않고도 직접 만들어왔던 생태계에 상용 제품을 도입하는 방법이 어떤 것이 있을지 살펴보자.

상용 취약점 관리 제품

취약점 관리 절차와 결과물이 성공적인 것으로 입증돼 왔으면 회사에서 예산을 좀 더 마련해줄 가능성도 있다. 그런 경우라면 시스템 전반을 향상시킬 수 있는 상용 제품을 살펴볼 좋은 기회다. 이번 절에서는 기존의 시스템을 전부이든 일부이든 상용 툴로 바꿀 수 있는 대체품의 면면을 고려해보려고 한다.

상용 스캐너

해야 할 첫 단계는 상용 취약점 스캐너들을 조사해보고 오픈VAS를 대체할 제품을 선택하는 일이다. 오픈VAS가 쓸 만한 툴이기는 하지만 상용 툴은 더 정기적으로 업데이트된다. 그리고 외부 스캐닝 필요성을 제한하거나 없앨 수 있는 클라이언트 쪽 에이전트(예를 들면 테너블Tenable의 네서스 에이전트Nessus Agent나 래피드7 인사이트 에이전트Rapid7 Insight Agent) 같은 부가 기능을 덧붙여 사용하기도 더 쉽다.

여기서 특정 툴을 추천하거나 특정 툴을 멀리하라고 알려주려는 목적이 아니다. 필요한 요건도 충족하고 기존의 취약점 관리 시스템에도 융합시킬 수 있는 스캐너를 선택할 때 고려해야 할 포인트를 짚어보자는 것이다.

보고서 작성 자동화와 추출

새로운 스캐너를 기존의 취약점 관리 시스템에 붙이려면 갖고 있는 자동화 스크립트를 통해 스캔을 시작하고 스캔 결과를 기존의 데이터베이스로 불러와 보고서를 생성하는 기능이 필요할 것이다. 쉽게 파싱하기 좋은 XML이나 JSON 보고서를 만들어내는 스캐너가 있으면 기존의 시스템에 맞춰 넣을 때 추가로 필요한 작업이 최소화될 것이다.

아주 다양하고 잘 문서화된 API

일반적으로 상용 스캐너는 스캐너를 제어하고 스캔 결과 데이터를 다른 툴과 공유할 수 있는 API를 제공한다. API가 더 우수하고 더 사용하기 좋을수록 스캐너를 기존 시스템에 통합하기가 쉬워질 것이다.

확장 가능한 구조

많은 상용 스캔 툴은 스캔 영역을 넓히고자 스캐너를 더 추가하는 식으로 시스템을 확장할 수 있게 해준다. 중앙에 있는 한 곳에서 다수의 스캐너에서 만들어진 결과를 취합할 수 있는 스캐너를 선택하면 네트워크 전체에 퍼져 있는 여러 대의 스캐너와 일일이 통신을 주고받는 대신 취합하는 기기에서 스캔 결과를 끌어와 사용할 수 있다.

상용 취약점 관리 시스템

취약점 관리를 통해 어떤 심각한 취약점을 패치할 수 있었는데 일주일이 지난 뒤 마침 그 취약점이 활발하게 공격을 받게 되거나, 다른 보안 툴은 아직 탐지하지 못하는데 취약점 관리 덕분에 침입이 진행되고 있음을 발견하는 상황을 떠올려보자. 취약점 관리 절차에 쓰는 기술을 개선할 수 있는 예산이 갑자기 훨씬 많이 늘어난다. 이제 완전한 기능을 다 갖춘 상용 취약점 관리 시스템을 살펴볼 때가 됐다.

결과가 상용 제품으로 바꾸는 것이라면 스스로 솔루션을 만드는 데 쏟아온 시간과 노력을 낭비한 것처럼 보일지도 모르겠지만 만들었던 시스템은 목적을 위한 수단이란 점을 기억하자. 목적은 내가 속한 조직의 취약점 대응 태세를 향상시키는 것이고 직접 만들었던 시스템은 그 목적에 충실히 기여했다. 뿐만 아니라 시스템을 만들고 유지하면서 취약점 관리 시스템이 어떻게 동작하는지 이해해서 이제 경험 많은 전문가로서 상용 시스템을 설정하고 관리할 수 있게 됐다.

앞 절에서와 마찬가지로 추천을 하지는 않고 분석가 각자에 적합한 상용 제품을 선택하는 데 도움이 되는 몇 가지 범주를 언급면 다음과 같다.

기능 손실이 없을 것

상용 툴은 여러분이 직접 만들었던 시스템과 동일한 작업을 하거나 최소한 기존의 시스템과 통합해 데이터를 공유할 수 있어야 한다.

기존 데이터를 가져오는 기능

분석가가 작성한 스크립트가 생성하는 JSON, XML 또는 다른 오픈 형식으로 된 데이터를 가져올 수 있는 상용 툴을 골라야 한다. 그래야 지금까지 수집해 왔었던 취약점 데이터의 모든 이력을 잃어버리지 않는다.

기존의 데이터를 내보내는 기능

자신의 데이터를 JSON이나 XML 같은 오픈 형식에 문서화도 이미 잘 돼 있는 형태로 추출해 내보내지 못하는 제품이 있으면 그런 제품에 얽매이지 말자. 이 정도는 우리가 기대하는 최소한의 연결 기능이며 다른 보안 툴과 직접 통합하는 기능이 있으면 더 좋다.

아주 다양하고 잘 문서화된 API

14장에서 다뤘듯이 아주 간단한 API라도 있으면 우리 취약점 정보를 다른 툴과 공유할 수 있게 된다. 다양하면서도 문서로 잘 정리된 API가 있으면 다양한 보안 툴 간의 기능을 입맛대로 통합해 만들어낼 수 있다.

선택해 볼 만한 상용 제품 목록

사람들이 많이 쓰는 상용 취약점 스캐너와 취약점 관리 시스템을 여기에 짤막한 알파벳순 목록으로 정리했으니 여러분의 출발점이 됐으면 한다. 어떤 스캐너가 이 목록에 있다고 해서 추천한다는 뜻이 아니고 혹은 없다고 해서 추천하지 않는다는 뜻도 아니다.

- Alert Logic(다수 제품)
- Greenbone Networks GmbH 그린본 보안 관리자(Greenbone Security Manager)
- IBM Q레이더 취약점 관리자(QRadar Vulnerability Manager)
- Qualys 취약점 관리(Vulnerability Management)와 클라우드 플랫폼(Cloud Platform)
- Rapid7 인사이트VM(InsightVM)
- Tenable 네서스(Nessus)와 테너블 IO(tenable.io)
- Tripwire IP360

정보 보호의 향후 트렌드

앞에서 만들었던 취약점 관리 시스템이 현재 조직과 네트워크 환경에는 잘 맞겠지만 정보 보안의 필요성이 차차 바뀌어 나갈 미래의 트렌드도 살펴볼 만한 가치가 있다. 여러분이 속한 기업이 취약점 관리를 해결해오던 방식에 클라우드, 컨테이너, 제로 트러스트 네트워크가 어떻게 영향을 줄 것인지 고민해보자.

클라우드와 컨테이너 다시 보기

오늘날에도 주로 스타트업과 급성장하는 기술 기업 같은 일부 회사는 온프레미스 시설은 아예 갖고 있지 않다. 그런 회사의 운영 시스템은 모두 프라이빗 클라우드에 있다. 이 시스템들은 현재 필요를 기반으로 호스트와 서비스를 낱낱이 분해하고 동적으로 구성하는 테라폼Terraform 같은 인프라스트럭처 오케스트레이션 툴로 관리한다. 이런 이유로 어떤 시스템이 현재 실행되고 있는지 알아내기가 어려워지고 취약점 대응 태세는 알게 뭐냐는 대접을 받게 된다. 취약점 관리 시스템을 그런 환경에 통합시키려면 생각할 거리가 많아지고 아마도 회사 내 데브옵스DevOps(개발 운영development operations) 팀과 협력이 필요하게 될 것이다.

인프라스트럭처를 만들고 해체하려고 오케스트레이션 툴을 사용하고 있는 경우 새 호스트나 새 서비스를 취약점 관리 시스템에 등록하거나 말소하는 단계를 원래 있던 절차에 만들어넣으면 된다. 그 결과 스캔할 필요가 있는 호스트와 IP 주소 목록을 늘 최신으로 유지할 수 있게 된다. 수명이 긴 가상 호스트에 이렇게 하면 잘 동작하지만 수명이 몇 주나 몇 달이 아니라 며칠 심지어 몇 시간 정도로 잠깐 존재하다가 없어지는 호스트에서는 어떻게 해야 할까?

수명이 짧은 호스트를 대상에서 빼고 이를 만들고 유지하는 팀에게 보안까지 위임하는 방식은 말이 되긴 하지만 근시안적인 생각이다. 그런 시스템을 스캔하고 스캔 결과를 호스트가 존재했던 기간보다도 훨씬 더 오래 보관하는 유틸리티가 드물다는 점도 사실이다. 그렇지만 취약점 관리 프로그램(이 책을 읽고 있는 여러분이 하는 일)은 수명이 짧은 인프라스트럭처의 보안 대응 태세를 향상시키는 데에도 여전히 중요한 역할을 한다. 이들 시스템에 정기적으로 패치를 적용하라는 제안을 하려고 스캔 결과를 들이밀 수는 없겠지만 패치 업데이트가 생성 절차의 필수적인 부분이 돼야 한다고 주장할 수는 있다. 이들 시스템은 온라인 상태로 올라오자마자 완전히 패치가 돼 있어야 하고 이보다 더 나은 방법으로 모든 단기용 시스템에 템플릿으로 사용하는 회사 고유의 시스템 이미지를 생성해야 한다. 정기적으로 스캐닝하고 이 템플릿을 업데이트하는 것이 단기용 서버를 최대한 안전하게 유지하는 가장 좋은 방법이다.

다른 시스템을 생성하고 삭제하며 정확한 이미지가 사용되는지 확인하려면 몇 가지 소프트웨어 툴이 반드시 있어야 하는데, 대표적으로 테라폼, 쿠버네티스, 셰프Chef, 기타 자동화 툴 같은 것이 있다. 빌드와 구성 시스템은 수명이 길기 때문에 단기 수명의 인프라스트럭처 환경에서 공격 대상이 되기 좋다. 전통적인 취약점 스캔과 관리 방식을 사용해 빌드 툴을 안전하게 보호해야 한다.

인프라스트럭처를 완전히 클라우드로 옮겼거나 처음부터 클라우드 네이티브였던 회사들은 직원들이 회사 소유의 워크스테이션이 아닌 자신의 기기에서 아무 곳에서나 업무를 볼 수 있게 접속을 허용하는 경우가 종종 있다. 이렇게 완전히 탈중앙화된 회사는 제로 트러스트 네트워킹 모델을 사용해봄직한데, 다음 주제를 통해 살펴보자.

제로 트러스트 네트워크

존 킨더백John Kindervag이 2010년 처음 설파한 제로 트러스트 네트워크의 기본 전제는 단순하다. 명시적으로 검증되지 않은 것은 아무것도 신뢰하지 말라. 전통적인 네트워크 보안에서 신뢰 모델은 어떤 네트워크 영역(IP 주소를 기반으로 한 영역)에 있는 기기들에서는 리소스 접근을 허용하고 다른 모든 IP 주소로부터의 접근은 차단하는 네트워크 경계선을 기반으로 했다. 제로 트러스트 네트워킹은 네트워크 경계선이란 개념을 완전히 없애버린다. 기기는 네트워크 관리자가 정한 다른 특성들을 기반으로 개별적으로 승인된다. 예를 들면 이미 알려진 이용자가 다중 요소 인증MFA, MultiFactor Authentication을 사용해 로그인하고 시스템에 탑재된 안티바이러스에서 감염 없음으로 보고되고 MAC 주소가 미리 안전한 것으로 등록된 목록whitelist에 있는 조건을 만족하는 경우에만 그 시스템에서 리소스에 접속하게 승인된다. 그냥 IP 주소가 아닌 다른 측정 기준에 따라 안전하고 승인된 기기만 허용하는 것이 목표다.

현재 가장 손꼽을 만한 제로 트러스트 모델은 비욘드코프BeyondCorp로, 구글에서 개발된 프레임워크다. 구글은 비욘드코프 모델을 만들어 2011년 이래로 내부적으로 사용해오고 있으며 그 구현 방식을 상세히 다루는 연구 논문도 여러 편 게재했다. 구글은 자사 클라우드 고객에게 '맥락 인식 접근context-aware access'이라고 부르는 제로 트러스트 구현 기술을 제공하고 있는데, 이는 비욘드코프에서 모델화됐다. 구글에게 지지 않으려고 마이크로소프트는 애저 액티브 디렉터리Azure Active Directory를 기반으로 만든 제로 트러스트 프레임워크를 발표했다. 아마존은 이 책이 출판되던 당시 기준으로 AWS에 제로 트러스트 프레임워크를 공개적으로 발표하진 않았지만 일부 어셈블리와 타사의 식별 제공 서비스가 필요하다는 조건하에 개별 구성 요소 대부분은 사용할 수 있다.

제로 트러스트 네트워킹은 취약점 관리 절차도 바꾸고 있다. 잘 정의된 네트워크 세그먼트를 묶어 스캐닝하고 관리하는 대신 수많은 워크스테이션, 노트북 컴퓨터, 게다가 모바일 기기까지 인프라스트럭처의 일부로 간주해야 한다. 하지만 그런 기기들이 네트워크 어디에 있는지, 오늘은 어디 있다가 내일은 어디에 있을 건지 전혀 알지 못하는 상태에서 어떻게 정기적으로 스캔하고 취약점을 해결할 수 있을까?

답을 하려니 이론상으로는 간단하지만 수행 작업 면에서는 복잡하다. 취약점 관리 측정 방식을 제로 트러스트 승인 기준에 넣어 통합해버리면 된다. 어떤 호스트가 연결을 승인받으려면 주요 취약점(또는 분석가가 원하는 대로 정한 기준)이 반드시 존재하지 않아야 한다. 이렇게 하면 우리가 갖고 있는 취약점 데이터가 항상 완벽하게 최신으로 유지될 뿐 아니라 전체적인 네트워크 보안의 중요한 일부가 되게 하는 동기를 부여한다. 완전한 제로 트러스트 네트워킹 모델을 만들려면 시간이 꽤 걸리며 처음부터 새로 네트워크를 만드는 것이 아닌 이상 계속 되풀이해야 하는 과정이 될 수도 있다. 그렇지만 취약점 관리를 회사의 제로 트러스트 모델에 녹여 넣는 업무의 선구자가 되는 기회라고 생각해보면 어떨까?

계속해서 옮겨 다니고 IP 주소를 바꾸는 호스트에 대해 최신으로 업데이트된 취약점 정보를 정확하고 꾸준하게 알아내는 작업은 전통적인 스캐닝으로는 잘 하지 못한다. 호스트에 심어두고 시스템의 취약점 상태를 중앙에 위치한 서버로 정기적으로 보내는 조그만 바이너리 파일, 즉 취약점 보고 에이전트가 필요하다. 제로 트러스트 구성 대다수는 이미 호스트에 안티바이러스나 안티멀웨어 에이전트가 실행되고 있을 것을 요구하기 때문에 같은 에이전트에서 취약점 정보도 얻어낼 수 있을지도 모른다. 시간과 전문 경험이 충분하다는 전제하에 비슷한 정보를 제공하는 자체 제작 솔루션을 만들어낼 수 있겠지만 그 내용은 현재 다루는 범위에서 상당히 벗어나 있다.

맺음말

드디어 이 책의 마지막 부분까지 왔다. 이 책을 쓰는 과정이 보람 있다고 느꼈던 것만큼 독자 여러분도 취약점 관리 시스템을 스스로 만드는 과정이 도움이 됐다고 느꼈으면 좋겠다. 책을 쓰던 첫날부터 파이썬, 몽고DB, 커맨드라인 툴, 취약점 관리 분야에 대해 새로운 기능과 상세한 내용을 많이 살펴봤다. 내 목표는 그런 지식의 많은 부분을 독자에게 전달하는 것이었다.

인간이 노력하는 모든 분야가 그렇듯 취약점 관리도 탐구가 완전히 끝나지 못했고 아마 앞으로도 영영 끝나지 않을 것이다. 이 책은 취약점 관리 분야의 한 면을 그대로 찍어놓은 사진이라고 봐도 좋다. 하지만 이 책을 저술한 이후 출판하기 전까지의 기간만 해도 새로운 취약점과 새로운 취약점 관리 제품과 취약점을 나열하고 해결하는 최선의 방법에 대한 새로운 아이디어가 틀림없이 쏟아져 나왔을 것이다. 그래도 이 책을 읽어나가며 여러분만의 맞춤형 취약점 관리 시스템을 만들어나가는 동안 여러분은 계속 진화하고 있는 이 분야를 꾸준히 따라잡고 최신 기술에 공헌하기까지 하는 훌륭한 위치에 이르렀다.

이 책에 나오는 모든 스크립트는 깃허브 https://github.com/magnua/practicalvm/에 있으니 잊지 말자. 스크립트들이나 전반적인 취약점 관리 시스템을 더 개선하게 되면 풀 요청pull request이나 제안을 하기 바란다. 내 무료 취약점 관리 시스템이 더 나아지게 해 줄 모든 커뮤니티 동료의 제안을 보는 날이 오기를 고대한다.

자, 이제 각자 자신의 기업 인프라스트럭처를 보호하러 떠나자.

찾아보기

ㄹ

ㅁ

ㅂ

ㅅ

ㅇ

ㅈ

ㅊ

ㅋ

ㅌ

ㅍ

ㅎ

A

B

C

D

N

O

P

Q

R

S

T

U

V

W

X

Y

Z

보안 취약점 관리 자동화

취약점 관리에 필요한 기술과 코드

발 행 | 2022년 9월 15일

지은이 | 앤드류 매그너슨
옮긴이 | 김 홍 석

펴낸이 | 권 성 준
편집장 | 황 영 주
편 집 | 조 유 나
김 진 아
디자인 | 윤 서 빈

에이콘출판주식회사
서울특별시 양천구 국회대로 287 (목동)
전화 02-2653-7600, 팩스 02-2653-0433
www.acornpub.co.kr / editor@acornpub.co.kr

ISBN 979-11-6175-679-0
http://www.acornpub.co.kr/book/vulnerability-management

책값은 뒤표지에 있습니다.